中国科学院规划教材·物流管理系列

物流采购管理

李严锋 罗 霞 主 编
沈 丹 赵红波 副主编

科学出版社

北 京

内 容 简 介

　　本书在借鉴和吸收国内外采购管理理论和最新研究成果的基础上，结合国内企业采购管理的实际情况和作者多年的教学实践编写而成。本书重点介绍采购供应管理的基本概念和内涵、采购组织的架构与设计、采购基础（采购变量、采购计划和采购预算编制等）、采购供应战略的制定、供应商的开发与管理、获取与选择报价、采购谈判与合同管理、库存控制、采购绩效评估、采购管理的发展趋势等内容。各章均给出典型案例，力求理论与实践相结合。本书主要以现代采购管理理论和实践为主线，以重点突出、深入浅出为特点，注重科学性与实证性、启发性与案例的充分结合。

　　本书可作为高等院校物流类专业的教学用书，也可以作为相关专业本科生、研究生以及采购和物流管理的研究人员、管理人员的参考用书。

图书在版编目(CIP)数据

物流采购管理/李严锋,罗霞主编. —北京:科学出版社,2010
中国科学院规划教材·物流管理系列
ISBN 978-7-03-029464-7

Ⅰ. 物⋯　Ⅱ.①李⋯②罗⋯　Ⅲ.①采购-物资管理-高等学校-教材
Ⅳ. F252

中国版本图书馆 CIP 数据核字(2010)第 217883 号

责任编辑:林　建 / 责任校对:陈玉凤
责任印制:徐晓晨 / 封面设计:耕者设计工作室

科 学 出 版 社 出版
北京东黄城根北街 16 号
邮政编码:100717
http://www.sciencep.com

北京京华虎彩印刷有限公司 印刷
科学出版社发行　各地新华书店经销
*

2011 年 1 月第 一 版　　开本:B5(720×1000)
2016 年 1 月第三次印刷　　印张:13 1/2
字数:270 000

定价:32.00 元
(如有印装质量问题,我社负责调换)

前　言

随着企业间的竞争越来越转变为供应链之间的竞争，采购管理也越来越引起人们的重视。采购已由单纯商品买卖发展成为一种职能，一种可以为企业节约成本、增加利润、获取服务的职能，采购由战术地位提高到战略地位。

采购管理是指为保障组织物资供应而对采购进货所进行的管理活动，是对整个采购活动的计划、组织、指挥、协调和控制活动，是整个物流活动的重要组成部分。采购管理的具体内容，包括制定采购活动的管理、对采购人员的管理、采购资金的管理、运储的管理、采购评价和采购监控，还包括建立采购管理组织、采购管理机制、采购基础建设等。

采购管理与采购是有区别的。采购是为完成指定的采购任务而进行具体操作的活动，一般由采购员承担，其使命就是完成采购主管布置的具体采购任务。采购管理不但面向组织的全体采购员，而且也面向组织的其他人员，一般由采购部门承担，其使命就是保证整个组织的物资供应，其权力是可以调动整个组织的资源。可见，采购员是对自己的采购业务进行管理，这种管理和一般的工人对于自己工作的计划安排一样，属于操作层面的作业管理；而采购管理是指站在组织的立场上，对整个采购活动的管理，包括对采购员和具体采购业务的管理。

本书重点介绍采购管理的基本概念和内涵、采购组织的架构、采购基础、采购供应战略的制定、供应商的开发与管理、获取与选择报价、采购谈判、库存控制、采购绩效评估、采购管理的发展趋势。各章均给出典型案例，力求理论与实践相结合，立足于基本理论教育、基本知识和基本技能的教育。

本书共分为 11 章，具体的编写分工为：李严锋、罗霞任主编，沈丹、赵红波任副主编，李严锋负责全书统稿总撰；第 1、3、5 章由罗霞编写，第 2、4 章由赵红波编写，第 6、10 章由康兆妍编写，第 7、11 章由赵雨编写，第 8、9 章由沈丹编写。本书在编写时力求做到精益求精，但由于物流和采购的理论与实践都处于突飞猛进的发展阶段，各种新的见解、应用和理论层出不穷，加之编者水平有限、编写时间仓促，书中难免有不足和疏漏之处，敬请广大读者批评指正。本书在编写时参考了很多国内外的文献，在此谨对相关作者表示衷心的感谢！

教育部物流类专业教学指导委员会委员

云南财经大学商学院院长

李严锋

2010 年 10 月

目 录

第1章

采购管理概述

➤ 本章导读
- 了解最新的企业采购管理理念;
- 理解采购管理在企业管理中的地位和重要意义;
- 掌握企业采购的目标,理解并熟悉企业采购供应的内容。

1.1 采购管理的概念

1.1.1 采购的含义

采购是企业经营的开始环节,也是企业获取利润的一个重要来源。随着市场经济的发展,企业经营管理理念、运营方式的改变和信息技术的广泛应用,采购的作用日益突出。它不但是保证生产正常运转的必要条件,而且为企业降低成本、增加盈利创造了条件。正确理解采购、创新采购模式是现代企业在全球化、信息化的市场经济竞争中赖以生存的一个保障,也是现代企业谋求发展壮大的一个必然途径。

不同行业、不同企业,因为它们所处的企业环境不同,对采购有不同的理解。一般而言,采购就是从系统外部获得货物、土建工程和服务的完整的采买过程。货物采购就是根据需要购买项目建设所需的投入物(如机械、设备、材料等)及与之相关的服务;土建工程采购是指通过招标或其他商定方式选择工程承包单位及其相关的服务;服务采购主要指聘请咨询公司或咨询专家。

采购是一种频繁的日常经济活动，从人们日常生活到企业运作，从民间到政府，都离不开采购。一个组织只要存在，就要从外界获得所需的有形和无形物质，这种行为便可成为"采购"。采购（purchasing）包含两层基本含义：一层为"采"，即选择，指从许多对象中选择若干个之意；另一层为"购"，即购买，是通过商品交易的手段把所选对象从对方手中转移到自己手中的一种行为。因此，采购就是指在一定的时间和地点条件下通过交易手段，实现从多个备选对象中选择购买能够满足自身需求的物品的企业活动过程。从这一定义中，可以看出采购包含了如下要点：

（1）采购是从资源市场获得资源的过程；

（2）采购的实现需具备一定的条件；

（3）采购的过程是一个选择的过程；

（4）采购是商流和物流以及信息流过程的统一，离开任何一个流程，采购工作都无法正常开展；

（5）采购是一种经济活动。

在整个采购活动中，一方面，通过采购获取资源，保证企业正常生产的顺利进行，这是采购的效益；另一方面，在采购活动过程中，也会发生各种费用，这就是采购成本。我们要追求采购经济效益的最大化，就要使总成本最低。而要做到这一点，科学采购是必然要求。科学采购是实现企业经济利益最大化的基本利润源泉，要实现科学采购，就要科学地进行采购管理。

1.1.2 采购的类型

1. 政府采购和企业采购

采购按照主体进行分类有企业采购和政府采购。

1）政府采购

所谓政府采购（government purchasing），是指各级国家机关、事业单位或团体组织，使用财政性资金采购依法制定的集中采购目录以内的或者采购限额标准以上的货物、工程和服务的行为。

从政府采购的概念中可以看出，政府采购应当包含以下四个方面的内容：

（1）作为政府采购当事人之一的采购人只能是各级国家机关、国有事业单位或经国家机关依法设立的团体组织，而其他法人、社会团体和个人不能成为政府采购人。

（2）政府采购所使用的资金只局限于财政性资金。换句话讲，政府采购的资金来源是政府行政拨款，不包括计划外资金和自筹资金等项目。

（3）政府采购的范围包括两个部分：一是各级国家机关、事业单位和团体组织采购依法制定的集中采购目录以内的货物、工程和服务；二是采购各级政府所确定的政府采购限额标准以上的货物、工程和服务。

（4）政府采购的对象或者说是采购的客体包括货物、工程和服务。所谓货物，是指各种形态和种类的物品，包括原材料、燃料、设备、产品等；所谓工程，是指建设工程，包括建筑物和构筑物的新建、改建、扩建、装修、拆除、修缮等；所谓服务，则是指除货物和工程以外的其他政府采购对象。

2）企业采购

企业采购（enterprise purchasing 或 business purchasing）是现今市场经济下一种最主要、最主流的采购。企业是大批量商品生产的主体，为了实现大批量产品的生产，就需要大批量商品的采购。企业的生产，是以采购作为前提条件的。没有采购，生产就不能进行。企业的采购，不但采购数量多、采购市场范围宽，而且对采购活动的要求也特别严格。它要对企业的需求品种、需求量、需求规律进行深入的研究，要对国内、国外众多的供应厂商进行分析研究，还要对采购过程各个环节进行深入研究和科学操作，才能完成采购任务、保证企业生产所需的各种物资的适时适量供应。

2. 物品采购、工程采购和服务采购

按照采购的对象可以将采购分为物品采购、工程采购和（劳务）服务采购。采购的对象既有产品、设备等各种各样的物品，也有房屋、构筑物、市政及环境改造等工程，还有其他各种服务。

1）物品采购

物品采购包括原材料、协作件、产成品等的采购，以及生产资料如机器设备的采购等。不同的物品，对采购的时间、地点、价格、供应商等的要求不同。由于物品性质、标准等的不同，所需要的配套物流运作和管理活动也有很大不同。

2）工程采购

工程采购的范围包括房屋、构筑物、市政及环境改造等，一些大的工程项目采购，往往采用交钥匙方式，也称交钥匙工程。

3）服务采购

服务采购包括加工服务、物流服务等劳务的采购，某些业务的外包就是服务采购，通常采用一揽子合同采购服务的形式。

3. 国内采购和国际采购

按照采购的地域范围可以将采购分为国内采购和国际采购。

1）国内采购

国内采购是将采购资源的市场选择在国内，在国内寻求供应商、采购对象及相应物流系统。掌握国内采购流程和业务是采购工作的基础。

2）国际采购

国际采购也称跨国采购、全球采购，是指利用全球的资源，在全球范围内寻找供应商，寻找质量适宜、价格合理的产品、工程和服务。企业采购着眼于全球市场，就会涉及国际采购。从事国际采购，不仅要制定战略性和实效性策略，熟悉《2000 年国际贸易术语解释通则》，掌握国际采购理论、方法和手段，还要熟悉国际采购规则、条例、惯例的实际运作过程，在掌握采购理论的同时了解系统的实务过程，从而更好地把握国际采购理论与实务的全貌。

进行全球采购，首先应该了解跨国公司在全球市场上运用什么样的方式来采购。一般跨国公司在进行全球采购活动中有以下四种方式：

（1）以制造企业为核心的全球采购活动。例如通用电气、通用汽车等一些技术密集型的，或者品牌非常响亮、具有国际品牌的，或者是具有很大资金优势的跨国公司，它们作为采购龙头来主导采购体系和采购市场。而对于中国企业来讲，很多只是为这类企业提供一些配套性的产品，如汽车配件。

（2）以贸易企业为核心的全球采购体系。在国际上很多大的企业或者是有竞争力的企业，为了把自身的资源集中于一些核心的领域，通常对企业的很多采购活动采用外包的方式，而承担这种采购外包的市场主体，往往是那些在国际市场上非常活跃的贸易企业。

（3）以大型零售集团为核心的采购活动。一些大型的跨国零售巨头近几年来在中国市场上的表现是非常引人注目的，它们采购时更关注的是国内非常有优势的快速消费品和劳动密集型产品，如服装、鞋帽、食品等商品。这些商品通过跨国零售巨头进入国际市场的主流渠道，特别是进入主流的零售渠道中去，这对中国出口有非常重要的影响。过去，中国很多产品出口是依托原来传统的国有贸易企业，或者企业的自行出口，往往不能进入进口国一些主流的渠道，只能进入一些街边市场或者是其他的市场，而这些跨国零售巨头可使中国很多企业商品进入到这些正规的渠道中去。

（4）以专业采购组织和经纪人为核心的跨国采购体系。中小企业为了获得最佳商品的供应和最佳零售品供应，往往委托一些经纪人或者一些专业的采购组织来为它们服务。目前，这些经纪人和采购组织采用国际上更为流行的运作方式即网上采购，特别是集合众多中小企业的采购要求，到中国或者是到一些低成本的国家进行采购。

中国企业要结合自身的产品、资源需求来寻求可能的合作对象，进入到不同类型的跨国网络采购体系当中。由于全球化采购、电子采购具有明显的优势，是未来采购和供应的发展趋势，因此需要建立新的供应商伙伴关系并实现准时化（JIT）采购。例如，海尔集团就构筑了"一流、三网、三个JIT、三个零"的一体化物流模式，即围绕着订单信息流，构建全球采购网、全球销售网、全球信息网，通过准时采购、准时送料、准时配送，实现零库存、零距离和零运营资金占用。显然，实现全球采购的条件，就是需要建立全球采购系统。实现全球采购系统的方式主要有以下几个方面：①建立企业的全球采购系统；②成为国外企业（包括生产企业与流通企业）的供应商，进入国外企业的全球采购系统；③成为跨国公司在中国设立的采购中心的供应商；④成为联合国采购供应商；⑤成为国际采购组织和国际采购经纪人的供应商。

中国企业应围绕企业的目标市场，有针对性地开发战略合作伙伴。

另外，有一种情况则是被动的，一些国际知名企业到国内来采购，这些产品有的是成熟产品，有的是新产品。对于一个新产品来讲，不仅开发周期较长，而且前期投入也比较高；而对于成熟产品来讲，从工艺设计到工程、产品能力都会有一些差异。

国际采购要与国际物流结合在一起，这是一个很重要的理念。目前，很大一部分中国企业以为把货物运到港口，就等于交到外商的手里，企业的任务也就完成了，而不去考虑企业的产品在西方的整车配套上会发生什么事情。在这方面，国内一些企业是吃了亏的。如果面对"总成本"采购方式，供应商的思维必须实现从低"离厂价格"到低"货到买家价格"的转变。除了货物价格以外，物流总成本通常至少包括三项基本要素，即运货成本、供应绩效成本和库存占有成本。运货成本是指提供低成本运输费用和方便卸货的包装；供应绩效成本是指及时交货和保持低交货次品率；对库存占有成本而言，频繁的小批量运货比大批运货要好。

1.1.3　采购管理的内涵

1. 采购管理的含义

采购和采购管理是两个不同的概念，采购是一种具体的业务活动，而采购管理是为了保障企业物资供应而对企业的整个采购活动进行的计划、组织、指挥、协调和控制活动。因而，企业采购管理的目的是保证供应，满足生产经营需要，是企业管理系统的一个重要子系统，是企业战略管理的重要组成部分，一般由企业的中高层承担。采购是一项具体的业务活动，是作业活动，一般由企业采购人员承担具体的采购任务，它属于采购管理。采购管理本身，又可能直接涉及具体的采购业务的每一个步骤、每一个环节和每一个采购员。可见，采购管理和采购又是有联系的。所以，采购管理和采购两者之间既有区别又有联系。

一般的集团采购，如企业采购、政府采购、军队采购、事业单位采购等，由于采购面大、品种多、涉及面广、事务复杂，管理工作必不可少，所以都毫无例外地设有采购组织管理机构，而且企业越大，采购管理工作就越重要。

2. 采购管理的任务和目标

采购管理的总目标是：在确保适当质量下，能够以适当的价格，在适当的时期从适当的供应商那里采购到适当数量的物资和服务。采购目标如图 1-1 所示。

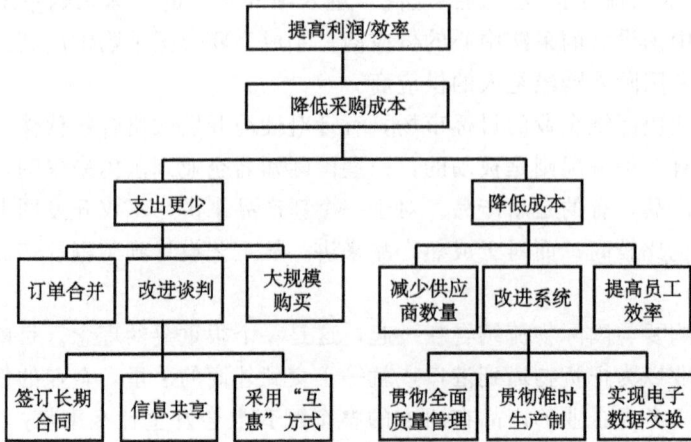

图 1-1 采购的层级目标

1）供应商的服务与响应（right vendor）

选择供应商是采购管理的首要目标。对采购方来讲，选择的供应商是否合适，会直接影响采购方的利益，如数量、质量是否有保证，总成本是否降到最低，能否按时交货等。供应商的选择，主要应考察供应商的整体实力、生产供应能力、信誉等，以便建立双方相互信任的长期合作关系，实现采购与供应的"双赢"战略。从采购实践来看，供应商并非越多越好，而与少数供应商（一般同一种生产材料维持 3～4 个供应商）打交道是最佳采购模式。

2）适当的质量（right quality）

采购商进行采购的目的是满足生产需要。因此，为了保证企业生产产品的质量，首先应保证所采购材料的质量能够满足企业生产的质量标准要求。保证质量应做到"适当"：一方面，如果产品质量过高，会加大采购成本，同时也造成功能过剩，如目前在电视、手机、计算机等产品中，就会出现功能多余；另一方面，所采购原材料质量太差就不能满足企业生产对原材料品质的要求，将影响到最终产品质量，甚至会危及人民生命财产安全，如水泥、钢材质量不合格，可能造成楼房建筑、桥梁等"豆腐渣"工程。因此，采购人员应保证产品符合所需的质量水准，减少不必要的质量要求，以取得性价比高的产品。除质量符合要求外还必须保持一定的稳定性，即供应商每一次交货的质量不能有明显的波动，这样才能使内部生产线上的产品质量及其一致性得到控制和保证。

3）适当的时间（right time）

采购管理对采购时间有严格的要求，即要选择适当的采购时间，一方面要保证供应不间断，库存合理；另一方面又不能过早采购而出现积压，占用过多的仓库面积，加大库存成本。因此，采购人员应尽量缩短供应商交货提前期（lead time）并控制其波动性，同时还应该制定合适的订货周期，以确保采购商的生产计划有效执行。

4）适当的数量（right quantity）

采购数量决策也是采购管理的一个重要目标，即要科学地确定采购数量。在采购中要防止超量采购和少量采购。如果采购量大，易出现积压现象；如果采购量小，可能出现供应中断，采购次数增加，使采购成本增大。因此，采购数量一定要适当。

5）合理的价格（right price）

采购价格的高低是影响采购成本的主要因素。因此，采购中能够做到以"合理"的价格完成采购任务是采购管理的重要目标之一。采购价格应做到"公平合理"。①采购价格过高，加大了采购方的生产成本，产品将失去竞争力，供应商也将失去一个稳定的客户，这种供需关系不能长久；②采购价格过低，供应商利润空间小，或无利可图，将会影响供应商供货积极性，甚至出现以次充好，或降低产品质量以维持供应的现象，时间稍长，采购方将失去一个供应商。

随着现代采购管理理念的发展与变革，采购的五大要素的内涵也在不断变化。"合适"的供应来源在过去指的是不断开发新的供应商，以对现有供应商造成价格方面的竞争压力；而在今天发展成为减少供应商数量，与供应商建立互惠互利的合作伙伴关系或战略伙伴关系。"合适"的质量已经从品质稳定演变成供应商的零次品率。"合适"的价格在传统的采购中指的是最低的价格，而现代采购的理解则是指最低的"总持有成本"。"合适"的数量也从传统的经济订购量过渡到通过改善运输与配送来提高送货频率。"合适"的时间也逐步与交货提前期、信用期等概念挂钩，成为现代采购策略的重要激励手段，它能更好地保证供应的连续性、稳定性和质量的一致性。总之，企业采购最重要的就是在这经常互相抵消的五个"合适"中，找到一个平衡点。

1.1.4　采购管理的内容

企业采购管理的主要任务，就是通过采购与供应这个核心把评估采购要求、接洽和管理供应商、订货、接货与收货、支付货款、原料储存等相互关联的多项活动集合在一起。

1. 明确业务部门的需求

采购职能的战略方向主要取决于公司主要战略或业务部门的发展战略，公司各部门所需的物料、商品和服务将被转换为采购目标并形成采购计划。采购部门的职责是代表组织中的其他部门进行采购。采购需求主要来源于：生产所需零件及材料、新项目的物料采购、办公用品或服务采购、需要替换设备、维修零部件、库存下限请购等。

在确定了采购计划后，就需要采用某种方法通知采购部门进行采购，以满足这些需要。

2. 采购供应市场分析

资源市场分析，就是根据企业所需的物资品种，分析资源市场的情况，包括资源分布情况、供应商情况、品种质量、价格情况、交通运输情况等。由于采购物品种类繁多，因此需要对供应市场进行分析，并尽可能了解供应商产品的差异。一般可根据供应市场的复杂性（风险）和采购的重要性将采购项目分为不同的类型，并分别配置不同的管理资源、有差异的采购管理策略和不同的供应商关系管理方法。

3. 制定供应战略

制定战略的目的就是要指明企业发展的方向、重点和资源分配的优先顺序。企业没有必要对每一个采购品项都给予同样的重视，有些品项比其他品项对企业更重要，企业要把主要精力花在优先级的采购品项上。

4. 选择和管理供应商

根据需求说明选择成绩良好的供应商。供应商是企业外部影响企业生产运作系统运行的最直接因素，也是保证企业产品的质量、价格、交货期和服务的关键因素。因此，对供应商的选择、评估、管理很重要。

5. 协商谈判/获取报价

采购价格的确定是采购过程中的一项重要决策，也是选择供应商首要考虑的重要因素之一。采购者是否能得到好的价格也是衡量一个优秀采购者的首要标准。采购者必须了解供应商定价的方法，了解各种方法的适用时机，并能够利用技巧来取得满意的采购价格。对所有供应商的报价项目均应采取书面形式通知所有候选供应商。对于金额较大的采购，一般宜采用竞标的方式定价，这会让采购价格变得更加合理。价格在采购的各种因素中所占的权重都是最大的，因此在大部分情况下，决定了采购价格的同时，也就决定了合同的签订与供应商的选择。价格谈妥后，还要进行合同其他条款的谈判，然后签订合同。

6. 采购合同管理

采购合同是需求方向供应商采购商品时，按双方达成的协议所签订的具有法律效力的书面协议，它确立了供需双方之间的购销关系和权利与义务。在进行项目采购或比较大宗的设备/材料采购时，合同中应该详细规定协议双方的权利和义务。

7. 库存管理

库存管理是指企业优化物资的存储，以便使企业在恰当的时间、以最低的成本满足用户对特定数量和质量的产品的需求。库存管理是采购供应的一个重要环节。

8. 结果控制及采购绩效考评

采购绩效考核与评估是对采购供应工作进行全面系统的控制和评价的活动过程。通过采购绩效考核与评估，可使采购工作有计划、有目标地进行，有效地控制采购过程；可提供改进绩效的依据，找出采购工作的缺陷所在，从而据此拟订改善措施，量化采购工作；客观地评价个人或部门绩效，能有效地调动采购人员的积极性和开拓性，发挥团队合作精神，进一步提高整个部门的效能；可以为甄选和培养优秀采购人员提供依据；可使采购工作透明化，促进各部门合作；可提高采购人员的士气。可见，采购绩效考核与评估不仅对采购工作，而且对企业整体运作和效益都有着不可忽视的影响。

1.2　采购管理的地位和作用

随着企业间的竞争越来越转变为供应链之间的竞争，采购管理也越来越引起人们的重视。采购已由单纯的商品买卖发展成为一种职能，一种可以为企业节约成本、增加利润、获取服务的职能。采购由战术地位提高到战略地位。

1.2.1　采购的产生和发展

1. 采购的起源

最早提出采购重要性的是查尔斯·巴比奇（Charles Babbage），巴比奇在1832 年出版的关于机械和制造经济的书中指出“物料人”（material man）将负责几个不同的功能，并认为负责资源的关键职员，是“负责选择、采购、接收和配送一切所需物品的物料人”。

19 世纪中期，美国的铁路发展使采购受到了重视，1866 年，宾夕法尼亚铁路在供应部门处成立了采购部门。1887 年，芝加哥和西北铁路的审计官出版了第一本包括采购部门在内的书，即《铁路供应的管理——铁路采购和存储》。他所讨论的采购问题在今天仍有重大的意义，例如，他提出了在采购代理商中技术专业化的需要，在个人控制下的采购部门的中心化需要，以及在为采购代理商选择人员这一问题上缺乏足够重视等问题。

2. 传统的采购发展时期

采购进化的第二个比较重要的时期开始于 20 世纪初，在这个时期连续出现了具体讨论工业采购功能的文章。其中，《机械杂志》对合格的采购人员需求和物料专业的发展给予了很大的关注，采购流程和理念得到了发展。1905 年，第一本针对非铁路行业采购的书——《关于采购》出版，这本书介绍了采购的一般原则和不同公司采购系统中所使用的形式和流程。第一次世界大战期间，人们对采购越来越重视，这主要是由于采购的核心作用在于原材料的订购以及能获得重要战争资源。

第二次世界大战时，采购史进入了一个新时期。在战争期间，对获得所需（或稀缺）物料的重视促使人们对采购的兴趣有所增强，而且公司中的其他部门已经认识到采购部门的重要性。第二次世界大战后，企业经营的重点是满足客户需求和不断扩大的市场需要，而且公司面对的是稳定的竞争和充足的原材料，使得人们对采购的重视并没有延续到战后。采购没有被列入主要的职能部门，在这一时期采购处于平静的发展阶段。

20世纪60年代早期，美国学者李维斯（Lewis）大胆预测：未来的采购过程将会发生巨大的变化和革新，采购决策评价将主要集中在对采购物品的价格和质量进行的考核上。20世纪60年代中期，物料管理开始在美国工业中得到了较高的重视，企业开始启用物料需求计划（material reqirements planning，MRP），MRP的功能包括物料计划和控制、库存计划和控制、物料和采购研究、采购过程、输入数量、收货、收货质量控制、存储、原材料流动及废物处理等。随着市场规模的进一步扩大，产品种类不断丰富，市场竞争加剧，欧美各国普遍出现频发性的通货膨胀，直接导致采购物资的价格水平经常发生变化。此时，人们对采购管理工作采用了新的评价尺度，价格竞争是决定供应合同的主要因素。

1973年爆发的全球石油危机使许多公司对石油等原材料的采购成本的迅速提高感到束手无策，企业开始从高通货膨胀率、稀缺资源的采购、采购提前期等方面对采购的风险进行控制和研究。20世纪70年代中期到90年代初，日本制造企业凭借其优良的准时化生产管理模式，在产品的生产质量和制造成本方面获得明显的市场优势。准时化采购是准时化生产的基础，体现了和供应商进行协作和配合的要求。20世纪90年代中期，企业普遍加强了对采购的管理，采购管理和采购定义也有了极大的发展。

3. 采购的高速发展时期

如今，采购已逐步脱胎换骨，走到令人瞩目的前台，其地位有了较大的提高。经济全球化使采购的理论和实践都发生了巨大的改变，各种新颖的理论如雨后春笋般不断出现，如战略采购、采购竞价、电子采购等。采购地位的不断提高离不开经济大环境和市场竞争的发展。这是因为：一方面，随着竞争的加剧，销售部门的压力越来越大。企业把开源节流、提高效率作为提高利润的重要途径。如何节省采购成本、提升采购效率对降低生产总成本起着关键的作用。另一方面，技术的快速发展对新品上市的周期要求越来越短，相应的研发费用越来越高，采购部门不但要保证产品供应及时，还要在产品成本控制上提出最佳的供应方案。采购部门已不再是单一的执行部门，而越来越多地参与到企业的决策中。

21 世纪以来，随着市场竞争的白热化，大到企业的董事长、总经理，小到中层的采购部门经理或主管乃至普通的采购人员都认识到，采购成本及费用的降低对提高企业的竞争力有着极其重要的作用，采购越来越引起人们的重视。

1.2.2　采购的地位

目前采购已经成为企业经营的一个核心环节，是企业提高利润的重要途径，在企业经营过程中起着越来越大的作用。因此，采购在企业中也就占有越来越重要的地位。

1. 采购的供应地位

采购的供应地位，即源头地位。在商品生产和交换的整体供应链中，每个企业既是顾客，又是供应商。为了满足最终顾客的需求，企业都力求以最低的成本将高质量的产品以最快的速度供应到市场，以获取最大利润。在企业中，利润同制造及供应过程中的物流和信息的流动速度成正比。从整体供应链的角度看，企业为了获取尽可能多的利润，都会想方设法加快物料和信息的流动，这样就必须依靠采购的力量，充分发挥供应商的作用，因为占成本 60% 的物料以及相关的信息都发生或来自供应商。供应商提高其供应的可靠性及灵活性、缩短交货周期、增加送货频率可以极大地改进企业的工作，如缩短生产周期、提高生产效率、减少库存、增强对市场需求的应变能力等。

此外，随着经济全球化的发展，市场竞争日趋激烈，顾客需求的提升驱使企业按库存生产，而竞争的要求又迫使企业趋向于争取按订单设计生产，企业要解决这一矛盾，只有将供应商纳入自身的生产经营过程，将采购与供应商的活动看做是自身供应链的一个有机组成部分，才能加快物料及信息在整体供应链中的流动，从而可将顾客所希望的库存成品向前推移为半成品，进而推移为原材料。这样既可以减少整个供应链的物料及资金负担（降低成本、加快资金周转等），又可以及时将原材料、半成品转换成最终产品以满足客户的需要。在整体供应链管理中，"即时生产"是缩短生产周期、降低成本和库存、以最快的运货速度满足顾客需求的有效做法，而供应商的"即时供应"则是开展"即时生产"的主要内容。因此，从供应商的角度说，采购是整体供应链中"上游控制"的主导力量。

2. 采购的质量地位

质量是产品的生命。一般企业都依据质量控制的顺序将其划分为来货质量控制、过程质量控制及出货质量控制。由于产品中价值 60% 的部分是经采购由供应商提供，毫无疑问，产品"生命"的 60% 在来货质量控制之前得到确保，即企业产品质量不仅要在企业内部进行限制，更多的控制应在供应商的质量过程中进行，这也是"上游质量控制"的体现。供应商上游质量控制得好，不仅可以为下游质量控制打好基础，同时可以降低质量成本、减少来货检验费等。经验表明，一个企业如果能将 1/4～1/3 的质量管理精力花在供应商的质量管理上——这里的供应商质量管理是指系统的供应商质量控制和改进，而不单指采购品质量控制（incoming quality control，IQC），那么企业自身的质量水平（过程控制和出货控制）最少可提高 50%。可见，通过采购将质量管理延伸到供应商，是提高企业自身质量水平的基本保证。

3. 采购的价值地位

在全球范围内，在企业的产品成本构成中，采购的原材料及零部件成本所占比例因行业而异，一般为 30%～90%，平均水平在 60% 以上。从世界范围看，对于一个典型的企业，一般采购成本（包括原材料和零部件）占 60%，工资和福利占 20%，管理费用占 5%，利润占 5%。而在中国的企业中，各种物质的采购成本要占到企业销售成本的 70% 以上。显然，采购成本是企业成本管理中的主体和核心部分，采购是企业管理中"最有价值"的部分。例如，某企业的年销售额为 1000 万美元，总成本为 950 万美元。企业拥有 500 万美元的资产，其中 200 万美元为库存，购入物料的成本占销售额的 50%。如果采购价格可以全面下降 5%，那么资产回报率将提高多少？通过杠杆作用，一方面，这样的价格小幅下降可以使利润增长 50%；另一方面，价格下降使库存价值降为原来的 95%，减少了企业资产的基数，使资产周转速度从原来的 2.00 提高到 2.04。资产回报率从原来的 10% 增加到 15.3%，提高了 53%。

根据国家经贸委 1999 年发布的有关数据，如果中国国有大中型企业每年降低采购成本 2%～3%，即可增加效益 500 多亿人民币，相当于 1997 年国有工业企业实现利润的总和。因此，从价值角度分析，采购是公司获取经营利润的一个最大源泉。

1.2.3　采购的作用

1. 采购对产品及销售的质量有着显著的影响

供应商提供的产品和服务是可以成就或拖垮一个企业的。作为向生产或销售提供对象的先导环节，商品采购必须使购进商品的品种、数量符合市场需要，才能实现商品生产销售和经营业务的高质量、高效率、高效益，从而达到采购与销售的和谐统一；相反，则会导致购、销之间的矛盾，造成经营呆滞，影响企业功能的发挥。可见，商品生产及销售工作质量的高低在很大程度上取决于商品采购的规模和构成。因此，很多公司正在尝试对它们所缺少的元件和服务部分进行购进，以便加强自身的专业化水平和竞争力，更好地满足其客户的要求，这就进一步增加了采购的重要性。

2. 采购决定着最终产品周转的速度

采购员必须把握好采购活动的时间和采购的数量。如果采购工作运行的时点与把握的量度同企业其他环节的活动达到了适度结合，就可以加快商品周转速度，进而加速资金周转，为企业带来切实的利益。反之，就会造成商品积压、商品周转速度减缓、商品库存费用增加，以致不得不运用大量人力、物力去处理积压商品。

生产的稳定需要采购的稳定来保障。企业在生产中经常会出现这些情况：一种情况是，99％的物料已经到位，却有1％的物料因各种原因不能按照计划到货，也将迫使生产中断；另一种情况是，当 1000 块线路板已经焊接完毕，但因为一个电阻的质量问题导致整个线路板功能失效，必须重新定位问题所在并进行替换。严重的物料采购质量问题大大降低了生产劳动效率，有时还可能使整个生产前功尽弃。所以，批量采购的稳定性是影响正常生产的最重要的因素之一。

3. 采购关系到经济效益的实现程度

企业的采购活动对企业的经济效益影响很大。由于企业的经济效益是直接通过最后产出的效益即利润额来表示的，而商品采购过程中及进货后待售阶段所支付费用的多少同利润额成反比，因而购进商品的适销率，对企业经营的数量值有很大影响。经济效益的实现是同市场经营机会联系在一起的，商品采购的时间、地点、方式、数量、品种等的确定，都要充分考虑企业对有关市场机会的利用问题。为了提高经济效益，管理者在组织商品货源之前，必须要注重分析市场趋势，寻求可行的经营机会，了解消费者的有关情况，以防止采购工作的盲目性。重视企业采购、控制采购成本，是企业现代化管理的必然要求。

4. 做好采购可以合理利用物质资源

节约和合理利用物质资源都是开发利用资源的头等大事，通过采购工作可以合理利用物质资源。第一，合理地采购，防止优料劣用、长材短用。第二，优化配置物质资源，防止优劣混用。在采购中，要力求优化配置的最大综合效应和整体效应，防止局部优化损害整体优化、部分优化损害综合优化。第三，在采购工作中，要应用价值工程分析，力求功能与消耗相匹配。第四，通过采购同时引进合理利用资源的新技术、新工艺，提高物质资源利用效率。第五，采购要贯彻执行有关资源合理利用的经济、技术政策和法规，如产业政策、能源节约和资源综合利用等法规，防止被淘汰的产品进入流通领域，严禁违反政策、法规。

5. 做好采购可以沟通经济关系

现代经济的一个显著特点，就是生产社会化、流通市场化、企业间的协作关系向深度发展。不同部门之间良好的经济关系，主要是通过商品流通的购销渠道实现的，采购工作在这一过程中则起着重要作用：第一，通过采购工作，巩固现有的经济联系；第二，通过采购工作，开拓新渠道、新领域；第三，通过采购工作，发展、丰富经济联系的内容，如开展除采购以外的技术、资金、科研等方面的合作。

6. 做好采购可以洞察市场的变化趋势

在市场经济的大环境下，市场对企业的影响作用，是通过采购渠道观察市场供求变化及其发展趋势，并借以引导企业投资方向，调整产品结构，确定经营目标、经营方向和经营策略来实现的。企业生产经营活动是以市场为导向进行采购活动、生产活动的。采购工作是企业运营过程中的关键环节，并构成生产经营活动的物质基础和主要内容。规范的采购要兼顾经济性和有效性，这样可以有效降低企业成本，促进生产经营活动的顺利实施和按期完成。如果采购的产品不符合设计的预定要求，将直接影响产品质量，甚至导致生产经营活动失败。

■ 1.3 采购管理的发展趋势

1.3.1 采购外包

1. 外包决策制定

越来越多的公司决定将其部分业务外包出去，如信息技术或服务等。采购外包的前提是有效性，即能利用特殊外包方的数量规模或竞争优势带来外包前不能获得的效益。但很多外包在具体的实施过程中却并没有获得收益，这不得不引起我们的注意，采购外包的重点并不在外包业务本身，而在于对其进行的管理。以前，供应链的采购管理人员只是扮演着一个微不足道的角色，发挥的作用有限；如今，随着采购地位的日益上升，大多数公司已经意识到了供应链采购人员是决策过程中的主要角色，是合同绩效管理的关键部分。传统上，采购外包关注的重点是管理费用、信息系统和技术领域，而现在大家更愿意评估供应链采购和后勤行为，越来越多的大学已经开始将其后勤服务外包出去，这就是一个很好的例子。

需要强调的是，外包并不意味着放权或者是放弃，所有进行外包的企业都必须认识到这一问题的严重性。虽然外包出去的业务并不一定是公司的核心业务，但是如果公司放弃了权利或者能力，一旦外包企业出现问题就会严重影响到本公司的生产，甚至影响到公司的生存。

通常在一个稳定的市场中，外包是一种有效的选择方式。在这种市场环境中，供应商数目很多，市场供应能力充分，能够确保竞争性。但是，正像我们在前面所提到的，外包并不意味着放弃，一旦市场出现变化，企业需要重新拾起中断的外包业务时，必须保证企业还拥有这种能力。

外包决策的制定对企业的影响是巨大的，在制定前必须慎重。以下是制定决策中需要考虑的一些因素。

1）进行动态的成本收益分析

外包的前提和假设是不断变化的，因此必须对当初的成本收益进行调整。随着环境的变化，成本收益的调整也在不断进行，呈现出动态的方式。在进行成本收益分析时，我们有必要先了解企业的需要和对外包贡献的目标要求。

2）流程分析

流程分析的目的是降低单项的交易规模和流程复杂性。否则，不必要的交接将堵塞和减慢整个操作系统。"ABC"分析法的目的是让一个无法管理所有项目的企业集中所有精力来管理"A"类的项目，而不是将有限的精力浪费到不重要的项目上，丢了西瓜捡了芝麻。随着计算机的普遍应用，计算机的强大功能和力量使某些人相信可以而且应该对所有的交易进行管理，但是一个有商品编码、变量和交易的系统仅仅是一个成本昂贵的原有系统的复制品，基本上没有任何经济价值。关键是降低交易的规模和水平，同时大大提高应对一个可变系统的能力。在进行是否外包的决策前，我们有必要回答一些问题，以下是一些关键而又十分有价值的具体问题：

（1）外包是否能给公司的其他部分带来持续的竞争优势？其战略价值是什么？

（2）外包公司是否会成为本企业的竞争对手？

（3）外包公司能够获得哪些竞争优势？对本企业会产生哪些影响？

（4）当前经营中的基本衡量标准是什么？如何改善被衡量的那些要素，如成本、速度、服务质量等？我们可以提出的公司的业务流程是什么？每个流程的客户是谁？流程的绩效目标和关键的成功因素是什么？目标的设置是否合理？可以实现吗？具有挑战性吗？

（5）这些流程如何为公司增加价值？

（6）哪些假设的变动会导致流程的变动成为必然而又必须进行的事情？

（7）实现这些改进需要采取什么行动？

（8）当前的流程和信息系统能否充分支持你成为期望的跨国组织？

（9）组织希望从流程改进中获得何种收益水平？

（10）采取行动需要怎样的行动方案？是否需要进行外包？

（11）外包提供了哪些利益？其重要性如何？能实现我们的目标吗？

（12）为了实现战略目标如何对流程进行整合？

（13）建立一种成功的战略联盟伙伴关系的可能性有多大？

从以上问题我们可以看出，制定外包决策应该首先分析企业的基本业务流程，了解企业的具体运作，并充分考虑建立联盟或者是运营等战略的各种驱动因素。有一些外包是非战略性的，如办公室设计、员工餐厅、复印或印刷等；也有一些外包是战略性的，如与供应商联合进行研究和开发，这就需要组织与供应商建立一种良好的合作伙伴关系。战略性的联盟需要得到企业更多的关注，企业需要有一系列具体标准以明确为了实现战略目标什么时候适宜采取外包业务，什么时候适宜采用自制的方式。这其中有一些标准是针对公司内部的，有一些是专门针对外包方的，其他的则需要双方共同遵守。在回答了以上问题后，如果我们得出了以下结论则可以而且应该考虑外包：

（1）外包确实对企业战略有直接贡献；

（2）外包能为组织带来先进的技术、观念和方法，从而带来意想不到的收益；

（3）公司与其外包伙伴对未来投资达成共识，愿意共同承担风险，并分享收益，也就是说，外包公司愿意与公司建立一种良好合作伙伴关系；

（4）公司和外包伙伴都愿意公开地分享关键和确切的企业信息，从而提高绩效和生产率；

（5）外包伙伴将能够为公司的整体经营和服务网络提供支持。

3）用户必须参与所有外包解决方案的制定和执行过程

外包项目决策小组由操作者或者是用户来负责是很重要的，因为他们才是产品的最终使用者。经验告诉我们，这样做可以避免制定一个在技术上领先，但在经营和财务上不合理，而且将来也无法执行或者是执行后带来亏损的解决方案。在已经进行的一些外包方案的实施过程中，除了一些好的建议被采纳或者是一些需要用户正式承诺的地方外，大多数外包方案都是由公司内部的信息和财务部门制定的，用户的利益没有得到充分的考虑，他们最终成为容易被忽略或安抚的小人物。有些企业可能会辩解说有时用户根本就不理解企业的流程，不了解产品的特性。但是不管怎样，比起那些根本不能满足用户需求的类似于橱窗陈列品般精致的外包方案，这样的一个简单的解决方案至少可以让用户很方便地使用。这就是大多数用户会对解决方案进行修正的真正原因，他们往往希望将方案现实化。不过这一点往往容易被忽视或置之不理，因此我们在这里郑重地提出，希望得到足够的重视。

4）认识技术的现实性

技术终究是技术，它只是一个工具而不是最终的解决方案。一个成熟或者是先进的技术比那些还没有成熟或者是已经落后的技术更有价值，它可以帮助我们建立一个更完美的解决方案。例如，计算机的使用可以提高运算的精确性和速度，迅速敏锐地处理大量信息，从而识别问题并加以解决。但是一个企业要获得收益，最终还是要靠人力资本发挥的作用。对于计算机来说，如果没有人的正确使用，输入的是垃圾，输出的还是垃圾。因此，如果一个企业不能靠人力来解决或发现最终的解决方案，那么一个良好的操作系统并不能帮助企业达到预期的目标，有时甚至会起反作用。

以上是进行外包决策时需要考虑的因素，管理者通常在早期就认为外包是成功的，这是错误的，它常常会导致外包效益的降低。外包的收益并不是轻而易举就可以得到的，必须进行详细的审查并制订一个切实可行的计划，坚持不懈地执行并不断调整才会取得决策的最后胜利。我们必须认识到，只要建立在一个合理的战略基础上，并有一个详细的可行方案，所有的重大经营外包关系都可以很好地进行。

确定外包策略的原则是不断整合合作关系以获取收益，但是很少有公司能在短期内保持这种原则，长期就更无从谈起。因为一旦长期的外包合作关系已经建立并开始运作，它就会被企业忽视，不再有人关心它是否正确，是否能够为企业带来收益。但是环境是不断变化的，它会对企业提出新的要求。因此，我们必须时刻关注外部环境的变化，不断评价和衡量企业适应环境的能力，不断识别阻碍和促进外包关系的因素，一旦发现需要对现有的外包决策进行调整，就必须抓住时机立刻进行。

从以上的描述，我们可以看出，外包关系不是一成不变的，它是一个动态的协议关系，需要进行持续不断的改进。企业只有保证其外包关系随着环境的变化而变化，才能保证外包的收益性。外包关系不是自动形成的，在建立外包关系的过程中，企业需要有高瞻远瞩的能力，建成后还需要管理并领导这些外包关系。

2. 分包

在自制或外购的连续系列中，有一个特殊的区域——分包。通常在军事或建筑行业的采购活动中，主承包商会就合同中某些部分的工作向其他承包商进行招标，此时"分包"就出现了，术语"分包商"也随之产生。分包最为简单的形式是条款明示的采购订单。它的复杂度和管理变化幅度与项目的价值、规模呈直接的比例关系。对分包进行管理需要专门的技术与能力，因为它需要大量的各种形式的沟通、制图、项目审查、管理报告等工作。另外，费用支付方式也多种多样，且经常要根据分包合同约定的条款、条件协商实际价格。

是否使用分包的决策依据很简单，当订单的发放工作很难定义、历时很久、费用又很大时，使用分包就比较合适。例如，航空公司总是将大型建筑项目和控制系统分包出去，机翼、着陆装置、雷达系统等高成本系统则不经常购自分包公司。类似的分包形式还常见于建筑业，建筑物承包商往往将建筑物或项目的电气、管道系统等分包出去。

分包管理是一项复杂的活动，既需要具备处理数据的专门知识，又需要具有预测行为结果、确保其达到预期最终结果的能力。就像外包一样，分包有时也需要建立一个团队进行管理。例如，航空业的分包一般就由团队负责，团队成员包括分包主管、设备工程师、质保专员、可靠性工程师、材料成本价格分析员、行政人员、现场专员等，分包主管必须自始至终控制好成本、进度、技术和整体结构等。

分包成本控制的第一步是经过协商确定公平、合理的价格，适当选择合同类型，缜密思考可利用的因素。进度控制需要制订良好的主生产计划，其中包括考核所有必要的、可行的合同内容。设计良好的书面报告和必要的修订过程也很关键。技术控制的目标是使产成品达到合同规定的产品规格说明书中的各项指标，过程控制的目标则是确保所有变化均被记录在案，好的过程控制对产品"后期市场"和填补市场空白至关重要。与最简单的标准采购订单不同，大型分包合同的结算行为需要事先进行大量细致明确的定义。结算行为因合同类型和项目任务完成的困难程度不同而各不相同，履约期间，大型的、复杂的运作过程往往会发生较大变化，因变化而增加的成本必须在签约之前协商好。另外，提供给承包商的数据、材料等在合同完成后也必须返还原主，收到物料、数据、报告时，必须接收并检验。分包商所需物品因合同完成的复杂程度而异。同时，必须对所有分包商绩效做出书面总结，为将来招标过程中的供应商选择与供应商评价提供依据，这类报告还可为再一次协商的细节提供信息。

1.3.2　全球化采购

越来越多的迹象表明，我们的世界将要变成一个商品在各国之间飞速流动的世界。全球正在变成一个单一的市场，哪里成本低，就在哪里生产。在经济全球化的大背景下，供应链和采购的全球化显得越来越重要。全球供应链管理在许多方面和国内供应链管理是基本一致的，只是它覆盖的范围更广，包括了从较为初始的以国内市场为主的国际供应商到较为高级的全球化供应商等形式，如国际配送系统、国际供应商、离岸加工等，这些模型具有不同的特点，适用于企业全球化发展的不同阶段。

20世纪五六十年代，一些公司把原来的出口战略改为在海外市场建立分支公司，到了20世纪七八十年代，这些公司成了越来越复杂的"跨国公司"。一些在许多国家拥有分支机构的公司便开始组织它们的全球性采购。

进入国际采购系统，成为全球供应链的一环，不论是建立企业自身的区域性或全球性采购系统；或进入跨国企业集团的供应链，成为稳定的供应商或销售商；还是成为跨国公司在中国设立的采购中心的供应商，成为联合国采购供应商，成为国际采购组织和国际采购经纪人的供应商，这些都是各企业的终极追求。要进入国际采购系统，首先必须了解国际采购的特点和趋势，这样才能因势而动地进入国际采购市场。

国际采购的特点和趋势如下。

1）从为库存而采购到为订单而采购

在商品短缺的状态下，为了保证生产，必然是为库存而采购，但在如今供大于求的状态下，为订单而采购则成了一条铁的规律。在市场经济条件下，大库存可能成为企业的沉重负担，零库存或小库存成了企业的必然选择。制造订单的产生是在用户需求订单的驱动下产生的，之后，制造订单驱动采购订单，采购订单再驱动供应商。这种准时化的订单驱动模式可以准时满足用户的需求，从而降低库存成本，提高物流的速度和库存周转率。

2）从对采购商品的管理到对供应商外部资源的管理

由于供需双方建立起了一种长期的、互利的战略伙伴关系，因此，供需双方可以及时将生产、质量、服务、交货期等信息实现共享，使供方严格按照要求提供产品与服务，并根据生产需求协调供应商的计划，以实现准时化采购，最终使供应商进入生产过程与销售过程，实现双赢。

零缺陷供应商战略是目前跨国公司采购与供应商管理中的共同战略，它是指追求尽量完美的供应商，这个供应商可以是生产商，也可以是分销商。在选择供应商时也要考虑供应商所在地的环境，也就是我们常说的跨国采购的四个基本要素，即价值流、服务流、信息流、资金流。

"价值流"代表产品和服务从资源基地到最终消费者整个过程中的价值增值性流动，包括多级供应商对产品和服务的修改、包装、个别定制、服务支援等增值性活动。

"服务流"主要指基于客户需求的物流服务和售后服务系统，包括产品和服务在多级供应商、核心企业以及客户之间高速有效的流动，如退货、维修、回收、产品召回等。

"信息流"指建立交易信息平台，保证供应链成员间关于交易资料、库存动态等信息的双向流动。

"资金流"主要是指现金流动的速度以及物流资产的利用率。

3）从传统采购到电子商务采购

传统采购模式的重点放在如何与供应商进行商业交易的活动上，特点是比较重视交易过程中供应上的价格比较，通过供应商的相互竞争，从中选择价格最低的作为合作者。传统采购模式的采购过程是典型的非信息对称博弈过程，其特点是：验收检查是采购部门的一个重要的事后把关工作，质量控制的难度大；供需关系是临时的或短时期的合作关系，而且竞争多于合作；反映用户需要的速度迟钝。电子商务采购将原来通过纸质进行的公示、投标、开标等转换为利用因特网络的电子数据。电子商务采购的发展对全球的影响巨大，是企业实现管理现代化的一个重要环节。

4）采购方式从单一化到多元化

传统的采购方式与渠道比较单一，现在的采购方式迅速朝多元化方向发展。具体表现出如下特点：

（1）全球化采购与本土化采购相结合。跨国公司生产活动的区域布局更加符合各个国家的区位比较优势，而其采购活动也表现为全球化的采购，即企业以全球市场为选择范围，寻找最合适的供货商，而不是局限于某一地区。

（2）集中采购与分散采购相结合。采用集中采购还是分散采购，要看实际情况，不能一概而论。目前总的趋势是：采购职能倾向于大程度的集中化；服务性企业采用集中采购比制造业企业更多；小企业采用集中采购的要比大企业多。随着公司大规模的跨国并购，更多公司采用的是集中化分散采购的方式，组织结构扁平化必然导致企业控制权的分散，所以，本土化的市场采购权在一定程度上向下分散，对于相同的常规需求和服务采用集中采购。

（3）多供应商与单一供应商相结合。在一般情况下，跨国公司均采用多源供应即多供应商战略。在一个供应商那里的采购订单不会超过总需求的25%，这主要是为了防止风险，但也不是供应商越多越好。

（4）制造商采购与分销商采购相结合。大型企业因为需求量大，往往从制造商直接采购，而一揽子供应合同或准时采购模式往往依赖实力很强的分销商对大量小额订单进行集中处理。

（5）自营采购与外包采购相结合。

5）注重采购商品的社会责任环境

据统计，全球超过200家跨国公司已经制定并推行公司的社会责任守则，要求供应商与合约工厂遵守劳工标准，安排公司职员或委托独立审核机构对其合约工厂定期进行现场评估，即我们常说的工厂认证或验厂。如家乐福、耐克、锐步、阿迪达斯、迪斯尼、美泰、雅芳、通用电气等超过50家社会责任事务部门。根据专家估计，目前中国沿海地区已经有超过8000家企业接受这类审核，超过50 000家企业将随时接受检查。一些出口企业老总深有感触地说："如今，不搞好劳工标准（包括工人的年龄、工资、加班时间、食堂和宿舍条件等人权），简直没有办法和大公司做生意。"目前，中国出口到欧美国家的服装、玩具、鞋类、家具、运动器材及日用五金等产品，都受到劳工标准的限制。

1.3.3　网络采购

电子商务现在已被越来越多成功的企业所关注，它从1994年被北美国家所采用后，目前已遍及世界各地。很多企业已经或者正在为自己企业的电子商务寻找软件厂商作为合作伙伴，并开始逐步走向电子商务市场的最前端，力图不仅能够充分利用电子商务为企业带来效益，而且要使自己的企业在Internet时代将电子商务本身作为自己的一个产业，由此构架标准的或是通用的电子商务平台，这些都是必然的、有意义的想法和长期的规划。

电子商务和WTO为企业经营范围的扩张和经济全球化奠定了基础，同时，也将企业推向了更为激烈的世界竞争市场。地域壁垒和贸易保护没有了，你不将市场拓展出去，别人就会进来。在这种环境下，企业要想生存就必须依靠优质的产品和服务质量，并且具有运用知识和创新工具拓展市场的能力。前者靠的是企业的内功，而后者所说的知识是通过人来实现，通过知识积累使管理者增值，抓住网络和电子商务这一创新工具给予企业以拓展经营和扩大市场活动的空间，大范围地选择和采购原材料，将生产成本降下来，去参与更大范围的国际竞争。

1. 网络采购的内涵

网络采购是指以计算机技术、网络技术为基础，电子商务软件为依据，Internet 为纽带，EDI 电子商务支付工具及电子商务安全系统为保障的即时信息交换与在线交易的采购活动。

据美国《商业周刊》报道，已有 40 万家公司开始网上销售，1998 年美国和欧洲的网上零售额达 51 亿美元，是 1997 年的两倍多。1998 年 11 月兼并了网景公司（Netscape）的美国在线公司（American Online）宣布，1998 年圣诞节期间，通过该网站进行网上购物的销售额比上年同期激增 350％。1998 年，仅成立三年的网上书店 Amazon.com 公司就被《商务公司》评为全球信息产业百名最佳企业中的第 37 位，排名在 Intel、HP 等老牌大公司之前。大量的新闻媒体，如电视、报纸、杂志、广播、广告等都在大力宣传电子商务，努力培育电子商务的大众化市场，在电视广告中经常可以看到公司的 Web 地址，这意味着希望观众到网上光顾该公司，获得关于公司的更多产品和服务信息。种种迹象表明，电子商务将会在今后几年大大发展，并将重新构造和增强企业的竞争力。

2. 网络采购的优势

Internet 的发展真正推动了电子商务的发展，一些权威公司对近几年的 Internet 网民人数、Internet 商务进行统计调查，发现 1998 年全球上网人数大约 5700 万人，2001 年达到 1 亿多人。通过 Internet 进行交易的贸易额，1998 年大约 220 亿美元，2002 年大约 3500 亿美元（根据《商业周刊》中文版 Forrester 公司统计）。为什么电子商务发展得如此之快呢？相对于传统的采购方式，其优势主要体现在以下几个方面：①提高了通信速度；②加强了信息交流；③降低了成本；④加强了联系，提高了服务质量；⑤延长了服务时间；⑥增强了企业的竞争力。

3. 网络采购的实施条件和过程

标准的企业网上采购不同于个人网上采购，它需要认证、数据交换、即时结算、保证信誉与供应等。企业实施网上采购需要有硬件、软件、网上安全保障、电子商务法律、EDI、网上支付结算、实物配送、网络人才等条件的支持。一个完整的电子商务系统应该是企业内部网与 Internet 的集成，若企业没有建立内部网，但有一个对外发布信息的 Internet 网站，即 Web 站点的设计，也可以实现某些简单的电子商务。

当前，电子采购处于快速成长的阶段，许多企业和公司基于自身业务的急剧成长或竞争需求，纷纷对网上采购进行了大量的投资。这些投资包括对企业原有的 ERP 系统进行改造或自行构建新的商务系统。网上采购是大势所趋，无订单采购和无票据自动结算将是网上采购的最佳形式。网上采购的一般过程如下：

(1) 公司员工或申请部门通过一个界面，如 IE 浏览器，来填写订购要求；

(2) 订单以电子方式传递给相应的管理程序，被自动审核；

(3) 必要时订单被提交给企业的主管官员审批；

(4) 订单被审批后，以电子方式通告给供货商，并且将被执行完成；

(5) 订购的商品或服务接下来将登记到可支付账户的财务核算系统，并且被传递到申请人手中。

上述网络采购过程中，在企业的内部，采购申请主要通过 Internet 进行传递。在申请被批准并形成订单后，企业外部的传递对网络采购的影响最大，途径也十分多样化。目前，国际流行的网络采购数据传送途径主要包括以下几种形式：人工向供应商发送电话或纸质文件、传真订购；向供应商发送电子邮件订单；向供应商的站点提交订单；门户网站招标；与供应商基于相同的 ERP 系统的集成；电子交易平台。

以上几种方式中，电子交易平台解决方案的优点是显而易见的，它为买方和卖方提供了一个快速寻找机会、快速匹配业务和快速交易的电子商务社区。供需双方能够快速建立联系，从而使企业订购和销售能够快速进行。在电子交易平台上，由于所有的商家都能得到相同质量的服务，并遵照工业标准的协议进行交易处理，商家之间的信息沟通更加便利，因此加入的商家越来越多，信息沟通更加有效。

➤ 案例   卡斯美的采购管理

日本卡斯美拥有一百多家超级市场，年销售额约为 1480 亿日元，折合人民币 123 亿元，经营品种约为 1.2 万种。卡斯美总部负责商品采购业务的部门被称为商品部，商品部以商品的进货、开发和管理为中心，其职能包括起草进货和销售计划、负责商品开发、制品开发、渠道开发。

1. 设立的原则

商品部内部设 11 个部门，设立的原则是其在经营额中的重要程度。目前卡斯美鲜鱼部的销售额约占 15%，鲜肉部约占 12%，果蔬部约占 14%。开办超市，首先要做的工作就是决定卖什么商品，即把商品的大分类、中分类及小分类确定下来，这就要根据当地的消费水平、消费习惯来确定商品分类表。由于各地区生活习惯的差别，各地超市的商品分类表也不相同。比如说，南方地区由于天气炎热，饮料可作为一个大类来经营。

在商品的经营和管理上，卡斯美有一套根据自己的理解而设定的分类框架。通常的做法是，按照使用者的用途或 TPOS（时间、场所、动机、生活方式）设定商品分类。分类框架设定好后，再筛选、找寻应备齐的具体商品品种，最后建立起自己的 MD 体系（商品体系）。

2. 五段分位法

日本超级市场的商品分类框架一般设定为五个梯度（五段分位法），即部门、品群、小分类、品种、品目。

1）部门

根据当地实际情况编制出的商品分类表是推行标准化的内容之一，作用极大：一是界定所经营的商品范围，二是便于对经营业绩按商品结构进行分析。商品分类后，计算机系统也同时对卖场进行分类管理，分析销售额、毛利率、损耗率、费用额、客单价、卖场销售效率、周转天数的变更。

2）品群

根据业态理论确定大众品和实用品。超市经营居民日常生活需要的食品和日用品，也就是高消耗、高周转的大众品和实用品。大众品不是指便宜的商品，而是一般老百姓日常生活要吃或要用的东西，而实用品是指用完了还要周而复始地去购买的东西。就具体的小分类来讲，大众品是适合居民日常生活消费的特定商品。如酒类，市场上最便宜的酒假设是 3 元 1 瓶，二锅头酒是 5 元 1 瓶，最贵的酒是洋酒。根据中国目前的收入水平，15 元 1 瓶的酒应当作为大众品，这样在安排商品备齐的时候，15 元 1 瓶的酒品目数应当最大、品种最全。

3）小分类

确定商品陈列面表并确定小分类的适当规模。在确定商品陈列面表时，卡斯美首先从理论上认为，商品陈列的货架越多、展示越充分，所实现的销售额也就越大。但是摆放多少货架总有个度，什么是适当规模、各个小类引进多少个名目、摆在多少个货架上最出效益，并没有现成的计算方法，这就需要采购员对每个小类的陈列面与销售额进行对比、分析。确定各个小分类的适当规模的原则是：一是要达到一般老百姓生活需求的品目数的 80%；二是了解其他商场各个小分类的布局情况，容易陈列，方便顾客选择购买。

4）品种、品目

必须根据品种，考虑设置多少个货架。卡斯美的酱油和奶酪分别有 45 个品目和 69 个品目，都是用 2 个货架摆放的，而针棉织品需用 10 个以上的货架才行，这是因为年龄段、性别不同，需要的各科规格、尺寸、颜色、式样十分复杂繁多，应做到系列化才能满足顾客需求。

3. 陈列面管理表

卡斯美还十分注重陈列面管理表。在采购员的职责中，货架管理必须细致到对各个小分类的货架陈列进行设计，设计出来的货架陈列图样称为陈列面管理表。陈列面管理表规定了陈列格式用几层隔板及隔板的尺寸；悬挂陈列时用多长的挂钩及使用数量；规定了每一种商品的售价、陈列位置、排面数及陈列量。使用这种标准化的陈列面管理表能够将总部的商品策略贯彻到每一个店铺，使整个连锁系统的商品营运容易控制，对于季节性变动修正及新品的增列、滞销品的删减等工作，执行起来效率比较高。

在卡斯美，陈列面管理表运用得非常广泛，几乎每家连锁店的每个店铺都有陈列面管理表，它是管理控制商品的最基本工具。因此，一个店在开设之前，应当首先把陈列面管理表规划好，再进行一切硬件的设置与进货陈列。

在日本，厂商推出新品有固定的日期，一般是春、秋两季各1次。每年年初，日本大厂商召开新产品发布会，由各商业单位采购员参加，并对感兴趣的新品索取资料。在导入新品的时候，先要把旧的商品砍掉。由于计算机程序比较完备，采购员在商品底账上敲进一个记号，第一次导入新品时，为了避免风险，一般先选择标准店铺进行试销，做堆头陈列，统计每天的顾客量、销售额，计算PI值。试销一星期，如卖况较好可引进，其陈列面数的安排可参照老产品做出，卖况不好就不再引进。

在卡斯美，老产品的淘汰，也是采购员的职责之一。当有新品引进时必先淘汰老产品，否则货架上的商品品目就会越来越多，而陈列面会越来越少，销售额就会下降。淘汰老产品的标准主要是依据销售额。采购员根据计算机系统提供的小分类销售报表、商品销售额排序、商品销售量排序、ABC分析、部门管理表等资料，能够非常精确地淘汰掉那些卖况差的品目。

卡斯美的采购管理是现代零售业态和经营方式下的一种管理模式，是现代零售管理模式的重要标志之一。与传统的商业管理方式相比，这种操作方式使采购职能大大扩展，使工作方法和管理手段的技术含量大大提高。

【讨论题】

1. 卡斯美是怎样进行商品分类管理的？

2. 卡斯美的采购管理对我们有何启示？

➤本章小结

采购是企业经营的开始环节，也是企业获取利润的一个重要来源。采购指在一定的时间、地点条件下通过交易手段，实现从多个备选对象中选择购买能够满足自身需求的物品的企业活动过程。

采购管理是为了保障企业物资供应而对企业的整个采购活动进行的计划、组织、指挥、协调和控制活动，是企业管理系统的一个重要子系统，是企业战略管理的重要组成部分。采购是一项具体的业务活动，是作业活动，它属于采购管理。

采购按照采购的主体分为企业采购和政府采购；按照采购对象可以分为物品采购、工程采购和服务采购；按照采购的地域范围可以分为国内采购和国际采购。

采购已由单纯商品买卖发展成为一种职能，一种可以为企业节约成本、增加利润、获取服务的职能。采购由战术地位提高到战略地位。

采购管理的总目标是：在确保适当质量下，能够以适当的价格，在适当的时期从适当的供应商那里采购到适当数量的物资和服务。

采购管理的任务和内容是：明确需求、采购供应市场分析、制定供应战略、选择和管理供应商、获取与选择报价、采购谈判、采购合同管理、库存管理、采购绩效考核。

➤关键概念

采购　采购管理　采购管理目标　采购管理内容　采购的地位　采购的作用
采购的趋势　外包　分包　全球化采购　网络采购

➤复习思考题

1. 什么是采购和采购管理？
2. 你是如何理解采购工作的？采购工作应如何进行？
3. 试述采购管理包含的内容。
4. 结合你了解的实际情况，谈谈我国企业在采购方面面临的问题。

第2章

采购组织架构

> **本章导读**
> - 了解采购组织的几种常见类型；
> - 重点掌握采购组织的设计；
> - 重点掌握采购人员的职责和要求。

2.1 采购组织的类型

为了追求经营目标，企业必须有组织保证，必须设置企业内部组织架构或对现有架构进行变革。组织架构是指一个组织内各构成要素以及它们之间的相互关系，在建立一个有效的采购组织架构的过程中，最重要的是企业部门、结构、权责关系、业务流程等之间的关系，因为企业的目标确立后，必须有适当的组织结构与人员编制来保证目标的实现。本节主要介绍采购组织的几种方式，即分权式的组织结构、集权式的组织结构、混合式的组织结构。

2.1.1 分权式的采购组织

分权式的采购组织指总公司把采购权力下放给下属各公司，各公司把与采购相关的职责和工作再分别授予不同的部门来执行。例如，物料或商品需求计划可能由制造部门或者销售部门来拟订；具体采购工作则可能由采购部门或者商品部门承担；库存工作可能将成品归属销售部门、在制品归属制造部门、原料或零件归属物料或仓储部门管理。

这种组织方式中，总公司不承担采购职能，下属各公司设置采购部门承担采购，采购部门承担整个物料管理中的一部分职责，其他有关物料或商品需求计划、库存则分属不同的管理部门，这就是分权式的组织方式，如图 2-1 所示。

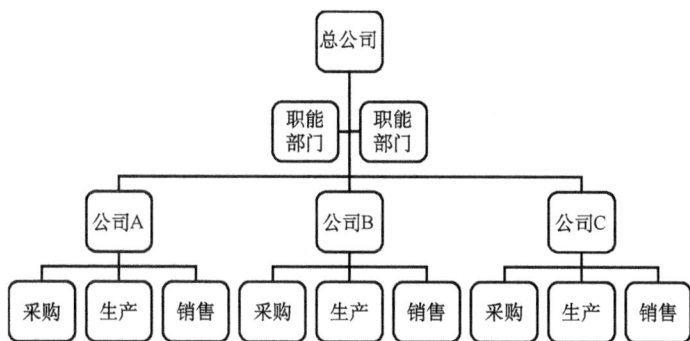

图 2-1　分权式的采购组织图

1. 有利因素

（1）紧急采购可争取时间，能够机动配合生产需要，提供最佳服务。

（2）有利于地区性物资的采购，仓储方便，占用库存空间少、占用资金少。

（3）采购手续简便，反馈迅速。

2. 不利因素

（1）权责不清。由于整个物料管理的功能细化，涉及的管理环节多，工作显得零乱复杂，个别部门之间的职责也变得不明确。例如，交货期的延误，原因可能是采购作业效率低，或是物料需求计划不当，还可能是催货不力，且任何一个环节的问题都会影响下一个环节，出问题后各部门经常会互相推诿，难以明确责任。

（2）目标冲突。各个部门在工作中有各自的权责利，难免造成本位主义，产生"隧道视野"，影响与其他部门的沟通与协调。例如，采购部门为了获取数量折扣会选择大批进货，从而造成仓储部门的库存压力增加，物料需求计划也被破坏。

（3）浪费资源。各下属公司重复相同的工作项目，如追踪物料供需动态、与供应商交涉、物料作业信息化等，造成机构重复设置，增加人力、设备的投资成本和管理成本。

（4）权力分散。分权式采购组织权力分散，各个部门单独行动、缺乏统筹，无法获得集权式采购的数量折扣，作业分散、手续重复、采购成本增加。

3. 分权式的采购组织适用的采购条件

（1）小批量采购；

（2）采购价值低；

（3）市场资源丰富；

（4）距离总部较远；

（5）研发试验物品的采购；

（6）紧急、临时采购。

2.1.2　集权式的采购组织

集权式采购是将与采购相关的职权集中授予一个部门来执行。这是为了建立综合的物料体系，因而设立一个管理责任一元化的组织体系。这个部门称为物料管理部门或资材部，其主要工作包括生产管制（生产计划、物料管制）、采购（包括采购事务及跟踪和催货）和仓储（收发料、进出货、仓储、运送）等。例如，总公司把各下属公司的采购权集中起来，由总公司统一采购，如图 2-2 所示。

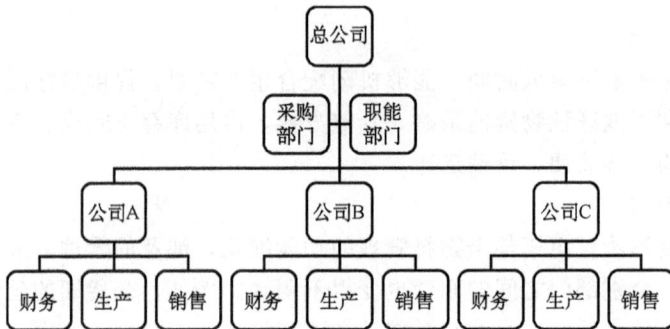

图 2-2　集权式的采购组织图

1. 有利因素

（1）集中采购，减少采购成本，增强了与供应商的谈判能力，容易获得优惠的价格和优质的服务，形成规模经济。

（2）采购功能集中，便于专业分工，有利于提高效率、培养专业人才。

（3）易于稳定与供应商的关系，实现成效最佳的长期合作。

（4）公开采购、减少暗箱操作，可有效防止腐败。

（5）便于实行采购程序标准化，减少分散采购的重复作业。

2. 不利因素

（1）采购流程较长、手续繁杂、耗时较长。

（2）不利于进行紧急、临时性的采购。

（3）采购绩效很难评估。

3. 集权式采购组织适用条件

（1）大宗货物和批量采购的物品；

（2）价值较高的物品；

（3）技术性的零部件；

（4）涉及保密的物品；

（5）质量易出现问题的物品；

（6）向国外采购的物品。

2.1.3　混合式的采购组织

混合式采购组织吸收了集权式采购和分权式采购的优点。一个健全的采购组织应该决策集中、执行分散、集权与分权协调运用，最终在集权与分权的采购中建立一种有效的平衡。混合式采购组织，即总公司设有采购部门，下属各公司也设立采购部门，除政策性、技术性采购、大量采购和向国外采购等由总公司统筹采购之外，其他零星采购、区域性或紧急采购则由下属各公司的采购部门自行办理。在推行集中采购时，可将部分作业合理分散执行，例如，一些小额、小批量或地区性采购，应该给下属企业较大的权力，这样不但可以提高效率，还可以降低采购成本，如图 2-3 所示。

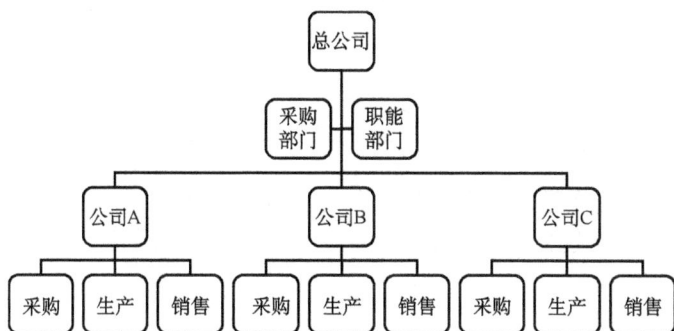

图 2-3　混合式的采购组织图

2.2　采购组织的设计

根据近代的组织理论——权变理论，采购机构的组织方式应视具体情况做出必要的调整以适应环境的变化，采购组织的设计必须适应企业的具体需要，如企业目标、企业战略、可支配资源、信息系统、管理风格和企业文化等，不存在任何普遍可行的组织结构。通常的采购组织设计方法如下。

2.2.1   根据采购区域设计

根据采购区域设计采购组织时，可按物料的采购来源分设不同部门，如国内采购部、国外采购部。这种采购部门的划分主要是由于国内外采购的手续及交易对象有显著的差异，采购工作要求差异较大，国内不同地区的采购也有差异，所以应分别设立部门加以管理。采购管理人员应就相同物料比较国内外、国内不同区域采购的优劣，判定物料应该划分归哪一部门办理，如图 2-4 所示。

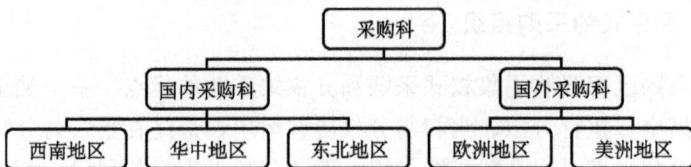

图 2-4   根据采购区域设计的采购组织图

2.2.2   根据产品类别设计

对于物料品种繁多的企业，可按类别，如主原料、一般物料、机器设备、零部件、工程发包、维护保养等，将采购项目分由不同的人员负责，这种组织方式可使采购人员熟悉、精通所负责物料的采购，如图 2-5 所示。

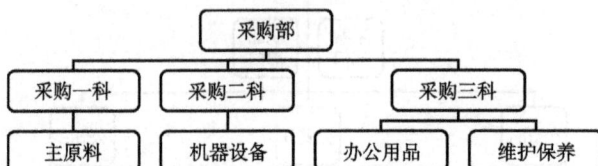

图 2-5   按产品类别设计的采购组织图

2.2.3   根据采购产品价值或影响程度大小设计

通常情况下，数量或者种类占总采购数量或种类的 80% 的采购对象只占总采购价值的 20%，而数量或者种类只占总采购数量或种类的 20% 的采购对象却占总采购价值的 80%。采购同样遵循帕累托"80/20"效率法则，这种法则为针对不同对象分别制定采购策略提供了指导。采购工作的重点应该放在数量或种类虽少但占总采购价值份额较高的对象上，其他采购对象做一般处理，如表 2-1 所示。

表 2-1 ABC 分类管理法

物品	价值	采购次数	承办人员
A	70%	10%	经理
B	20%	30%	主管
C	10%	60%	职员

1983 年，Kraljic 提出了采购对象分类模块，划分标准为：一是采购对象对于企业的重要性，主要指该采购对象对企业的生产过程、产品质量、物料供应、企业成本等所产生的影响的大小，通常表现为这类对象占采购总价值的多少；二是供应风险与机会，主要指供应商短期或长期的供应保障能力、供应商的数量、供应市场的竞争激烈程度等。

依据不同采购对象对于企业的重要性及供应的风险和机会，可以将企业的所有采购对象细分为战略采购品（也称为关键采购品）、瓶颈采购品、杠杆采购品和日常采购品，如表 2-2 所示。

表 2-2 供应定位管理

类别	利润影响程度	供应风险程度	采购承办人
战略品项	高	高	总监
瓶颈品项	低	高	经理
杠杆品项	高	低	主管
日常品项	低	低	职员

2.2.4 根据采购功能设计

在采购工作量较大的企业，可依据采购过程，将询价、比价、议价和决策分配给不同的人员负责，将采购工作细分化、流程化，产生相互制约，避免权力集中产生暗箱操作，如图 2-6 所示。

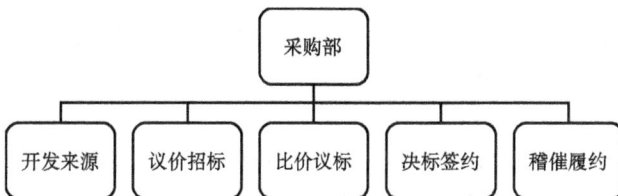

图 2-6 按采购功能设计采购组织图

对任何一个企业来说，绝对不存在一个完美的组织结构。每个企业都有许多方面与其他企业有所不同，因此要考虑不同的因素，如组织大小、它所服务的市场类型、组织人员的类型以及企业高层对组织的认可情况等。企业应根据自身的情况，选择最适合自己的采购组织结构。另外，随着内外部环境的变化，企业还应不断调整自身的采购组织机构，以便于更好地适应环境，实现企业的目标。

2.3 采购组织的职责

采购组织的组建和调整需遵循三个原则：一是采购的规模。大型企业或集团公司通常设有采购中心或集团采购部；也有一些企业设立直线领导下的专业采购部；而有些小企业则简单设立供应科。二是采购的性质。如果采购品对企业产品或服务质量具有较大的影响，采购部门可配备采购工程师等技术人员。三是企业的采购方式。企业采用战略采购、全球采购、电子采购、JIT 采购等先进的采购方式，则需要相应的机构设置来承担相应的职责。

一般而言，公司的采购部门通常具有对内和对外两类不同的职责。对外是选择、管理供应商，控制并保证价格优势；对内是控制采购流程，保证采购质量和交货周期，满足公司生产和市场的需要。

2.3.1 采购部门的职责

1. 了解产品采购的市场现状

采购部门要明确所采购产品的需要，掌握采购产品的市场价格状况，了解其相应的市场走势，以此分析产品的品质、价格等行情并控制成本。

2. 选择优秀的供应商

采购部门通过对采购产品的市场了解，寻找商品供应来源，对每项商品的供货渠道加以调查和掌握，同时通过对供应商进行分析评价，选择优秀的供应商。通常应该优先选择那些技术创新能力与企业的要求相匹配的供应商，搜寻行业内可以给供应链带来额外价值的新供应商。

3. 进行采购谈判

采购谈判是指制定采购策略，建立供应商的资料，对产品价格、交货期、服务等事项进行谈判，其中产品价格的谈判可通过采购询价、供应商报价、价格比对、价格商议，最后确定价格。

4. 供应商的评估

供应商的评估主要是对采购商品中供应商的价格、品质、交货期、数量等作出评估。月底召开评估会议，做出供应商评价报告并提交给供应商，要求其进行相应改善。如连续数月无明显改善，则可讨论取消其供应商资格。

5. 搞好内外关系，建立有效联盟

采购部门要积极搞好与供应商以及其他企业之间的关系。采购部门对供应商的选择只是开端，此后需担当供应商和其他内部部门之间的联络员，需要在质量提高、成本降低以及新产品开发计划上和供应商紧密配合，帮助供应商完成发展自己的供应商群体等工作。因此，采购部门应代表企业与重要的供应商建立长期密切的采购业务联盟关系。

6. 负责部门内部的行政管理和人事管理

部门内部的行政管理和人事管理主要指提出采购目标、制定部门预算、甄别和选择专业的采购人员。

2.3.2　采购人员的职责和要求

1. 采购经理（采购主管）的职责

1）采购经理的职责

（1）新产品及新材料供应商的寻找、资料收集和开发工作。

（2）对新供应商品的质量体系状况进行评估及认证。

（3）与供应商的比价、议价谈判工作。

（4）及时跟踪掌握原材料市场的价格行情变化及品质情况。

（5）采购计划编排、物料订购及交期控制、部门员工管理培训工作等。

采购经理通常还配备助理和采购工程师。

2）采购主管助理的工作职责

（1）协助主管进行材料采购渠道、采购计划的制订。

（2）市场行情的调查与统计分析。

（3）供应数据的统计与分析。

（4）有关采购文件的编写工作等。

3）采购工程师的职责

（1）主要原材料的估价。

（2）供应商提供的材料样板的品质的初步确认。

（3）采购部门有关技术、质量文件的拟制，与技术质量部门进行有关技术、质量问题的沟通与协调。

（4）与供应商进行有关技术、质量问题的沟通与协调等。

总体而言，采购经理需要根据运营整体进度规划、开发或优化现有供应商，并与之签订规范的产品经销合同；及时评估现有供应商的质量和效率，及时优化供应链，降低进货成本；依据采购部的采购需求单和补货单，保障执行采购；将市场上的销售情况反馈给产品经理，为其提供采购建议（互动）；与储运部门沟通接洽，及时理顺流程，保障入库；与财务部门沟通，及时审核、履行付款财务手续；检查并监督本部门是否将财务记录和资料归档留存；控制库存在合理的程度内，与供应商协调，及时安排办理调退货，优化库存。

2. 采购经理（采购主管）的要求

从专业结构的角度来说，不同层次的采购人员应该具备不同的要求。对采购经理的要求主要有以下几点。

（1）个人素质与技巧：具有较强的分析、判断、决策能力；娴熟的谈判技巧与策略；计算机操作熟练，沟通能力强，具有较强的领导、组织、协调、控制能力；具有适应变革的能力。

（2）采购经理需要具备的专业能力：采购管理、商品战略、市场营销、成本分析与管理、国际采购与运输。

（3）工作经历：五年以上相关工作经验。

3. 采购人员的职责

1）保证生产用料供应的不间断

这是采购员最基本的职责。采购人员的一切活动都是为了使生产用料得以不间断地供应，这是生产能够进行的前提，因此采购人员的工作是为生产服务的。

2）指导产品生产和工艺的改进

采购为生产服务，生产依赖于采购。采购员是生产与市场资源的联结者，因此采购人员最了解市场资源及变化。根据市场资源情况，采购人员有责任对本企业的产品生产工艺及过程和手段进行指导。采购人员有责任向生产部门提供最新市场科技情报，促使生产采用最新科技成果、设备，使用标准化产品、提供可替代原材料等，使企业生产始终处于先进、标准化、有效率的状态。另外，采购员还要根据市场的短缺情况，建议对生产用料、产品等进行改进，以避开由于某种物资长时间大幅度提价而带来的损失，获得某些资源因物资充足、成本降低而带来的好处。所以，采购人员是企业的耳目，是决策者的重要参谋。

3）编报企业物资计划

采购人员是企业物资计划的编制者，企业物资定额和生产量等资料确定的物资需用量，是国家进行物资平衡的重要依据，企业采购人员有责任向上级部门提供详细准确的物资计划。

4. 采购员的要求

1）采购人员必备的素质要求

（1）具有良好的生理、心理素质。采购工作活动区域大，包括临时采购、紧急采购和新资源的开辟等工作，工作流动性大，需要充沛的体力和精力。经常在陌生、复杂的自然和社会环境中工作，需要极好的心理素质和适应能力。

（2）具有广博的知识、较强的学习能力。要完成采购任务，采购人员需要掌握有关市场信息、资金结算、采购技术等相关知识和商品检验技术、产品学等知识。采购是为了满足生产的需要，因此对于生产用料、生产工艺过程和手段、产品的性能和成本以及设计原理等也必须掌握，以使采购更具有针对性和主动性。和各种供应商打交道，采购人员需掌握社会知识和人际关系技能，促使采购顺利完成。作为企业的采购人员，要能够快速、准确地掌握所必备的知识，并能够补充新知识，这就需要较强的学习能力。

（3）具有较高的政策水平。采购工作具有较强的政策性，采购人员要了解国家政治经济形势，掌握有关政策、法令，并能充分理解和正确执行，以便更好地完成企业的采购任务。

2）采购人员必备能力要求

（1）成本意识与价值分析能力。采购支出是构成销货成本的主要部分，因此采购人员首先必须具有成本意识，会精打细算，不可大而化之；其次，必须具有成本效益的观念，并能随时将投入与产出加以比较；最后，对价单的内容，应有分析的技巧，不可以"总价"比较，必须在相同的基础上，对原料、人工、工具、税款、利润、交货时间、付款条件等，逐项加以剖析评断。

（2）信息收集、处理能力。在动态经济条件下，物品的采购价格与供应数量经常会调整变动，采购人员应眼观六路、耳听八方，依据各种资料，判断货源是否充裕，才能对物品未来的供应趋势预谋对策。

（3）表达能力。采购人员无论是用语言或文字与供应商沟通，必须能正确、清晰地表达所欲采购物品的各种条件，如规格、数量、价格、交货期、付款方式等，避免因语意含混产生误解，尤其是忙碌的采购工作，采购人员更应具备长话短说、言简意赅的表达能力，以免浪费时间，而通过晓之以理、动之以情来获取优惠的采购条件，更是采购人员必须锻炼的表达技巧。

（4）良好的人际沟通与协调能力。由于采购业务牵涉范围较广，相关部门比较多，欲使采购业务顺利进行、获得良好的工作绩效，除了采购人员的努力之外，尚需要企业内部各部门之间有效的配合。因此，良好的人际沟通及协同能力非常重要。

3）采购人员的职业道德要求

（1）具有高度的责任感。

采购人员应对本企业高度负责，择优采购。回扣是经济中的正常行为，是价格上的灵活和优惠，但必须在政策指导下合理开展。取得回扣的主体应是购买企业，而不是采购人员。收受回扣、将质次价高的物资购入企业的行为是与采购人员的职业道德不相容的。采购人员要廉洁奉公、不徇私舞弊、不违法乱纪、遵守职业道德。

（2）具有合作精神。采购人员在与供货企业建立供需关系时，要本着互助精神，本企业的采购行为要考虑到供货企业的条件和要求，以促进供货企业生产的发展。采购人员在遇到与己竞争的企业时，应在公平条件下进行竞争，不得采用不道德的手段。在本企业另有可供货源时，应避开竞争对手，使对方也有机会取得货源。采购员的互助精神是促进社会经济形势稳定、供需平衡的有力保证。

➤案例　企业的钱花到哪儿去了

2001 年美国采购协会统计了全球花钱最多的 250 家企业，结论是：70％以上的企业，采购金额占销售金额的 40％～70％。这意味着，假设企业销售利润以 10％计算的话，销售金额 1000 万元，采购金额如果占销售金额的 50％，采购金额就是 500 万元，利润是 100 万元。如果采购成本降低 20％，就能够节约 100 万元。20％的采购成本降低带来了 100％的销售利润上升，这就是采购对企业利润 1∶5 的杠杆作用。

企业的钱花到哪儿去了？只有两个出口：一个是通过工资和福利等给了内部员工，这是内部成本；另一个是从采购部通过订单给了外部的供应商，这是外部成本。很显然，外部成本要远高于内部成本。对于跨国公司，外部成本与内部成本的比例是 2∶1 至 3∶1。对于国内企业，这个比例高达 5∶1。随着企业外购、外包的发展，越来越多的企业只保留企业擅长的主业，把竞争力弱的业务外包出去。因此，采购的内容越来越复杂，金额也越来越高，覆盖的范围也越来越大。

我们把采购分成三大类别：生产型采购、通用型采购、客户服务型采购。生产型采购是为自己的产品或服务需要进行的采购，如原材料、设备、零部件、维修等，也就是我们通常所说的采购内容。它以企业生产和服务为目的，有技术标准，有工程、质量、研究开发人员的支持，所以，一般采购员很容易找到让公司内部满意的供应商。但采购内容很多时候受申请人的技术背景和素质影响。申请人会主动提出产品型号或者供应商的资料，这时采购人员往往由于技术背景不足，而被动采纳，即申请人申请什么，采购人员就买什么。采购人员很难站在公司需求的高度和供应链管理的高度来综合考虑供应战略。通用型采购是针对企业职能和服务部门公共需要进行的采购支持，如广告、印刷、保安、计算机设备、办公设备、软件、出差、装修、环境维护、修理、操作、培训等。这些在传统管理者眼中，从来没有被当作是采购员的职责，一般就被使用者或行政管理人员随手办理了。通用型采购往往会占销售成本的 10％以上，有的公司管理混乱，甚至会超过 30％。客户服务型采购买来的是客户需要而本公司不能提供的产品或服务。如解决方案中的客户指定产品、配套产品、需要分包出去的产品和服务等。对这类采购内容很多公司很陌生，但随着公司的发展、规模和经营范围的扩大，这类采购内容会越来越多。

三大类采购的性质不同，管理的组织形式必然有区别。通用型采购大多分散在市场部、人事部等部门；客户服务型大多分散在项目部、工程部等；实行战略采购，必然要求中心化的采购组织。因此，应该针对企业自身花钱的规律，建立专业化的采购管理团队，规范采购制度和流程，提高采购活动的效益、效率，消除采购的盲点和道德陷阱，达到降低采购成本、提高企业效益的目标。企业基于策略性目标的考虑，以及人事结构的安排，其采购组织可能是介于分权与集权之间的混合式。譬如，为了达到零库存的目的，许多制造业企业将采购部门的工作扩大，包含物料需求计划及采购单作业，但是未包含实际的仓储及运送功能，所以采购部门的组织维持不变，并没有扩充为材料部。另外，许多从事批发或零售的企业为了推行"买卖一元化"的经营策略，采购部门的工作包括产品开发、市场调查、卖场规划、毛利率的控制等，采购部门俨然成为利润中心的组织形态，超越了传统上视采购部门为整体物料管理系统中的次系统的观念，而转变为独立的商品部。

【讨论题】

1. 采购战略的实施需要什么组织保障？

2. 面对采购的内容越来越复杂、金额越来越高、覆盖范围越来越大的局面，企业应如何发挥采购的杠杆效应？

➤本章小结

　　通常情况下，一家公司 50％以上的销售收入会以采购形式支出，而采购组织正是保证这些采购支出重新流回公司并最终形成更多利润的关键部门。合理构建一个好的采购组织，不仅能满足公司运营的基本要求，还能够对整个企业的运营发挥整合协调的作用，并且帮助企业建立竞争优势。采购组织的类型主要有：分权式的组织结构、集权式的组织结构、混合式的采购结构。采购组织的设计主要是为了配合企业生产和实现其他目标，以及与其他部门相互协调配合。因此，采购组织的设计主要根据采购区域、产品类别、采购产品价值或影响程度大小，以及采购功能等来进行。采购部门是公司的唯一窗口，也是能对公司客户产生极大作用的组织。它是联结客户和供应商的纽带，具有对内和对外两类不同的职责。采购组织的职责主要有：采购部门的职责、采购经理的职责和要求、采购人员的职责和要求。

➢关键概念

采购组织　采购组织的类型　分权式采购组织　集权式采购组织　混合式采购组织　采购组织的设计　采购组织的职责　采购人员的职责

➢复习思考题

1. 在企业中有没有必要建立独立的与财务、营销、运营管理并列的采购部门？说明理由。

2. 试比较集中式采购与分散式采购的优缺点，并实际设计一个混合式的采购组织。

3. 你认为作为一个采购人员，需要具备哪些素质和能力，才能胜任采购工作？

第 3 章

采 购 变 量

➤ **本章导读**

  • 明确采购商品的质量，理解商品规格、商品标准对于获得优秀品质商品的重要作用；

  • 明确采购的数量，掌握采购数量的计算方法；

  • 明确按时交货的重要性，掌握如期交货的方法。

采购与供应的职能作用，即满足组织内部不能或不愿提供的产品或服务的需求，并向供应商提供满足用户需要所需的信息。为了达到这一目的，采购人员需要对采购商品或服务的质量、价格等变量给予关注，这些变量的有效管理是成功采购的关键。

■ 3.1 采购商品的质量

3.1.1 质量概述

1. 质量的定义

采购质量管理是企业全面质量管理的重要组成部分，也是关系到企业整体采购绩效的决定性环节之一。质量就是满足有关产品或服务的所有特色和特点的集合，简言之，即"满足需求"或者"适应性"。英国标准协会将质量定义为"能够满足指定需求的产品的所有特性、特点的集合"。2000 版 GB/TI-ISO 9000 标

准中对质量的定义是：质量是一组固有特性的产品、过程或服务满足需求的
程度。

2．质量的内涵

为了更具体地指导管理工作，哈佛商学院的大卫·加温（David Garvin）教
授将以下八项要求作为衡量产品质量的标准：①性能，即产品或服务的主要功
能；②附加功能，即附加到产品或服务上的各种次要的感知特征；③耐久性，即
预期寿命；④合格性，即满足规格；⑤服务性，即维护性和容易安装；⑥可靠
性，即在一定时期内保持其性能的概率；⑦美学性，即外感、气味、感觉和声
音；⑧印象质量，即顾客眼中的形象。

以上八个方面的质量指标主要偏重于制造业的产品，而对于服务行业来说，
美国的作业管理专家查理·施恩伯格（Chad Schonberg）对于服务行业的质量标
准提出进一步的补充：①价值，即是不是最大限度地满足了客户的希望，使其觉
得钱花得值；②响应速度，对服务行业来说，时间是一个主要的质量性能要求，
如果顾客等待时间过长，服务质量就会大打折扣；③人性，这不仅是对顾客的笑
脸相迎，还包括与顾客的有效沟通，对顾客的尊重、信任与理解；④安全性，即
尽可能减少风险、危险与疑虑；⑤资格，即具有必备的知识，提供一流的服务。

3.1.2　产品规格

1．规格

规格是用户将需求传递给采购方和潜在供应商的主要方式。规格是描述产品
品牌、物理和化学特性、原材料、性能、制造方法、工程样图、市场等级的技术
表格，还包括对测定它们是否符合规定的描述。规格中可以规定供应商必须满足
的性能参数，或者给出产品或服务如何去设计的完整方案。规格说明是采购订单
和采购合约的核心，规格对于商品获得优秀品质起着重要的作用。

2．规格的类型

日常工作中对产品规格的描述有许多不同的方法，主要包括以下九种。

1）设计图和样图

设计图和样图，如工程样图或者工程设计图。这种形式适用于机械加工品、
铸件、锻件、压模部件、建筑、电子线路和组件的采购。

2）品牌和商标名称

品牌或商标是产品规格的简单形式。品牌或商标，加上特定的型号信息，将
足以向供应商传达所需的采购信息。对于公众每天使用的产品或服务，利用品牌
和商标是合适的，当产品或服务由专利或商业机密保护时，需求量太少而形不成
特定规格，或者用户明确说明对某个品牌的偏好时，也需要使用品牌和商品名
称。但品牌化产品的价格一般仍然较高，而且批发商和分销商会对同样的品牌报

出不同的价格。所以，如果不必使用品牌化的产品，就可以采用非品牌产品，因为它比较便宜。

3）技术规格

技术规格具有较高的规定性，因为它要全面地定义需要什么。技术规格包括下列参数：物理性质、设计细节、公差、使用材料、生产过程方法、维护要求、操作要求。技术规格必须清楚和严谨，以便供应商无须任何附加说明就可以理解它们。当然，技术规格也应避免不必要的细节。

4）商业标准

商业标准描述的是原材料和组件的质量、尺寸、化学成分、检验方法等。

5）构成规格

构成规格涉及一个产品的构成，一般是从其物理化学性质方面进行描述，如纯度、密度、成分、添加剂等。这类规格通常用于原材料以及食品和化学类商品。构成规格也用于安全和环境因素很重要的产品。

6）功能和性能规格

功能规格通常描述采购要执行的或要达到的功能，而性能规格通常描述有关如何更好地达到这种功能的附加要求。由于采购方在很大程度上依赖于供应商提供合适产品的能力，所以在需要使用性能规格时，信誉好的供应商尤为重要。此外，告诉供应商对其供给的评价方法以及绩效的评价标准也是非常重要的。

7）明确检测和检验需求

除了明确产品性能，在某些场合为了确保交付的产品与预期的一致，还需慎重地明确检验和检测要求。当产品或服务失败的结果影响很大或供应商的质量绩效不详或可能不佳时，可能需要检测和检验。检测和检验方法很多，例如，在设计过程进行的考察和审批（包括提供质量保证文件），过程检验，在生产结束、安装或交货前检测等。所有要进行的审查和检测程序的相关细节都要提供给供应商，包括样品的选择与准备、检测方法、使用的检测设备、验收的范围和标准、检测报告的格式。必要时指定一个独立的权威机构为最终产品的验收出证，并要明确合格证的格式。

8）样品

商品的描述可用文字、表格、图样这些格式的文件来表达，但当所购商品的某些要求（如色、香、味、形、手感、质地等）难以用文字准确表达时，就使用样品表达要求。使用此类描述的优点是让供应商确认需求，让采购者事前了解产品性能，缺点是供应商提供的样品质量可能优于实际供应的商品。

9）商品目录

商品目录是在商品分类和编码的基础上，用表格、文字、数码等全面记录和反映相关商品集合总体综合信息的文件。按适用范围，商品目录可分为国际商品分类目录、国家商品分类目录、行业分类目录、企业分类目录，以方便采购者确认需求。使用此类描述的优点是易于确认需求，缺点是不能充分满足具体需求。

3.1.3　标准和标准化

制定并采用标准的系统过程被称为标准化。标准化的目的不是挑选最便宜的或者是贵的，而是选择能满足需要的、最合适的质量。质量标准在采购活动中被广泛使用，各国由于经济社会条件不同，有不同的分级方法。质量标准按使用范围分为国际标准、区域性标准、国家标准、行业标准、地方标准、企业标准等；按约束性分为强制性标准和推荐性标准；按保密程度分为公开标准和内控标准等。国际标准、区域性标准、国家标准、行业标准、地方标准属公开标准，企业标准属内控标准。

1. 国际标准

国际标准是指由国际标准化组织（ISO）和国际电工委员会（IEC）制定的标准，以及经国际标准化组织认可并收集到《国际标准题录索引》中加以公布的其他国际组织所制定的标准。它们已为大多数国家承认和不同程度地采用。

2. 区域标准

区域标准是指由世界某一区域标准化组织制定的标准。区域标准的目的在于促进区域性标准化组织成员国进行贸易，便于该地区的技术合作和技术交流，协调该地区与国际标准化组织的关系。国际上较为重要的区域标准有：欧洲标准化委员会制定的欧洲标准、欧洲电工标准化委员会制定的标准、亚洲标准咨询委员会制定的标准、泛美技术标准委员会制定的标准、非洲地区标准化组织制定的标准等。

3. 国家标准

国家标准是指由国家标准化主管机构批准发布，对国家经济、技术发展有重大意义，必须在全国范围内统一的标准。我国国家标准主要包括：重要的工农业产品（商品）标准；基本原料、材料、燃料标准；通用的零件、部件、元件、器件、构件、配件和工具、量具标准。

4. 行业标准或专业团体标准

我国行业标准是指在没有国家标准的情况下，需要在行业范围内统一制定和实施的标准。行业标准包括：行业范围内主要的产品标准；通用的零件、配件标准；设备、工具和原料标准；工艺规程标准；通用的术语、符号、规则、方法等基础标准。

5. 地方标准

我国地方标准是指在没有国家标准和行业标准的情况下，需要在地区内统一制定和使用的标准。地方标准的范围主要控制在工业产品安全卫生要求和有地方特色的产品标准以及农业标准之内，不能扩大到工业产品标准。建立地方标准的目的主要是考虑到我国各地经济发展的不平衡并促进地方经济的发展，但不能形成市场分割和贸易保护。

6. 企业（公司）标准

我国企业标准是指由企业制定发布，在该企业范围内统一使用的标准。企业生产的产品在没有国家标准和行业标准时，应当制定企业标准作为企业组织生产、经营活动的依据。已有国家标准和行业标准的，企业也可以制定严于国家标准或行业标准的内控企业标准，以提高产品质量水平，保证产品质量超过国家或行业标准甚至国际标准的要求。

采购中利用公开标准的优点是：明确规范，避免不确定性；标准化有助于提高可靠性和降低成本；由于节约设计时间而使成品的生产周期缩短；可供选择的供应商增多，减少了对专业供应商的依赖性，为商务谈判提供了更大的余地；通过参照 ISO 标准，方便从国际范围组织货源；减少库存的项目数和数量，从而降低了库存成本；标准的使用使物资材料装卸操作的费用降低，对非标准设备的非常规性采购也可以一目了然。缺点是不能满足所有要求，滞后于新技术。所以在已有标准不能满足需要时，或者采购产品的数量很大、频率很高时，可以开发企业的内控标准以降低成本。

3.1.4 供应商评定

在确定规格之后，采购质量保证过程的下一个阶段，就是选择一个或几个有能力按规格供货的供应商。评定供应商的能力主要考虑以下五个因素。

1. 供应商以前的业绩

采购决策者应该拥有供应商过去的质量表现记录，这些记录包括发货、执行、服务、价格以及其他问题的数量资料。采购方利用这些资料，不仅会与较好的供应商更好地合作，还会排除不合格的供应商，同时也会使实力较弱的供应商改进他们的表现。

2. 声誉

声誉被应用得十分广泛。质量声誉主要基于实际表现，而不是广告和其他形式的宣传。有经验的采购者会通过与同事、销售代表以及其他企业的买方交谈来建立大量的市场认知，也可以从潜在供应商那里得到一些客户的名称，进而从这些客户那里得到一些保密资料。

3. 走访和评估

对于重要的、价值高的物品，采购企业应对供应商进行参观走访，以便对供应商的质量能力有所评估，通常由质量控制人员、采购人员或者内部小组进行走访。采购代表必须保证在走访时，大部分时间用在检验生产方法和设施，检验、测试、测量生产设施和检验部门设施，检查、校准、测量常规装置以及其他测试装置上。

4. 第三方认证

有独立的第三方对供应商进行考察和评估，将考察评估结果公布或者给客户和用户提供一份质量评定证书。

5. 质量控制

采购质量的保障可以通过质量控制过程来完成。使用质量控制包括使用控制图标和其他记录，也要考虑到采取的纠正措施。同时可以通过与质量有关的过程、政策和态度来评定工作标准，如有可能则对其质量进行短暂的考察。另外，尽量能与负责交货或其他方面的负责人会面。检验活动以及其他涉及确保缺陷（或者潜在缺陷）能被及时发现的监控活动，都可以归类为质量控制过程。

1）进货检验

进货检验是根据规定的合格质量水准（acceptable quality level，AQL）对交货产品进行检验。产品进货检验的结果由质量控制部门统计列表，而该情况的结果将提供给采购部门，以便采取相应的措施。通过验收的产品存入仓库，对被拒收的产品则可以采取下列措施：

（1）退还给供应商进行修正和替换，费用由供应商承担。

（2）由采购方自行修正，向供应商收取成本，这可能还涉及生产计划和车间负荷能力等问题。

（3）当被拒收产品尽管不完全符合规范但还是能够使用时，买卖方可商议降价。

进货检验的一个主要缺点是，它使某些供应商产生了对采购方检验的依赖性。

2）来源检验

来源检验即采购方派调查员驻扎在供应商的生产车间，或者由调查员定期对供应商进行实地考察。

来源检验的优点：

（1）缩减了拒收、退货、再加工和再交货的周期；

（2）调查员对供应商产品情况了如指掌；

（3）供应商的专业检验程序与测试设备可得到充分利用。

来源检验的缺点：

（1）来源检验通常要比进货检验成本高许多；

（2）供应商对产品符合质量要求应承担的责任减小了，也就是说，此责任被转嫁到采购方。

虽然检验可以确保产品"符合规范"，但是它也有局限性，因为它无法评价规范的正确与否、恰当与否。

3）来源控制

来源控制要求供应商对提供的符合特定规范的产品负全部责任，从而使采购方减少或免除对进货产品进行的检验，同时供应商负责提供测试证明文件或者按照 BS EN ISO 9004 中规定的程序之一向采购方汇报检验结果。在许多工业领域里，如汽车工业，供应商都被要求设立质量体系，以提供对进货质量的控制。供应商对生产过程中的差错进行预防，并在必要时采取及时而有效的纠正措施，以防止不合格产品的装运。

■3.2　采购数量

采购数量的确定是企业做好采购管理工作的关键因素之一，也是保证需求数量、库存数量和订货数量平衡的关键。采购数量应与实际生产需要相符合，不能过多或过少。因此，采购人员要认真研究企业的生产计划，分析市场情况，选择科学的计算方法，确定合理的采购数量。

3.2.1　MRP 计算方法

随着计算机技术的发展，MRP 方法应运而生。MRP 成功解决了根据最终产品计划生成零部件需求计划的问题，它能列出产品出产计划，需要生产哪些零部件、生产多少、什么时候下达零部件的制造任务、何时完成。这个成果对制造业的管理具有重要意义，使人们的思路从追求实际意义并不很大的优化方法转到比较现实的轨道上来，利用计算机技术可以把采购与生产的关系协调得更好。

1. MRP 的工作逻辑

早期的 MRP 解决了物料的需求问题，但它没有考虑这些物料需求计划是否有可能按时完成，所以称它为开环的 MRP。工作逻辑如图 3-1 所示。

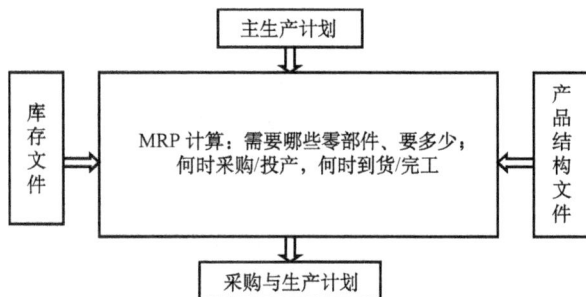

图 3-1　开环 MRP 的工作逻辑

主生产计划由销售计划转化而来，是关于企业最终产品的计划，而不是零部件计划，是计算原材料、零部件采购量的最重要依据。产品结构文件就是前面提到的 BOM 表，有关图例如图 3-2 所示。

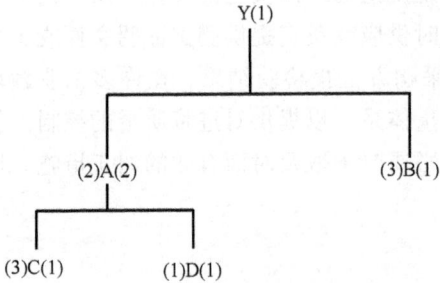

图 3-2　产品结构树

结构树给出三个有用信息：

（1）层次结构，Y 表示最终产品，A、B 为部件，C、D 为零件。C、D 是在 A 中的零件；

（2）上下层之间的数量关系，字母左侧括号内数字表示每个父项所对应的子项的数量，如一个产品 Y 包含有 2 个 A 部件；

（3）字母右侧括号内数字为提前期信息，即生产或采购所需的时间。

2. 物料需求计算方法

物料需求计算分三步进行，即计算毛需求、计算净需求、对采购数量和下达日期做计划。

1）计算方法

毛需求量计算。一种物品的毛需求量等于它的所有父项的计划下达订单数分别乘上各单位父项的使用数量，再加上该项目预测的独立需求量。

净需求量＝毛需求量－库存量＝毛需求量－（现有库存量＋计划交付量）

采购数量与订单下达计划。按照物料提前期和批量政策确定订单下达计划，在一个时间分段（周期）计划只下达一个订单，保证净需求数量。

2）计算案例

以图 3-2 中的产品 Y 为例，产品 Y 在第 4、5、6 周的生产计划分别是 25、40、35，分别计算产品 Y、部件 A 和零件 C 的采购/生产计划。假定初期 A 有库存 5 件，C 有库存 10 个。采购数量直接等于计算值，不做调整。

产品 Y 的 MRP 展开表如下：

提前期：1 周

计划周期	0	1	2	3	4	5	6
毛需求量					25	40	35
现有库存	0						
净需求量					25	40	35
计划入库					25	40	35
下达计划订单				25	40	35	

部件 A 的 MRP 展开表如下：

提前期：2 周

计划周期	0	1	2	3	4	5	6
毛需求量				50	80	70	
现有库存	5	5	5	0	0	0	
净需求量				45	80	70	
计划入库				45	80	70	
下达计划订单		45	80	70			

零件 C 的 MRP 展开表如下：

提前期：1 周

计划周期	0	1	2	3	4	5	6
毛需求量		135	240	210			
现有库存	10	0	0	0			
净需求量		125	240	210			
计划入库		125	240	210			
下达计划订单	125	240	210				

3.2.2 经济订货批量（EOQ）

1. 经济订货批量采购的含义

（1）经济订货批量（economic order quantity，EOQ）模型又称整批间隔进货模型，是目前大多数企业最常采用的货物订购方式。经济订货批量采购是指在保证生产或销售需要的前提下，从耗费成本最小这一目标出发所确定的每批材料的采购数量或产品投入数量。

（2）经济订货批量采购的适用情况：①该物品成批或通过采购，或通过制造而得到补充，不是连续生产出来的；②销售或使用的速率是均匀的，而且同该物品的正常生产速率相比是较低的，这使得显著数量的库存得以产生。

2. 经济订货批量模型

1）经济订货批量基本模型

经济订货批量模型的假设条件是：①需求量确定并已知，整个周期内的需求是均衡的；②供货周期固定并已知；③集中到货，而不是陆续入库；④不允许缺货，能满足所有需求；⑤购买价格或运输费率等是固定的，并与订购的数量、时间无关；⑥没有在途库存；⑦有一项商品库存，或虽有多种库存，但各不相关；⑧资金可用性无限制。

前四条假设密切相关，是确定性条件成立的基本前提。在每一相关时间间隔（每天、每周、每月或每年），需求是已知的并与时间呈线性关系，库存消耗的速率是固定的；补充库存所需的时间是已知的，即订货周期是固定的。这表明在原有库存用完之前所订商品刚好到达，因此，不需要考虑缺货情况及缺货损失。价格固定的假设表明没有价格折扣，而且价格相对稳定。无库存假设意味着商品以买方工厂交货价为基础购买（购买价格包含运费），并以卖方工厂交货价（买方负责运输）出售。这表明：企业在购货时，直到收到所买商品才拥有所有权；在销货时，商品所有权在商品离开工厂或装运点就转移了。做出这些假设，企业就不用负责在途商品的费用，即没有在途存货储存成本。许多企业库存有多种商品，单项物品的假设并没有脱离现实，可以对每一项重要的库存商品单独做决策。但由于没有考虑各种商品之间的相互作用，所以和现实会有一定的差距。

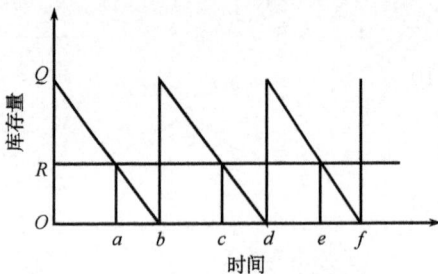

图 3-3　EOQ 模型库存量动态曲线图

库存水平的变化如图 3-3 所示，模型所描述的消耗是连续均匀的，图中 a、c、e 为采购时间，b、d、f 为到货时间，采购提前期是固定值，为 L。

（2）计算公式为

$$\text{TC} = Q/2 \times C + D/Q \times K$$

式中，D 为某存货的全年需要量；Q 为订货批量；K 为每次订货的变动成本；C 为单位存货年储存成本；TC 为年成本合计，即年储存成本和年订货成本的合计；$Q/2 \times C$ 为储存成本，即保管费用；$D/Q \times K$ 为订货成本，即订货费用。

当 K、D、U（即单位成本）为常量时，TC 的大小取决于 Q。为了求出 TC 的极小值，对其进行求导运算，可得出式

$$Q = \sqrt{\frac{2KD}{K_c}}$$

该式称为经济订货批量基本模型，式中的 K_c 为单位储存成本。求出的每次订货批量，可使 TC 达到最小值。这个基本模型还可以演变为

$$N = \frac{D}{Q} = \sqrt{\frac{DK_c}{2K}}$$

存货总成本公式为

$$\text{TC}(Q) = \frac{KD}{\sqrt{\frac{2KD}{K_c}}} + \frac{\sqrt{\frac{2KD}{K_c}}}{2} \times K_c = \sqrt{2KDK_c}$$

最佳订货周期公式为

$$t = \frac{1}{N} = \frac{1}{\sqrt{\dfrac{DK_c}{2K}}}$$

经济订货量占用资金 I 为

$$I = \frac{Q}{2} \times U = \frac{\sqrt{\dfrac{2KD}{K_c}}}{2} \times U = \sqrt{\frac{KD}{2K_c}} \times U$$

例：某企业每年耗用某种材料 3600 千克，该材料单位成本 10 元，单位储存成本 2 元，一次订货成本 25 元，求经济批量、最佳订货次数、最佳订货周期和经济批量占用资金。

解：

$$Q = \sqrt{\frac{2KD}{K_c}} = \sqrt{\frac{2 \times 25 \times 3600}{2}} = 300(千克)$$

$$N = \frac{D}{Q} = \frac{3600}{300} = 12(次)$$

$$t = \frac{360}{12} = 30(天)$$

$$I = \frac{Q}{2} = \frac{300}{2} \times 10 = 1500(元)$$

2）考虑陆续到货的经济订货批量模型

经济订货批量的基本公式是在前面的假设条件下建立的，但是，现实生活中能够满足这些条件的情况很少，为使模型更接近于实际情况，应该放宽条件、改进模型。

如果考虑到存货不能一次到达，各批存货可能陆续入库，使存货陆续增加。在这种情况下，可以对基本模型做一些修改。

计算公式为

$$T = (Q - Q/P \times d)/2 \times C + D/Q \times K$$

即

$$年成本合计 = 储存成本 + 订货成本$$

式中，$(Q - Q/P \times d)/2 \times C$ 为储存成本；$D/Q \times K$ 为订货成本；P 为每日送货量；Q/P 为每日存货全部送达所需日数；d 为每日消耗量；$Q/P \times d$ 为送货期内全部耗用量。

用同样的计算方法，可以得出：①最优订货批量 Q；②每年最佳订货次数 $N = D/Q$；③最佳订货周期 $t = 1/N$ 年；④经济订货量占用资金 $I = Q/2 \times$ 单价。

3) 考虑数量折扣陆续到货的经济订货批量模型

数量折扣是指供应商对一次购买某货品的数量达到或超过规定限度的客户，在价格上给予的优惠。前面在经济订货批量基本模型的基础上，考虑到存货不能一次到达，各批存货可能陆续入库，对基本模型做了修改，但是，没有考虑有数量折扣的情况，即仍以采购价格不随订购批量的变动而变动的假设条件为前提。因此，决策模型中只有订货成本和储存成本两项。如果供应商实行数量折扣，那么，除了订货成本和储存成本之外，采购成本也成了决策中的相关成本。这时，三种成本的年成本合计最低的方案才是最优方案。

计算公式为

$$年成本合计 = 储存成本 + 存货成本 + 采购成本$$

即

$$T = (Q - Q/P \times d)/2 \times C + D/Q \times K + D \times U \times (1 - di)$$

式中，U 为采购单价；di 为数量折扣。

基本模型中假定存货单价不变，不考虑数量折扣，因此，在计算存货总成本时，不考虑材料的成本。实际上，随着订货量的增加，供应商往往会给予一定的价格上的优惠，即商业折扣，因此，单价就不再是一个常量，而是随订货量而变化的变量。所以，在计算经济批量时，必须考虑材料成本，其方法是首先计算接受和不接受数量折扣时全年的存货总成本，然后选择最低的总成本。年度存货总成本的计算公式为

$$全年存货总成本 = 材料成本 + 订货成本 + 储存成本$$

即

$$TC = DU + \frac{D}{Q} \times K + \frac{Q}{2} \times K_c$$

例：某企业全年需用 A 零件 4000 件，每件每年储存成本为 10 元，每次订货成本为 50 元。供应商规定：每次订货量达到或超过 500 件时，可获得 5% 的价格优惠，不足 50 件时单价为 100 元。试分析该企业订货批量多大时在经济上比较合算。

解：分别计算不接受和接受数量折扣时的全年存货总成本。

计算不接受数量折扣时的订货批量和全年存货总成本为

$$Q = \sqrt{\frac{2 \times 4000 \times 50}{10}} = 200(件)$$

$$TC = 100 \times 4000 + \frac{4000}{200} \times 50 + \frac{500}{2} \times 10 = 402\,000(元)$$

计算接受数量折扣时的订货批量和全年存货总成本。购货单位为获得优惠价

格，就需按供应商规定的每次订货达到 500 件作为订货批量，存货总成本为

$$TC = 100 \times 4000 \times (1 - 5\%) + \frac{4000}{200} \times 50 + \frac{500}{2} \times 10 \times (1 - 5\%)$$

$$= 382\ 775(元)$$

计算结果表明，接受数量折扣，订货批量为 500 件，即全年分 8 次（4000/500）进货，年存货总成本比不接受数量折扣降低成本 19 225 元（402 000 － 382 775）。所以，接受商业折扣具有较好的经济效益。

3.2.3　定量采购与定期采购

定量采购与定期采购也称 Q/R 模式，当采购对象明确后，采购决策主要包括采购数量和采购时间，模式中的 Q 代表采购数量，R 表示采购点，即库存量降低到 R 时启动采购程序。由于大多数情况下需求是不稳定的，因此库存量的消耗也不是稳定的。为了使采购决策得以简化，实际运用中较为普遍的方法是将采购量和采购时间两个量中固定其中一个，只需计算另一个量。这样就形成两种计算采购量的不同方法，即定量采购与定期采购。

1. 定量采购

定量采购是指固定采购数量，只要库存量到达 R 时，就发订单，采购量为固定不变的 Q。定量采购的关键在于计算出订货点的储备量。适合定量采购法的情形有：①存货生产型企业的大部分物料；②多种成品共用的物料；③批量大、品种多且经常使用的物料；④采购提前期较长的物料；⑤ABC 分类法划分为 C 类和部分 B 类的物料。

数量 Q 的决定可采用 EOQ 方法，也可根据企业的生产特点和库存控制策略确定，若有必要，应该与供应商商定一个双方都感到合理的批量。R 的确定取决于采购提前期和日平均消耗量。此方法的优点是一旦确定采购量，则在计划期内有效，日常工作只要观察库存量是否到达 R 点，决策变得十分简单。但如果是人工库存管理系统，则需要经常观察、统计库存量，工作量较大。所以此方法比较适合于品种数目小、价值量大的物品。把 Q 设定得小一些，可以有效控制库存资金。相对应的库存量曲线如图 3-4 所示。

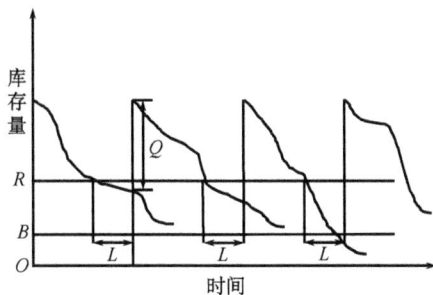

图 3-4　定量采购库存动态曲线

图 3-4 中的订货间隔时间明显是不相等的，L 为采购提前期，B 为保险库存。

当需求量固定，均匀订货、到货时间间隔变化时，需要设定安全库存，订货点的计算公式为

订货点＝日需求率（平均每天耗用量）×供货周期

当需求量发生波动，订货、到货时间间隔不变时，不需要设定安全库存，订货点的计算公式为

订货点＝日需求率（平均每天耗用量）×供货周期＋安全库存

2. 定期订货采购

定期订货采购是把计划期内的采购时间固定，到时间再临时计算采购量。适合定期采购法的情形有：①采购提前期较长；②市场情况变化极大，需要管理；③价值高昂、消费较大，需严格库存与采购计划；④能精确预测需求；⑤订货周期随市场惯性大致固定，或长期契约下采购数量几乎固定等。

系统不存在固定的订货点，但有固定的订货周期 T，每次订货没有固定的订货量。以固定的间隔周期 T 订货时，需要根据企业实际计算采购数量。通常的做法是设库存最高储备量 S 为库存控制限额。

采购量由以下方法确定：设订货时的实际库存为 I，则：当 I 大于 S 时，不订货；当 I 小于 S 时，需要订货，订货量 $Q＝S－I＋R$，R 为采购提前期内预计的库存消耗量。S 和采购时间间隔 T 根据物品重要性选定，重要性大的 S 定得小些，间隔 T 短些。反之，S 可大一些，间隔 T 长些。它的模型如图 3-5 所示。

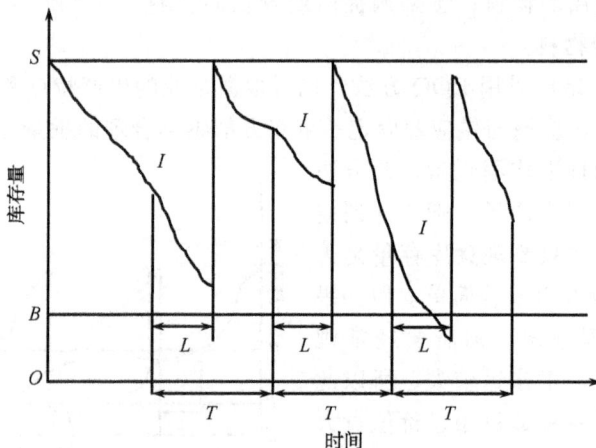

图 3-5　定期采购库存动态曲线

这种方式可以省去许多库存检查工作，在规定采购的时候检存，简化了工作，但其缺点是如果某时期需求量突然增大，有可能缺货，所以这种方式主要用

于重要性较低的物资。这时候间隔可长些，如半年，甚至一年采购一次。

随着库存管理信息化的普及，检查库存量变得十分容易，费用低时，定量采购的优势较明显。库存品种达到成千上万的企业，一般选择定量采购法。要注意的是，当某些物品具有明显的季节波动，并且波动很大时，要注意对采购量作修正，不同季节采用不同的采购量。

3.3 交付时间

3.3.1 按时交付的重要性

实现按时交付是采购的基本要求。设想一下：如果供应商延迟交付货物或材料或者未能按期完成工作，那么采购方的生产工作就会停滞，销售工作必然会受到影响，作为补救，通常采购方会根据采购合同中的相关违约条款向供应方要求赔偿。在现实中，即便供应方因为逾期交付向采购方支付了一定数额的赔偿金，这部分赔偿金的数额也远远小于采购方的直接损失。因为无论是采购方还是供应方，逾期支付最直接的后果就是减缓企业正常的业务周期，从而降低组织的效率或利润率。

供应商未能按时交付的原因，可能是在某些情况下供应商为了获得订单，丝毫不从实际出发，满口答应其无法实现的交付日期；或者供应商在承诺交付日期时是诚实的，但是在执行时实际情况发生了变化，导致交付日期必须重新确定；再有就是供应商执行合同的能力不足，即在生产计划编制及控制方面的工作能力欠缺，在客观上无法保证交付时间。

当然，通常情况下，采购人员本身就是交付问题的根源：发布不准确的进度；经常修改交付进度；提供不充足的交付时间。

实现按时交付的第一步就是采购方决定需要什么和什么时候需要。通常情况下，是由与物料相关的部门，如库存控制部门或生产计划编制及控制部门来制定需求内容和需求进度。只有在例外的情况下才由采购人员来决定，面对非常规的需求通常由用户部门提出所需物品。如果在规定这些需求日期时不考虑供应商的交货周期和市场现状，则有可能造成延迟交付。采购人员应尽可能获得更短的交货周期（及可靠的供应商）的信息，并向相关需求部门传达。只有确保采购人员和需求部门之间就需求日期达成共识后，按时交付才成为可能。

确保供应商了解并完全清楚按时交付是其营销组合中的一个重要因素，这是实现按时交付至关重要的一步。采购人员在不同的供应商之间做出选择时，考虑更多的是供应商的实际交付的信誉记录，如果供应商的记录不好的话，在做选择时就要注意。

如果订单上规定的到货日期是准确无误的，那么检测和记录供应商是否按时交付，以及判断供应商的执行状况就很容易了。在许多情况下，利用交付记录作为与供应商谈判的基础大大提高了交付绩效。实际上，经验表明，一旦供应商认识到订单或取消进度表上要求的日期是准确的，而且一想到只要自己无法按时交付就必须对此作出解释，而按时交付又对未来的交易起着举足轻重的作用，那么按时交付在绝大多数情况下都可以实现。

3.3.2   如何确保如期交货

1. 制定合理的购运时间

制定合理的购运时间即将请购、采购、卖方准备、运输、检验等各项作业所需时间，给予合理的规划，避免不必要的麻烦。

2. 同销售、生产及采购单位加强联系

由于市场的状况变化莫测，因此生产计划若有调整的必要时，必须征询采购部门的意见，以便对停止或减少送货的数量、应追加或新订的数量做出正确的判断，并尽快通知供应商，使其减少可能的损失，以提高配合的意愿。

3. 过程跟催，驻产查验

要求供应商提供生产计划或工作进程表，以便在交货之前核查进度，若有延迟情况，即促其改善；若已缺乏交货能力，即停止交易，另寻来源，过程跟催的目的在于"亡羊补牢"。此外，为了避免交货品质不良，影响可用数量，对于重要的物料应派人员驻厂查验，可避免退货问题的出现。

4. 准备替代来源

供应商不能如期交货的原因很多，且有些属于不可抗拒的因素。因此，采购人员应未雨绸缪，多联系其他来源，工程人员也应多寻求替代品，以备不时之需。

5. 加重违约罚则

在签订买卖合同时，应加重违约罚款或解约责任，使供应商不敢心存侥幸。不过，若需求急迫时，应对如期交货或提前交货的供应商给予奖金，或提供较优厚的付款条件。

3.3.3   催交

如果存在交付问题，通常应采取催交措施。一般只需采购方或用户打一个电话就可以，或者可以采取更为广泛的措施，包括雇用全职催交人员。在制造业中，尽管各种组织都有责任对买进供应品进行催交，但生产作业可能仍受催交支配。

催交经常被看成是一项经过计划的、主动的任务。有时用"加速"、"催促"

及"追货"这样的表达方式来描述,尽力确保延迟交付物料不会引起太多或太严重的问题。这些措辞暗示了应当经常将该工作视为主动地解决问题,而不是回避问题。

催交工作并不会为组织的活动或产品带来附加价值,这种说法可能会引起争论。许多组织的主要目标之一(一些组织已经实现这个目标)就是避免催交工作,换言之,排除对这种催交的需求。请注意,那种认为"催交工作不再是采购的一个主要方面"的说法是错误的,它确实是采购的一个主要方面。

1. 催交的优先级别

如果我们认可采取催交工作,那么就应该主动些。而第一个显而易见的问题就是:"将催交应用在哪里?"催交变成特别的"救火工作"。任何类型的计划活动都有一个基本要求,那就是用于排列优先顺序的系统方法。企业必须具备全神贯注于重要工作,而不仅仅是紧急工作的能力。企业可以设计一个以点数为基础的系统,用它以一种合理的客观方式来指出需要采取催交行动的合同或订单,并指出可能给予的优先级别。下列因素显示了设计这样一个系统应考虑的各种变量。

1)供应商因素

(1)供应商的交付记录如何?

(2)供应商的声誉怎么样?

(3)我们与供应商经常合作吗?

(4)对供应商而言,我们的订单有多重要?

(5)供应商与采购方的合作关系怎样?

2)关键程度因素

(1)延迟交付可能造成的后果有多严重?

(2)物料的级别:①高优先级别(如原材料、关键部件、燃料、生产材料等);②中等优先级别(如标准元件、计划维修的零件、设备、包装材料等);③标准优先级别(如清洁材料、内部文具用品、用以粉刷建筑物的涂料、办公用品等)。

3)替代品

(1)如果物料延迟交货,我们有替代品吗?

(2)有可供选择的其他供应商吗?

(3)其他地方有存货吗?

(4)我们认识其他用户吗?

2. 催交工作的组织

通常是由采购方负责催交工作,采购部门内部存在着单独的催交部门。催交活动要么由相关的采购者提供指导,要么由催交工作人员自己处理,有时还与用户部门保持联系。

催交工作可以附属于计划编制部门，或者附属于负责要求货物或服务的部门。采用此种方式的理由就是因为这些人确定优先级别的能力更佳。另一种可能出现的变化就是催交工作附属于特定的采购者，并且按该采购者的要求执行催交任务和其他可能的职责。

3. 减少催交

只要确保下列事项，就可以减少催交：

(1) 了解并接受供应商的交货周期；

(2) 买卖双方共享信息；

(3) 不要经常变动需求时间表；

(4) 签订合同前检查供应商的能力；

(5) 规范要清楚，能被销售方所理解，并且该规范在销售方的技术能力之内；

(6) 保持规范的稳定性；

(7) 对所需的交付要进行适当的说明。

这份包含七项内容的清单规定得并不完全，但是却暗示了对催交的需求"既可能起源于销售方的疏忽，也可能来源于采购方的缺点"这一事实。

➤ 案例　Acme 公司的采购质量保证系统

Acme 是一家大型家用电器制造和组装公司。公司遵循大幅度减少基本供应商的方针政策，现在用于生产制造家用吸尘器的序号为 149 的部件的供应商只有一个了。吸尘器的销售量在国内和出口的总和超过 100 000 台。149 号部件是比较便宜的，但它是一个含有高安全风险因素的部件，其中一个要求就是部件的电气绝缘必须足够可靠，以防止用户使用时遭到电击。149 号部件由 Elston 电气工业公司供货。Elston 公司是在 6 年前被 Acme 公司从 5 个潜在的供应商候选名单中挑选出来的。当时选择的原则是 Elston 公司产品的价格相比最相近的竞争对手来说是相当便宜的。另外，Elston 已具备了相关的质量资格证书，Acme 公司的设计人员和采购人员对其质量管理系统也作了全面彻底的独立调查。Elston 公司以每两天的间隔向 Acme 公司供应 149 号部件 750 件，估计每月要 15 000 件。Elston 的车间位于距 Acme 公司 60 英里远的地方，所以，Acme 公司只要有够两天用的较少的缓冲库存即可，合同中的条款已确认 Acme 公司无须对 149 号部件再进行任何独立的进货检验。

直到现在，Elston 公司供应的 149 号部件没有出现过任何质量问题。因此，Acme 公司按照惯例续签新一年的合同，仅仅需要协商适当地降低价格。由于对所供部件的质量的信任，从下达最初订单起，Acme 公司就没有再对 Elston 公司的质量管理系统作过审计。然而，Acme 公司近来开始接到零售商的抱怨，用户反映 Acme 公司吸尘器有轻微的电击现象，更严重的是一位心脏衰弱的用户使用 Acme 公司吸尘器时受到电击致死，该用户的律师来信声称要对 Acme 公司采取法律行动，对 Acme 公司吸尘器的负面报道也出现在国内的传媒。因此，其销售量大大下滑。

经调查，已确定电击是由 149 号部件造成的，进一步的调查又揭露，正是 Elston 公司在不通知 Acme 公司的情况下决定在 149 号部件中用更便宜的绝缘材料，通过这种降低成本的方法才使 Elston 公司保持了相当便宜的报价。

对此，Acme 公司已决定召回它在过去 4 个月中销售出去的 35 000 台吸尘器。公司已发出指示，绝缘材料必须恢复到原来的标准，但是公司也知道，它的新供应商要达到这个要求最少需要 14 天，而且也必然要提高价格。在这期间 Acme 公司的吸尘器生产组装线必须停下来。

【讨论题】

采购质量管理的关键是供应商的质量控制，谈谈如何对供应商进行质量管理？

➤本章小结

采购管理的总目标是：在确保适当质量的条件下，能够以适当的价格，在适当的时期从适当的供应商那里采购到适当数量的物资和服务。因此，获得适当质量的商品对企业来说非常重要。采购商品的质量就是满足有关产品或服务的所有特色和特点的集合。熟悉不同类型的规格、标准在各种情况下的应用，并确保以清楚明了的方式将这些信息传递给供应商是非常重要的。

采购数量的确定是企业做好采购管理工作的关键因素之一，也是保证需求数量、库存数量和订货数量平衡的关键。采购人员要认真研究企业的生产计划，分析市场情况，选择科学的计算方法，确定合理的采购量。采购量确定的基本方法主要有 MRP 计算方法、经济订货批量（EOQ）法、定量采购与定期采购。

按时交货是采购的基本要求，因此必须制定合理的购运时间，同销售、生产及采购单位加强联系，过程跟催，驻厂查验等，以确保供应商按时交货。

➤关键概念

　　采购变量　采购商品的质量　采购商品的规格　采购商品的目录　采购商品的标准和标准化　采购商品的数量　经济订货批量法　定量采购　定期采购　交付时间

➤复习思考题

1. 如何对采购过程中的质量进行控制？
2. 如何确定采购的数量？
3. 如何确保如期交货？

第4章

采购计划与预算管理

> **本章导读**
- 了解编制采购计划的目的和内容；
- 掌握采购计划的编制；
- 掌握采购预算的编制。

4.1 采购计划

4.1.1 编制采购计划的目的和内容

1. 编制采购计划的目的

一般而言，制造业的经营自购入原料、物料后，经过加工制造或经过组合装配成为产品，再通过销售过程获取利润。其中，如何获取足够数量的原料、物料，即采购计划的重点所在。因此，采购计划是为维持正常的产销活动，确定在某一特定时期内，应在何时购入何种材料的估计作业。采购计划应该达到以下目的：

（1）预估材料需用数量与时间，防止供应中断，影响产销活动；

（2）避免材料储存过多，积压资金及占用空间；

（3）配合公司生产计划与资金调度；

（4）采购部门事先准备，选择有利时机购入材料；

（5）确立材料耗用标准，以便管制材料采购数量及成本。

2. 决定采购计划的基础资料

1）生产计划

生产计划有长期发展计划、中期总体计划和短期进度计划。三个层次的计划对采购与供应都具有导向作用。

（1）长期计划为生产能力发展计划表明未来的发展趋势，影响未来的采购量，为供应商的生产能力计划提供主要的参考。

（2）中期的总体计划表现为一个年度计划内的总生产量和分月度的生产进度计划，决定了本计划期的采购总量。

（3）与短期进度计划对应的采购量是十分精确的，在采购量和时间上必须保证，否则会影响正常的产出量。

2）BOM 表与材料定额

产品是由部件构成，部件又由零件构成，加工零件需要一定的原材料。材料定额就是企业按照自己的工艺水平为制造一个产品所规定的材料消耗标准，可以一直分解到零件层次。

根据材料定额，可以结合生产计划换算出执行该计划所需要的全部材料消耗量，即采购需求量。在 MRP 中相应的资料称为物料清单（bill of material, BOM）。

3）存量管制卡

若产品有存货，则生产数量不一定要等于销售数量。同理，若材料有库存数量，则材料采购数量也不一定要等于根据物料清单所计算的材料需用量。因此必须建立物料的存量管制卡，以表明某一物料目前的库存状况，再依据用料需求数量并考虑购料的作业时间和安全存量水准，算出正确的采购数量，然后才开具请购单，进行采购活动。

3. 采购计划的内容

计划是根据市场需求、生产能力和采购环境容量制订的，它的制订需要具有丰富计划经验、采购经验、开发经验、生产经验等复合知识的人才能胜任，并且要和其他人员协作进行。

采购计划包含认证计划和订单计划两部分内容。认证是对采购环境的考察、论证和对采购的认定过程，是采购计划的准备阶段。制订认证计划，是通过对库存余量的分析，结合生产需要，在综合平衡之后制订为基本的采购计划，包括采购的内容、范围、大致数量等。订单计划是采购计划的实施阶段，采购计划的制订是通过订单实现的，订单制定要充分考虑市场需求和企业自身的生产需求，还要有相应的时间观念，因为采购本身是市场预测结果的重要组成部分。认证计划和订单计划二者必须要做到综合平衡，以便所购物料能及时供应，同时降低库存及成本、减少应急单、降低采购风险。

4.1.2 认证计划的编制程序

采购认证计划的编制主要包括准备认证计划、评估认证需求、计算认证容量和制订认证计划四个环节。

1. 准备认证计划

准备认证计划是认证计划的第一步，也是采购计划的第一步，对整个采购工作具有十分重要的作用。关于准备认证计划可以从以下四个方面进行详细的阐述。

（1）接收开发批量需求。开发批量需求是能够启动整个采购程序流动的牵引项，我们要想制订比较准确的认证计划，首先要做的就是熟知企业的生产开发需求计划，开发批量需求来自于开发需求计划。目前开发批量物料需求通常有两种情形：一种情形是在以前或者是目前的采购环境中就能够发掘到的物料供应，例如，以前接触的供应商的供应范围比较大，就可以从这些供应商的供应范围中找到企业需要的批量物料需求；另一种情形就是企业需要采购的是新物料，在原来形成的采购环境中不能提供，需要企业的采购部门寻找新物料的供应商。开发需求计划一般是由企业的生产开发部门制订和提供。

（2）接收余量需求。余量需求即采购环境容量减去采购需求容量之后剩余的需求量。随着企业规模的扩大，市场需求也会变得越来越大，旧的采购环境容量不足以支持企业的物料需求；或者是因为采购环境有了下降的趋势从而导致物料的采购环境容量逐渐缩小，这样就无法满足采购的需求。以上两种情况就会产生对采购环境进行扩容的要求，即余量需求。采购环境容量的信息一般是由认证人员和订单人员来提供的。

（3）准备认证环境资料。通常来讲，采购环境的内容包括认证环境和订单环境两个部分。有些供应商的认证容量比较大，但是其订单容量比较小；有些供应商的情况恰恰相反，其认证容量比较小，但是订单容量比较大。产生这种情况的原因是认证过程本身是对供应商样件的小批量试制过程，这个过程需要强有力的技术力量支持，有时甚至需要与供应商一起开发；而订单过程是供应商的规模化生产过程，其突出的表现就是自动化机器流水作业及稳定的生产，技术工艺已经固化在生产流程之中，所以订单容量的技术支持难度比认证容量的技术支持难度要小得多。由此可以看出，认证容量和订单容量是两个完全不同的概念，准备认证环境资料时，要注意区分。

（4）制订认证计划说明书。制订认证计划说明书也就是把认证计划所需要的材料准备好，主要内容是认证计划说明书（物料项目名称、需求数量、认证周期等），同时附有开发需求计划、余量需求计划、认证环境资料等。下面用图 4-1 简单说明准备认证计划的过程。

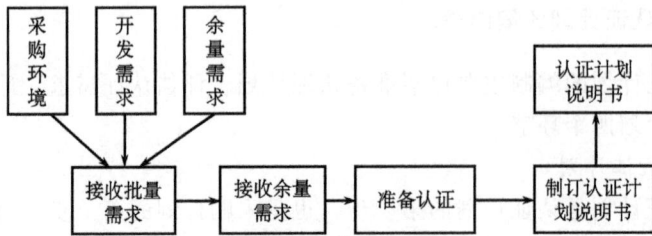

图 4-1　准备认证计划过程图

2. 评估认证需求

评估认证需求是采购计划的第二个步骤，其主要内容包括以下三个方面：分析开发批量需求、分析余量需求、确定认证需求。下面我们分别对这三个方面进行详细的阐述。

1）分析开发批量需求

要做好开发批量需求的分析，不仅需要分析量上的需求，而且要掌握物料的技术特征等信息。开发批量需求的样式是各种各样的，按照需求的环节可以分为研发物料开发认证需求和生产批量物料认证需求；按照采购环境可以分为环境内物料需求和环境外物料需求；按照供应情况可以分为可直接供应物料需求和需要定做物料需求；按照国界分为国内供应物料需求和国外供应物料需求等。对于如此复杂的情况，计划人员应该对开发物料需求做详细的分析，必要时还应该与开发人员、认证人员一起研究开发物料的技术特征，按照已有的采购环境及认证计划经验进行分类。从以上可以看出，认证计划人员需要兼备计划知识、开发知识、认证知识等，并具有从战略高度分析问题的能力。

2）分析余量需求

分析余量需求要求首先对余量需求进行分类，前面已经说明了余量认证的产生来源：一种情况是市场销售需求的扩大，另一种情况是采购环境订单容量的萎缩。这两种情况都导致了目前采购环境的订单容量难以满足用户的需求，因此需要增加采购环境容量。对于因市场需求原因造成的，可以通过市场及生产需求计划得到各种物料的需求量及时间；对于因供应商萎缩造成的，可以通过分析现实采购环境的总体订单容量与原定容量之间的差别得到，这两种情况的余量相加即可得到总的需求容量。

3）确定认证需求

确定认证需求可以根据开发批量需求及余量需求的分析结果来进行，认证需求是指通过认证手段，获得具有一定订单容量的采购环境。

3. 计算认证容量

认证容量是采购计划的第三个步骤，它主要包括以下四方面的内容：分析项目认证资料、计算总体认证容量、计算承接认证量、确定剩余认证容量。

1）分析项目认证资料

分析项目认证资料是计划人员的一项重要事务，不同的认证，其过程及周期也是千差万别的。机械、电子、软件、设备、生活日用品等物料项目。它们的加工过程各种各样，非常复杂。作为从事某行业的实体来说，需要认证的物料项目可能是上千种物料中的某几种，熟练分析几种物料的认证资料是可能的，但是对于规模比较大的企业，分析上千种甚至上万种物料的认证资料，其难度则要大得多。

2）计算总体认证容量

在采购环境中，供应商订单容量与认证容量是两个不同的概念，有时可以互相借用，但绝不是等同的。一般在认证供应商时，要求供应商提供一定的资源用于支持认证操作，或者一些供应商只做认证项目。总之，在供应商认证合同中，应说明认证容量与订单容量的比例，防止供应商只做批量订单，不愿意做样件认证。计算采购环境的总体认证容量的方法是把采购环境中所有供应商的认证容量叠加，对有些供应商的认证容量需要加适当系数。

3）计算承接认证量

供应商的承接认证量等于当前供应商正在履行认证的合同量。一般认为，认证容量的计算是一个相当复杂的过程，各种各样的物料项目的认证周期也是不一样的，一般是计算要求的某一时间段的承接认证量。最恰当、最及时的处理方法是借助电子信息系统，模拟显示供应商已承接认证量，以供认证计划决策使用。

4）确定剩余认证容量

某一物料所有供应商群体的剩余认证容量的总和，被称为该物料的"认证容量"，可以用公式简单地进行说明，即

物料认证容量＝物料供应商群体总体认证容量－承接认证量

这种计算过程也可以被电子化，可以单独创建系统计算。认证容量是一个近似值，仅作参考，认证计划人员对此不可过高估计，但它能指导认证过程的操作。

采购环境中的认证容量不仅是采购环境的指标，而且也是企业不断创新、持续发展的动力源。源源不断的新产品问世是基于认证容量价值的体现，由此也能生产出各种各样的产品新部件。

4. 制订认证计划

制订认证计划是采购计划的第四个步骤，它的主要内容包括对比需求与容量、综合平衡、确定余量认证计划、制订认证计划四方面的内容。

（1）对比需求与容量。认证需求与供应商对应的认证容量之间一般都会存在差异，如果认证需求小于认证容量，则没有必要进行综合平衡，直接按照认证需求制订认证计划；如果认证需求量大大超出供应商认证容量，就要进行认证综合

平衡，对于剩余认证需求则需要制订采购环境之外的认证计划。

（2）综合平衡。综合平衡就是指从全局出发，综合考虑生产、认证容量、物料生命周期等要素，判断认证需求的可行性，通过调节认证计划来尽可能地满足认证需求，并计算认证容量不能满足的剩余认证需求，这部分剩余认证需求需要到企业采购环境之外的社会供应群体中寻找容量。

（3）确定余量认证计划。确定余量认证计划是指对于采购环境不能满足的剩余认证需求，应提交采购认证人员分析并提出对策，确认采购环境之外的供应商认证计划。采购环境之外的社会供应群体如没有与企业签订合同，那么制订认证计划时要特别小心，并由具有丰富经验的认证计划人员和认证人员联合操作。

（4）制订认证计划。制订认证计划是认证计划的主要目的，是衔接认证计划和订单计划的桥梁，只有制订好认证计划，才能根据该认证计划做好订单计划。下面是认证物料数量以及开始认证时间的确定方法，即

认证物料数量＝开发样件需求数量＋检验测试需求数量＋样品数量＋机动数量
开始认证时间＝要求认证结束时间－认证周期－缓冲时间

4.1.3　订单计划的编制

订单计划的制订也包括了以下四个主要环节。

1. 准备订单计划

订单计划主要分为四方面：了解市场需求、了解生产需要、准备订单背景资料和制订订单计划说明书。其详细的步骤如图 4-2 所示。

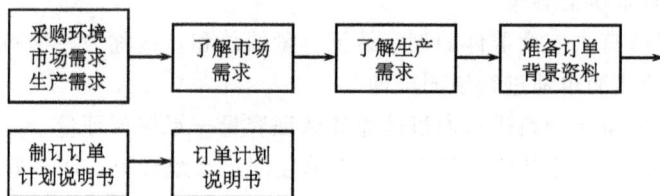

图 4-2　准备订单计划的过程图

1）了解市场需求

市场需求是启动生产供应程序流动的牵引项，要想制订比较准确的订单计划，首先必须熟知市场需求或者市场销售，市场需求的进一步分解便得到生产需求计划。企业的年度销售计划一般在上一年的年末制订，并报送至各个相关部门，同时下到销售部门、计划部门、采购部门，以便指导全年的供应链运转，根据年度计划制订季度、月度的市场销售需求计划。

2）了解生产需求

生产需求对采购来说可以称为生产物料需求。生产物料需求的时间根据生产

计划而产生，通常生产物料需求计划是订单计划的主要来源。为了更好地理解生产物料需求，采购计划人员需要熟知生产计划以及工艺常识。在 MRP 系统中，物料需求计划是主生产计划的细化，它主要来源于主生产计划、独立需求的预测、物料清单文件、库存文件。编制物料需求计划的主要步骤包括：

（1）决定毛需求。

（2）决定净需求。

（3）对订单下达日期及订单数量进行计划。

3）准备订单环境资料

准备订单环境资料是准备订单计划中一个非常重要的内容。订单环境是在订单物料的认证计划完毕之后形成的，订单环境资料主要包括：

（1）订单物料的供应商消息。

（2）订单比例信息。对多家供应商的物料来说，每一个供应商分摊的下单比例称之为订单比例，该比例由认证人员产生并给予维护。

（3）最小包装信息。

（4）订单周期。订单周期是指从下单到交货的时间间隔，一般以天为单位。订单环境一般使用信息系统管理。订单人员根据生产需求的物料项目，从信息系统查询、了解该物料的采购环境参数及描述。

4）制订订单计划说明书

制订订单计划说明书也就是准备好订单计划所需要的资料。其主要内容包括：

（1）订单计划说明书（物料名称、需求数量、到货日期等）。

（2）附件（市场需求计划、生产需求计划、订单环境资料等）。

2. 评估订单需求

评估订单需求是采购计划中非常重要的一个环节，只有准确地评估订单需求，才能为计算订单容量提供参考依据，以便制订出好的订单计划。它主要包括以下三个方面的内容：分析市场需求、分析生产需求、确定订单需求。评估订单需求的过程如图 4-3 所示。

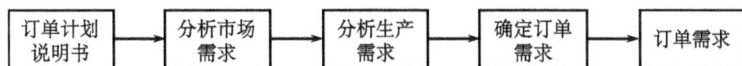

4-3　评估订单需求的过程图

（1）分析市场需求。订单计划不仅仅来源于生产计划：一方面，订单计划首先要考虑的是企业的生产需求，生产需求的大小直接决定了订单需求的大小；另一方面，制订订单计划还得兼顾企业的市场战略以及潜在的市场需求等；此外，制订订单计划还需要分析市场要货计划的可信度。因此，必须仔细分析市场签订合同的数量、还没有签订合同的数量（包括没有及时交货的合同）等一系列数据，同时研究其变化趋势，全面考虑要货计划的规范性和严谨性，还要参照相关的历史要货数据，找出问题所在。只有这样，才能对市场需求有一个全面的了解，才能制订出一个同时满足企业远期发展与近期实际需求的订单计划。

（2）分析生产需求。分析生产需求，首先需要研究需求产生的过程，其次分析需求量和要货时间。

（3）确定订单需求。根据对市场需求和对生产需求的分析结果，就可以确定订单需求。通常来讲，订单需求的内容是指通过订单操作手段，在未来指定的时间内，将指定数量的合格物料采购入库。

3. 计算订单容量

只有准确地计算订单容量，才能对比需求和容量，经过综合平衡，制订正确的订单计划。计算订单容量包括分析项目供应资料、计算总体订单容量、计算承接订单量、确定剩余订单容量。计算订单容量的过程如图 4-4 所示。

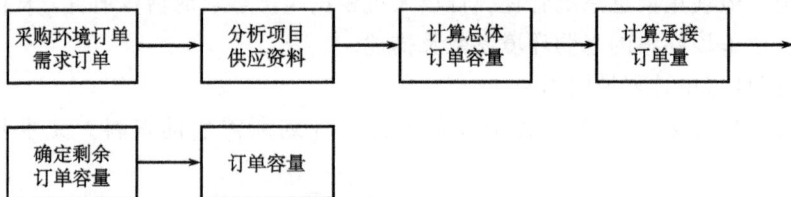

图 4-4　计算订单容量的过程图

（1）分析项目供应资料。在采购过程中，大家都非常清楚地知道物料和项目都是整个工作的操作对象。对于采购工作来讲，在目前的采购环境中，所要采购物料的供应商信息是非常重要的一项信息资料。如果没有供应商供应物料，那么无论是生产需求还是市场需求，一切都无从谈起。可见，供应商的物料供应是满足生产需求和满足紧急市场需求的必要条件。从一个简单的例子来看：某企业需要设计一家练歌房的隔音系统，玻璃棉是完成该系统的关键材料。经过项目认证人员的考察，该种材料被垄断在少数供应商手中。在这种情况下，企业的计划人员就应充分利用这些情报，在下达订单计划时就能够有的放矢了。

（2）计算总体订单容量。总体订单容量是多方面内容的组合，一般包括两方面内容：一方面是可供给的物料数量；另一方面是可供给物料的交货时间。举一个例子来说明：供应商丽华公司在 12 月 31 日之前可供应 7 万个特种按钮（A 型 4 万个，B 型 3 万个），供应商百茂公司在 12 月 31 日之前可供应 10 万个特种按钮（A 型 6 万个，B 型 4 万个），那么 12 月 31 日之前 A 型和 B 型两种按钮的总体订单容量为 17 万个，B 型按钮的总体订单容量为 7 万个。

（3）计算承接订单容量。承接订单量是指某供应商在指定的时间内已经签下的订单，但是，承接订单容量的计算过程较为复杂，下面还是以一个例子来说明：供应商华奉公司在 1 月 28 日之前可以供给 3 万个特种按钮（A 型 1.5 万个，B 型 1.5 万个），若是已经承接 A 型特种按钮 1.5 万个，B 型 1 万个，那么对 A 型和 B 型物料已承接的订单量就比较清楚（A 型 1.5 万个＋B 型 1 万个＝2.5 万个）。

（4）确定剩余订单容量。剩余订单容量是指某物料所有供应商群体的剩余订单容量的总和。用公式表示为

物料剩余订单容量＝物料供应商群体总体订单容量－已承接订单量

4. 制订订单计划

制订订单计划是采购计划的最后一个环节，也是最重要的环节。它主要包括以下四个方面的内容：对比需求与容量、综合平衡、确定余量认证计划、制订订单计划。制订订计划过程如图 4-5 所示。

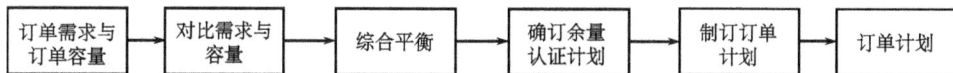

图 4-5　制订订单计划的过程图

（1）对比需求与容量。对比需求与容量是制订订单计划的首要环节，只有比较出需求与容量的关系才能有的放矢地制订订单计划。如果经过对比发现需求小于容量，即无论需求多大，容量总能满足需求，则企业要根据物料需求来制订订单计划；如果供应商的容量小于企业的物料需求，则要求企业根据容量制订合适的物料需求计划，这样就容易产生剩余物料需求，需要对剩余物料需求重新制订认证计划。

（2）综合平衡。综合平衡是指综合考虑市场、生产、订单容量等要素，分析物料订单需求的可行性，必要时调整订单计划，计算容量不能满足的剩余订单需求。

（3）确定余量认证计划。在对比需求与容量的时候，如果容量小于需求就会产生剩余需求，对于剩余需求，要提交认证计划制订者处理，并确定能否按照物料需求规定的时间及数量交货。为了保证物料及时供应，可以简化认证程序，并由具有丰富经验的认证计划人员进行操作。

（4）制订订单计划。制订订单计划是采购计划的最后一个环节，订单计划做好之后就可以按照计划进行采购工作了。一份订单包含的内容有下单数量和下单

时间两个方面：

下单数量＝生产需求量－计划入库量－现有库存量＋安全库存量

下单时间＝要求到货时间－认证周期－订单周期－缓冲时间

4.2　采购预算编制

4.2.1　采购预算

1. 采购预算

采购预算就是一种用金额来表示的计划，是企业未来一定期间经营决策的目标通过数据系统反映出来，是对经营决策的具体化和数量化。预算的时间范围要与企业的计划保持一致，不能过长或过短。长于计划期的预算没有实际意义，徒然浪费人力、财力、物力，而过短的预算则不能保证计划的顺利执行。企业所获得的可分配的资源和资金在一定程度上是有限的，受客观条件的限制，企业管理者必须通过有效分配有限的资源来提高效益以获得最大的收益。一个良好的企业不仅要赚取合理的利润，还要保证企业有良好的资金流，因此良好的预算既要注重最佳实践，又要强调财务业绩。

对制造企业来说，通常生产计划根据企业的销售计划来制订，而采购计划和预算要根据生产计划来制订。因此可以说，采购预算是采购部门为配合年度的销售预测或生产数量，对需求的原料、物料、零件等的数量及成本进行的估计。编制采购预算涉及企业的各个方面，采购预算如果单独编制，不但缺乏实际的应用价值，也会失去其他部门的配合。所以，采购预算的编制，必须以企业整体预算制度为依据。

2. 采购预算编制的方法

编制预算的方法主要有弹性预算、概率预算、零基预算和滚动预算等。

1）弹性预算

弹性预算亦称为变动预算，它是根据计划期间可能发生的多种业务量，分别确定与各种业务量水平相适应的费用预算数额，从而形成适用于不同生产经营活动水平的一种费用预算。

由于弹性预算是以多种业务量水平为基础而编制的一种预算，因此它比只以一种业务量水平为基础编制的预算（一般称之为固定预算或静态预算）具有更大的适应性和实用性。即使企业在计划期内实际业务量发生了一定的波动，弹性预算也能找出与实际业务量相适应的预算数，使预算与实际工作业绩可以进行比较，从而有利于对有关费用的支出进行有效地控制。

编制弹性预算，首先，要确定在计划期内业务量的可能变化范围。在具体编制工作中，对一般企业，其变化范围可以确定在企业正常生产能力的 70%～110%，其间隔取为 5% 或 10%，也可以设计划期内预计的最低业务量和最高业务量为其下限和上限。其次，要根据成本的性质，将计划期内的费用划分为变动费用部分和固定费用部分。在编制弹性预算时，对变动部分费用，要对不同的业务量水平分别进行计算；而固定部分费用在相关范围内不随业务量的变动而变动，因而不需要按业务量的变动来进行调整。弹性预算一般用于编制弹性成本预算和弹性利润预算，弹性利润预算是对计划期内各种可能的销售收入能实现的利润所做的预算，它以弹性成本预算为基础。

2）概率预算

在编制预算过程中，涉及的变量较多，如业务量、价格、成本等。企业管理者不可能在编制预算时就十分精确地预见到这些因素在将来会发生何种变化，以及变化到何种程度，而只能大体上估计出它们发生变化的可能性，从而近似地判断出各种因素的变化趋势、范围和结果，然后，对各种变量进行调整，计算其可能值的大小，这种利用可能性大小来编制的预算，即概率预算。

概率预算必须根据不同的情况来编制，大体上可分为以下两种情况：

（1）销售量的变动与成本的变动没有直接联系。利用各自的概率分别计算销售收入、变动成本、固定成本的期望值，即可直接计算利润的期望值。

（2）销售量的变动与成本的变动有直接联系。需要用计算联合概率的方法来计算利润的期望值。

3）零基预算

零基预算是在编制预算时，对于所有的预算项目均以零为起点，不考虑以往的实际情况，而完全根据未来一定期间生产经营活动的需要和每项业务的轻重缓急，从根本上来研究、分析每项预算是否有支出的必要和支出数额大小的一种预算编制方法。它是由美国彼得·派尔于 20 世纪 60 年代提出的，目前已被西方国家广泛采用。传统的预算编制方法是在上期预算执行结果的基础上，考虑到计划期的实际情况，加以适当调整从而确定它们在计划期内应增加或应减少的数额。这种预算往往使原来不合理的费用开支继续存在下去，造成预算的浪费或是预算的不足。零基预算的编制方法与传统的预算编制方法截然不同，在这种方法下，确定任何一项预算，完全不考虑前期的实际水平，只考虑项目本身在计划期内的重要程度，其具体数字的确定始终以零为起点。

零基预算的编制方法为：

（1）提出预算目标。根据本企业计划期内的总体目标和本部应完成的具体工作任务，提出必须安排的预算项目，以及以零为基础而确定的具体经费数据，对各部门提出的方案进行成本-收益分析。

（2）开展成本-收益分析。组成由企业的主要负责人、总会计师等人员参加的预算委员会，对各部门提出的方案进行成本-收益分析。这里所说的成本-收益分析，主要指对所提出的每一个预算项目所需要的经费和所能获得的收益，进行计算、对比，以其计算对比的预算项目的先后次序和轻重缓急，结合计划期内动用的资金来源，分配资金、落实预算。

零基预算的优点是不受现行预算框架的限制，以零为基础来观察和分析一切费用和开支项目，确定预算金额，能充分调动企业各级管理人员的积极性和创造性，促进各级管理人员精打细算、量力而行，把有限的资金用到最需要的地方，以保证整个企业的良性循环，提高整体的经济效益。但该预算编制方法将一切支出均以零为起点来进行分析、研究，加大了工作量。实际操作中，企业需要把不同性质的业务按照其重要程度排列。主观随意性不可避免地影响预算的准确性，因此，在实际预算工作中可以隔几年进行一次零基预算，以后几年内则略做适当调整，这样既可简化预算编制工作量，又能适当控制费用的发生。

4）滚动预算

滚动预算又称连续预算或永续预算，其主要特点是预算期随着时间的推移而自行延伸，始终保持一定的期限（通常为一年）。当年度预算中某一季度（或月份）预算执行完毕后，就根据新的情况进行调整和修改后几个季度（或月份）的预算，依次往复、不断滚动，使年度预算一直含有4个季度（或12个月份）的预算。

滚动预算的提出根据是：

（1）企业的生产经营活动在可预见的将来是连续不断的，因此指导企业经营活动的预算也应该全面反映这一连续不断的过程，使预算方法和生产经营过程相适应。

（2）现代企业的生产经营活动是复杂的，随着时间的推移，它将产生各种难以预料的结果。滚动预算在执行过程中可以结合新的信息，对其不断进行调整与修订，使预算与实际情况能更好地相适应，有利于充分发挥预算的指导与控制作用。

4.2.2　采购预算的步骤及技巧

1. 采购预算编制步骤

预算过程应从采购目标的审查开始，接下来是预测满足这些目标所需的行动或资源，然后制订计划和预算，采购预算编制一般包括以下几个步骤：

（1）审查企业以及部门的战略目标。采购部门作为企业的一个部门，在编制预算时要从企业总的发展目标出发，审查本部门和企业的目标，确保两者之间的相互协调。

（2）制订明确的工作计划。采购主管必须了解本部门的业务活动，明确它的特性和范围，制订出详细的工作计划表。

（3）确定所需的资源。有了详细的工作计划表，采购主管要对业务支出做出切合实际的估计，确定所需要的人力、物力和财力资源。

（4）确定较准确的预算数字。确定预算数据是企业编制预算的难点之一。目前企业普遍的做法是将目标与历史数据相结合来确定预算数，即对过去历史数据和未来目标逐项分析，使收入成本费用等各项预算切实合理可行。对过去的历史数据可采用比例趋势法、线性规划、回归分析等方法找出适合企业的数学模型来预测未来。

（5）汇总编制总预算。对各部门预算草案进行审核、归集、调整，汇总编制总预算。

（6）修改预算。由于预算与实际总是或多或少地存在差异，因此必须根据实际情况选定一个偏差范围。偏差范围的确定可以根据行业平均水平，也可以根据企业的经验数据。设定了偏差范围以后，采购主管应比较实际支出和预算的差距，以便控制业务的进展。如果支出与估计值的差异达到或超过了容许的范围，就有必要对具体的预算做出修订。

（7）提交预算。将编制好的预算提交给企业负责人批准。

2. 编制采购预算的要点

实施采购预算的目的是提高企业经济效益，采购预算必须体现科学性、严肃性、可行性，克服随意性。因此，采购部门在做预算时，必须重视决策过程，多开展一些调研活动，不仅要对本年度预算的实施情况进行科学的分析，而且要了解市场、了解对手、分析预测市场，还要从实际情况出发，找准影响企业经济效益的关键问题、瞄准国内外市场，制定降本增效的规划、目标和措施。采购部门在编制采购预算时，应注意以下五个方面：

（1）编制预算之前，要进行市场调研，广泛搜集预测信息和基础资料数据，如市场需求量、售价、材料价格、各种消耗定额、费用限额等，并对这些信息资料进行整理、分析，然后再用于编制采购预算。如果忽视了调研与预测，可能会使预测指标缺乏弹性，缺乏对市场的应变能力，致使采购预算不能发挥其控制作用。

（2）编制预算时，为保证预算的科学性，应制定预算的编制程序、修改办法，并做执行情况分析等。

（3）确立恰当的假定，预算指标是建立在一些未知而又合理的假定因素的基础上，预算编制中预算编制人员面临一些不确定因素，可预先假定一些预算指标之间的关系。比如，在确定采购预算的现金支出时，必须先预先假定各种原材料价格的未来走向。因此，在编制预算时，要根据历史数据和对未来的预测确立合理的假定，确保采购预算的准确性。

（4）每项预算应尽量做到具体化、数量化。在编制采购预算时，对每一项支出，都必须要写出具体消耗的材料种类、材料消耗的数量和价格，才可以准确地判断预算做得准确与否，才能促使部门在采购时精打细算，节约开支。例如，直接材料预算的编制，直接材料采购预算是根据生产预算所安排的生产进度而编制的，通过预算的编制，可以确定预算材料的采购量和采购金额，预计采购量可根据下列公式计算，即

预计采购量＝物料的生产需要量＋预算期期末材料库存量－预算期期初材料库存量

（5）应强调预算的广泛参与性，让各级员工参与到预算的制定中来，这样既可以提高员工的积极性，也可以促进信息在更大的范围内交流，使预算编制中的沟通更为细致，增加预算的科学性和可操作性。当然，在强调预算的广泛参与性的同时，也要注意预算编制的效率，要注意区分各级员工参与的程度。

3. 编制采购预算时应避免的问题

（1）避免预算过繁过细。采购预算作为一种采购管理控制的手段，应尽量具体化、数量化，以确保其可操作性。但这并不意味着要对企业未来采购活动中的每一个细节都做出细致的规定。如果预算对极细微的支出也做了琐碎的规定，可能致使各职能部门缺乏应有的灵活性，从而会影响到企业运营的效率。所以，预算不可能也不应该太详尽，也不是越细越好，而应抓住预算中的关键环节。

（2）避免预算目标与企业目标不协调。在编制预算时，由于没有恰当地掌握预算控制，采购部门设立的预算标准没有很好地体现企业目标的要求，或者是企业环境变化导致预算目标与企业总目标的脱离，采购部门主管可能只热衷于使本部门的采购活动严格按预算的规定进行，却忽略了企业的目标。因此，为了防止采购预算与企业目标冲突，一方面应当使预算更好地体现计划的要求，另一方面应当适当掌握预算控制的度，使预算具有一定的灵活性。

（3）避免一成不变。采购预算同采购计划一样，不能一成不变，在预算执行过程中，要对预算进行定期检查，如果企业面临的采购环境或企业自身已经发生重大的变化，就应当及时进行修改或调整，以达到预期的目标。

➤案例　耐奇苹果公司采购预算编制

1. 公司背景

耐奇苹果公司是纽约北部的一家苹果加工厂，主要生产苹果酱和苹果饼的馅心。该公司向当地的果农采购麦克考斯和格兰尼斯两种品种的苹果。公司的主要客户是机构性的购买者，如医院、学校等。公司设有两个部门：生产部门和市场营销部门。每个部门都由一名副总裁进行管理，并直接向公司总裁汇报。公司的财

务副总裁主要负责公司所有财务领域的工作，包括归集数据和编制预算。公司的总裁和三名副总裁构成了公司的行政主管委员会，对预算的编制过程实施监督。

公司与当地的许多果农签订了长期的采购合约，如果当地苹果的生产量低于预期值，公司则将在现货市场上进一步采购；如果收获的苹果多于公司所能处理的数量时，多余的苹果也可以在现货市场上售出。公司总裁和财务副总裁负责与当地果农签订长期采购合约以及在现货市场上进行苹果的购销活动。

苹果收获以后，将被储存在耐奇苹果公司的冷库中，或存放在其他公司的库房中，直到耐奇公司将其用于生产。公司的生产工作从每年 10 月份开始到次年 6 月份，7、8、9 月份工厂关闭，因而公司的财务年度为第一年的 10 月 1 日到来年的 9 月 30 日。

2. 公司预算过程

在耐奇苹果公司，每年从 8 月份开始进行下一年的预算，而下一个财务年度是从 14 个月后开始的。在 8 月份，公司的总裁和副总裁将对公司签订的长期契约的下年的苹果收获情况进行预算，在随后的 14 个月中，每两个月公司就要根据最新的消息，对市场营销、生产以及苹果采购的情况预算进行调整。并且总裁、三位副总裁还将举行一次晨会，对这些调整进行讨论。在每年的 6 月份，下一个财务年度的财务预算的终稿在通过行政主管委员会的讨论会之后，将提交董事会进行审批。行政主管委员会还需要集中一次，对当年的经营状况进行回顾并将实际的经营情况与预算情况进行比较。

耐奇苹果公司的预算过程中包括三个关键的构成部分，即苹果的采购、销售和生产，这三项要素必须在内部与采购的各品种苹果的数量及生产销售的各种产品的数量相一致。一旦关于这三项要素的预算得以确定，即可确定最终存货的预算数，在已知生产预算的前提下，可以编制直接人工及制造费用的预算，而直接人工预算、制造费用的预算和直接材料预算可决定销售产品成本的预算。

3. 采购预算的确定

表 4-1 反映了公司的生产预算，表中后两栏是生产预算中相应数量的产品所耗用的麦克考斯苹果和格兰尼斯苹果的数量。

表 4-1　耐奇苹果公司财务年度的生产预算表

名称	预算数/箱	麦克考斯苹果/磅	格兰尼斯苹果/磅
苹果酱	130 000	7 800 000	5 200 000
苹果饼馅心	63 000	3 150 000	1 890 000
总计		10 950 000	7 090 000

在已知苹果收获的推算数及生产计划的前提下，公司的行政主管委员会计划再购入 50 000 磅（1 磅＝0.4536 千克）麦克考斯苹果，同时出售 910 000 磅格兰

尼斯苹果。预计苹果的总成本为 6 344 200 美元，麦克考斯苹果的平均成本为每千磅 380.32 美元，格兰尼斯苹果的平均成本为每千磅 311.28 美元，如表 4-2 所示。

表 4-2 耐奇苹果公司财务年度的苹果采购预算表

项目	数量/千克		售价/美元		成本/万美元		总计/万美元
	麦克考斯苹果	格兰尼斯苹果	麦克考斯苹果	格兰尼斯苹果	麦克考斯苹果	格兰尼斯苹果	
长期采购合约	10 900	8 000	380	310	414.2	248	662.2
市场采购	50	(910)	450	300	2.25	(27.3)	(25.05)
总计	10 950	7 090			416.45	220.7	637.15
耗费（磅）					10 950	7 090	
成本（万美元/千磅）					380.32	311.28	

注：带括号的部分为售出的苹果数量。(910) 表示对公司多余的苹果，需要投入市场卖出

对照表 4-1 与表 4-2 可以看出，公司苹果采购预算中的数据与计划耗用每种苹果的总数量（1095 万磅麦克考斯苹果和 7090 万磅格兰尼斯苹果）一致，这充分反映了预算工作的相互协调性。

【讨论题】

参考这则案例，谈谈你对采购计划和预算编制的见解和体会。

➤本章小结

采购计划和采购预算，是企业根据企业总目标制定的企业年度计划的一部分。采购计划就是根据市场的需要、企业的生产能力和采购环境容量等制定采购清单和采购工作日程表。采购计划包含认证计划和订单计划两部分内容。

采购预算是采购计划的数量体现，采购预算是采购部门为配合年度的销售预测或者生产计划，对所需的原料、物料、零件等数量及成本做翔实的计划。预算的时间和范围要与企业的计划期保持一致。

➤关键概念

采购计划 认证计划的编制 订单计划的编制 采购预算 采购预算的编制方法

> ➤ **复习思考题**

1. 什么是物料需求计划? 其原理是什么?
2. 什么是认证计划? 如何编制认证计划?
3. 什么是订单计划? 如何编制订单计划?
4. 认证计划和订单计划在采购计划中的作用有何不同?
5. 什么是采购预算? 如何编制采购预算?

第 5 章

采购供应战略

➢ **本章导读**
- 明确采购战略和企业总体战略的关系；
- 掌握采购供应战略；
- 理解采购供应战略成功的关键要素。

在目前的企业采购中，采购的战略地位并没有得到重视，大多数企业采用的一般采购流程是：生产部门根据生产的需要填写申购单，然后由行政部门审批后，交给采购部门。采购部门的责任就是根据申购单上填写的内容，去找供应商。日常工作中采购部门的任务就是等待生产部门和其他物资需求部门的申购单，然后再到市场上去寻找。目前的市场对于大部分商品来说是买方市场，因而从常规状态下来看，采购部门的工作非常轻松，所以在国内很多公司，对于采购部门的重视程度远不如销售等其他部门。总认为采购部门是一个花钱的部门，采购工作很容易，在这样的背景下，重视采购战略的企业很少。

采购的作用真的如此不重要吗？其实不然，虽然采购成本在不同行业中的比例不同，但总体来说，采购成本是非常高的。根据有关数据统计，降低 1％的采购成本相当于增加 10％销售额。把销售额增加 10％，对于一个成熟的市场来说，是很难的事情。但把采购成本降低 1％，对于目前社会平均采购水平来说，却是非常容易做到的。这就要求企业把采购管理提升到战略的高度，制定相应的采购战略。

5.1 供应市场分析

要制定供应战略先要分析供应市场。通常采购人员应从宏观经济、行业、供应市场结构三个层面进行分析。

1. 宏观经济分析

宏观经济环境决定了供应市场走势。从一开始便要尽可能全面而准确地分析判断整个世界经济和国内经济的发展趋势。每年联合国和世界贸易组织统计得出的数据可以作为国际经济的参考标准，而国内经济也可以通过国内生产总值（GDP）、地区失业率、生产资料价格指数、货币利率水平等具体指标来衡量。这些数据客观地反映了一个国家或经济区域的发展状况和所处地位，但对采购人员来说只了解这些是不够的，还必须多关心影响宏观经济环境的代表性事件，这样才能对供应市场的演变作出正确的判断。

2. 行业分析

采购人员必须对自己公司在所处行业有个明确的定位，也必须明确什么样的举动会导致他们在行业内的成功或失败。例如，在计算机这种高新技术行业，不断开发新产品并投入市场是成功的关键因素；相反，创新产品不是大批量生产面包粉等基础食品的供应商考虑的重点，而如何保证及时供应和配送才是他们最应该关心的。由于采购商在这一行业中只代表一家公司，因此他们也必须关注其他采购公司，具体包括：①采购同种产品的公司有哪些？②它们采购商品和服务的具体用途是什么，是否存在替代商品和服务？③它们对价格的承受能力和本公司一样吗？④它们用所采购的材料或项目生产的最终产品获取的价值是否更高？

3. 供应市场结构分析

市场结构是指一个行业中竞争者的数量、产品的相似程度以及行业的进出壁垒等状况。供应市场结构主要分析的是市场竞争的类型。不同的市场竞争类型就要采用不同的采购方法。了解供应市场结构有助于采购人员了解供应商的成本模型，能够在谈判中明确己方的优劣势，确定利用供应商创新的可能性，及时寻求资源的替代品，并为企业的战略计划指明方向。

市场结构问题本质上是一个市场中各个企业之间的竞争关系问题。在经济学中，通常根据一些基本的标准对所有的市场进行划分。一般地，按市场中商品的买者与卖者数量多寡、商品的差别程度、进入的自由程度和信息的完全程度，可以将市场结构区分为以下四种主要类型：完全竞争、完全垄断、垄断竞争与寡头垄断。

图 5-1 反映了典型的市场结构分类。

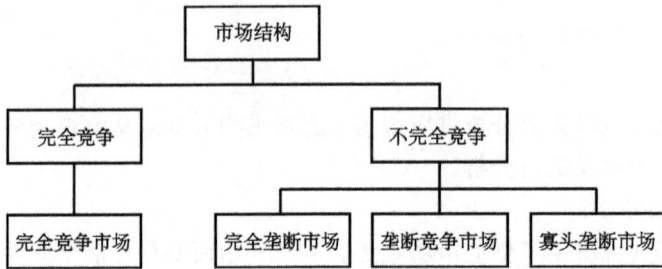

图 5-1　市场结构分类

1）完全竞争市场（perfect competition market）

完全竞争市场是指一种竞争不受任何阻碍和干扰的市场结构。完全竞争市场上的价格不是由某企业决定而是由某行业决定，这一价格决定后对企业而言，只能被动接受。所以，对于在完全竞争市场中的企业来说，无论它的产量增减多少，价格都不会变。

2）完全垄断市场（monopoly market）

完全垄断市场的近似例子是电力供应市场。基本上，全国各地、各个区域的电力均由各地区电力公司垄断供应。一般说来，在完全垄断市场，只有几家公司或厂商存在，并且该市场存在很大的进入障碍。

3）垄断竞争市场（monopolistic competition market）

垄断竞争市场包含了垄断和竞争的特点，市场内有多家公司或厂商和庞大数目的顾客，公司或厂商生产相似但有少许差异的商品，市场没有进入障碍。垄断竞争市场的一大特点就是薄利也不一定能多销，所以保持产品或服务的"独特性"是最重要的，形象、品牌、广告和包装都是卖方常用的推广方法。娱乐服务、服饰、餐饮、旅游市场属于这种类型。

4）寡头垄断市场（oligopoly market）

寡头垄断的市场结构与垄断竞争有一些相类似，即它既包含垄断因素，也包含竞争因素，但相对而言，它更接近于垄断的市场结构，因为少数几个企业在市场中占有很大的份额，使这些企业具有相当强的垄断势力。

寡头垄断市场存在明显的进入障碍，但最重要的是这些行业存在较明显的规模经济性，银行、保险等金融服务业以及各类石油产品市场皆属于寡头垄断市场。在这种市场里，供应商的营销策略主要有价格竞争、提供更佳的服务、广告、回赠礼品、发展网上服务等创新的产品和服务。若各卖方主要运用价格竞争的话，根据寡头垄断市场结构的推论，通常最后都是两败俱伤，彼此的利益都会有负面影响，所以各卖方会尽量避免使用价格竞争，而主要运用上述的其他策略。

表 5-1 给出了不同市场结构的特点比较,分析供应市场结构的主要目的是根据不同的供应市场结构,采购企业需要采取不同的应对方式。

表 5-1 不同市场结构的特点比较

完全竞争	垄断竞争	寡头垄断	完全垄断
供应商数目众多	多厂商	厂商为数不多	只有一家厂商
产品同质	产品异质性,但差异很小	产品异质性	只有一种产品
进出市场容易	进出市场容易	进入市场困难	几乎无法进入市场
市场信息完全对称	市场信息不完全对称	市场信息不充分	信息严格不对称
对价格没有控制力	对价格有少许控制力	对价格具控制力,但担心同业的减价报复	对价格有很大的控制力
农业、农产品	服饰、餐饮、娱乐	石油、汽车	公用事业、水、电

在完全竞争市场中,供应商数量多而且供应商已经基本没有超额利润,采购商此时应表现得非常积极,充分利用选择权,分析和预测供应市场,保持供应市场的竞争性。采购商还应该明确供应商间的价格差别不大,由于供应商间知悉彼此的定价,而且售卖同质商品,价钱不可能有明显的差异。

对于垄断竞争市场,供应商处于垄断竞争的比例最高,这样的市场有大量的供应商存在,各供应商提供的物质品质不同,企业进入和退出的障碍很低,供应商讨价还价的能力不强,如大多数的日用消费品、家用电器和工业品。当供应商处于这样的行业中时,企业的市场交易战略仍然可行,但应更加重视各种合作和联盟战略,因为供应品的差异化可能会影响企业最终产品的质量和性能,企业应通过建立稳定的关系来予以保证。同样,这样的行业中供应商间的竞争较为激烈,供应商多数具有和下游企业合作的意愿。至于采用短期项目合作战略、功能联盟战略和创新战略中的哪一个,则应根据企业的具体情况来定。

对于寡头垄断供应商市场,采购商主要是依靠讨价还价来获得相对较好的供应服务。通过供应商和采购商彼此之间的排名选择,选择合适的供应商建立一种差异性的深入合作关系,从采购量和配合程度上争取到供应商的优先价格和服务。

对于完全垄断市场,主要是供应商对采购商的选择。此时对采购部门来讲,公司整体的实力和采购份额在总采购市场中所占的比例是最重要的,因此集中采购和联合采购是一种可能的应对策略。

5.2　企业战略与采购供应战略

5.2.1　企业战略概述

战略是指导全局和长远发展的方针，它不是要具体地说明企业如何实现目标，而是要指明企业方向、重点和资源分配的优先顺序。

无论是广义还是狭义地理解，我们都必须看到，战略具有以下特征：

（1）全局性。战略以企业大局为对象，根据发展的需要制定，它规定的是企业整体行动，追求的是企业整体效果。虽然它也包括企业的局部活动，但这是作为整体行动的有机组成部分在战略中出现的。

（2）长远性。战略既是一家企业谋求长远发展的反映，又是它对本来较长时期内怎样生存和发展的通盘考虑。制定战略要以外部环境和内部条件的当前状况为出发点，并对企业更长远的发展起指导作用。

（3）抗争性。战略是在激烈竞争中如何与对手抗衡的行动纲领，也是针对各方冲击、压力、威胁和困难设法迎接这些挑战的基本安排。与那些不考虑竞争、挑战，单纯为了改善现状、增加经济效益和提高管理水平等的计划不同，只有这些工作与强化企业竞争能力、迎接挑战直接相关且具有战略意义时，才构成企业战略的内容。

（4）纲领性。战略规定的是企业整体的长远目标、发展方向和重点，以及应采取的基本方针、重大措施和基本步骤。这些都是原则性的、概括性的规定，具有行动纲领的意义。

"战略"与"战术"不能混为一谈。战略是如何赢得一场战争或战役的概念，战术主要是如何赢得一次战斗的概念。凡是为适应环境、条件变化所确定的长期基本不变的目标和实施方案，都属于战略范畴；针对当前形势、情境，灵活适应短期变化、解决局部问题的方法、措施，则是战术的概念。如果说目标指出了努力的归宿，战略明确了努力的方向，战术则决定何人、何时、以何种方式方法、通过何种步骤将战略付诸实现。战术从属于战略。

5.2.2　企业战略体系

1. 总体战略

总体战略又称公司战略，是企业最高层次的战略。企业（特别是多种经营的企业）需要根据企业使命选择参与竞争的业务领域，合理配置资源，使各项业务经营相互支持、协调。总体战略的任务主要是回答企业已在哪些领域进行活动，经营范围的选择和资源如何合理配置。通常，总体战略是企业高层负责制定、落实的。

2. 业务战略

业务战略又称经营单位战略、竞争战略。大企业（特别是企业集团）往往从组织形态上把一些具有共同战略因素的二级单位（如事业部、子公司等）或其中的某些部分组合成一个战略经营单位。一般企业，如果二级单位的产品和市场具有特殊性，也可视为独立的战略经营单位。因此，经营战略是战略经营单位或者有关事业部、子公司的战略。

3. 职能战略

职能战略又称职能层战略，是企业各个职能部门的短期性战略。职能战略帮助职能部门及管理人员更加清楚地认识本部门在总体战略、经营战略中的任务、责任和要求，有效运用有关管理职能，保证企业目标的实现。该战略包括采购战略、营销战略、财务战略、生产、会计、人力资源、客户服务以及研发职能战略。每一种职能战略，都要服从于所在战略经营单位的经营战略，以及企业的总体战略。

5.3　采购供应战略

5.3.1　采购供应战略

采购供应战略是所有部门战略的一个组成部分。采购战略就是采购部门在现代采购理念的指导下，为实现企业的战略目标，提供供应环境分析，对采购管理工作进行长远的谋划和决策。它详细地界定采购如何支持期望的竞争性业务战略，贯彻执行其他部门战略（如生产战略和营销战略），最终支持公司总体战略。采购与供应战略和企业战略的关系如图 5-2 所示。采购管理的核心工作是围绕公司的战略计划和生产计划制订采购战略和采购计划，就是根据企业层次的决策来确定采购的规模、区域，然后分配优先权、进度表、目标以及个人责任。

图 5-2　采购供应战略和企业战略关系

因为职能部门采购战略和其他部门战略之间存在直接或间接的联系，所以制定采购战略时需要正确处理彼此间的关系，这是战略制定过程的关键所在。业务单位的目标将横跨几个部门领域，并提供明确的指向，以便使所有部门战略（采购、营销、生产、财务、人力资源、客户服务等）都是互相匹配的。这种匹配需要消除跨部门集成的障碍，使公司职能部门专业领域间形成有效沟通，只有这样，才能实现公司的具体目标。

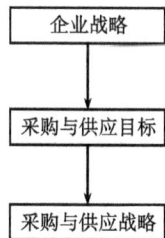

5.3.2　影响采购决策的主要因素

企业制定采购战略决策时受很多因素的影响，尤其是经济因素和个人因素。概括起来，分为环境因素、组织因素、人际因素和个人因素四类。

1. 环境因素

（1）当前经济环境和预期经济环境的影响。

（2）所处环境中政治、技术、竞争性发展因素的影响。

2. 组织环境

企业本身的因素是指企业的目标、政策、步骤、组织结构和系统等，采购人员应尽可能了解这些问题，此外，还应意识到采购组织的发展趋势。

（1）采购部门升级。就管理层次而言，采购部门地位很低，尽管它控制着公司半数以上的费用。采购部门的职能已由过去的用最低成本完成任务转变为从较少业务单、更少的供应商那里获取价值更高的材料。

（2）集中采购。

（3）长期合同。

（4）采购绩效评估。

3. 人际关系

企业的采购决策通常是由企业不同级别的成员参与的，这些参与者在企业的地位、职权、说服力以及他们之间的关系方面有所不同。尽管采购人员发现的一切有关个性和人际关系的信息都可能有用，但他们谁都无法预知在采购决策过程中会发生什么样的群体动态。

4. 个人因素

在采购决策的过程中，每一个参与者都带有个人动机、直觉与偏好，这些因素又受他们自身年龄、收入、职业态度、性格、风险态度、文化水平的影响，这些个人因素会影响采购决策。

5.3.3　采购供应战略目标

战略的制定主要是要形成部门战略目标，包括采购供应目标。采购供应目标就是从有资格的厂家采购质量上乘、时间恰当、数量准确、价格合理的材料。具体有以下四个采购供应目标。

1. 提高产品或服务质量

为了生产产品或提高服务，每一种物料的投入都应达到企业的质量要求（如采购的零部件只要能够完全满足需求的，就应该采用标准材料和标准零部件），否则最终产品或服务将达不到期望的要求，或是其生产成本远远超过可以接受的程度。因此，要保证采购的货物能够达到所需的质量标准，保证产品质量合格

（如对于高优先级的采购品的性能可靠率不低于99％）。

2. 适时、适量地为企业提供所需的物资和服务

提供适时、适量的物资和服务，以使整个组织正常运转，这是采购部门的第一要务。原材料和零部件的缺货，由于必须支出的固定成本而带来的运营成本的增加，以及无法向顾客兑现做出的交货承诺，这些都将对企业造成极大的损失；但是货物积压，不但会占用较多的资金，而且还会增加仓储和保管费用，使得成本升高，造成浪费。因此，企业采购要求适时、适量（如对于高优先级的采购品项，保证其可获得率不低于99％）。

3. 降低成本

不仅要确保质量、发送和服务方面得到满足，采购部门还应该全力以赴使企业成为本行业的低成本生产者（如保证标准原材料的平均价格比现行市场价格至少低2％）。

4. 协调供应商，规范供应链

要实现物资采购和资源市场的纽带作用，就要建立起物资采购与市场的良好关系，即协调供应商，通过与供应商在质量提高、成本降低及新产品开发计划上紧密合作，从而提高采购的柔性和市场响应能力，实现供应链企业的协调运作，提高供应链效率。

保证企业自身物料需求以及采购产品的质量，是采购管理的主要目标，这样才能保证生产、服务的正常运作，提高产品或服务质量。在此基础上，要考虑降低采购成本，扩大企业的经济利益空间，增强企业市场竞争力。因此，采购管理效率的提高不仅能够扩大企业的利益空间，降低运行成本，而且对于提升企业核心竞争力、企业信誉方面都是至关重要的。

5.3.4　采购供应战略制定

根据一般企业的采购目标和特点，采购战略主要包括两个方面内容，即采购品项战略和供应商战略。

1. 采购品项战略

制定战略的目的就是要指明企业发展的方向、重点和资源分配的优先顺序。企业没有必要对每一个采购品项都给予同样的重视。有些品项比其他品项对企业更重要，采购品项对企业的重要程度取决于该采购品项的支出水平、对企业利润的影响程度以及它的供应市场状况。

在制定资源战略的过程中，首先要对企业的采购品项进行分类，过于复杂的维度会给采购品项分类造成一定的难度，可以将采购品项的一些主要因素全面地归纳为两个维度：一是采购品项对企业利润的影响、风险和机会；二是该品项年度支出水平。前者反映出如果无法实现该品项，将给企业带来多大的利润损失。

同时，它也可以用于说明该品项的供应市场状况，需要企业考虑是把精力放在避免因不能满足供应目标而带来的风险上，还是放在利用供应市场的机遇而让企业超越其他竞争者上。而支出水平体现的是帕累托法则，即 20%的采购品项可能占用总支出的 80%，而剩下的 80%的采购品项可能仅占总支出的 20%。图 5-3描述了以上两个方面因素

图 5-3 中横轴代表采购品项的支出。占总支出 80%的 20%采购品项位于横轴的右侧，占用其余 20%支出的其余 80%采购品项位于横轴的左侧。

每个品项的影响/供应机会/风险等级由纵轴表示。这种方法将采购划分成四个类型 H、M、L 和 N。H 代表高影响/供应机会/风险；M 代表中影响/供应机会/风险；L 代表低影响/供应机会/风险；N 代表可忽略的影响/供应机会/风险。

该定位模型有四个象限。每个象限代表具有不同特色的采购品项。它们为战略采购品、瓶颈采购品、杠杆采购品以及常规采购品。供应定位模型如图 5-3所示。

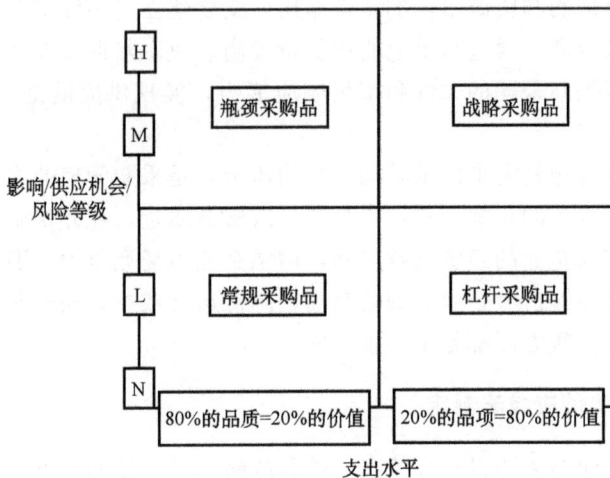

图 5-3　供应定位模型

1）战略采购品

战略采购品指支出水平高、产品要求高，同时又只能依靠个别供应商供应，或者供应难以确保的、高风险的采购品。战略品项是使企业产品形成特色或者取得成本优势的基础，因而对企业盈利能力起到关键性作用。比如，汽车厂需要采购的发动机和变速器，电视机厂需采购的彩色显像管，计算机厂商需采购的微处理器等。对于战略采购品，首要的策略是要找到可靠的供应商并发展同他们的伙伴关系，通过双方的共同努力去改进产品质量、提高交货可靠性、降低成本并组织供应商早期参与本公司的产品开发。

　2）瓶颈采购品

　瓶颈采购品指支出水平虽不算高，但供应保障不力、风险高的物品。此类品项的专业性较强，只能从少数几个供应商处获取。瓶颈品项支出水平低，对供应商没有吸引力，企业没有能力对这类品项加以影响和控制。企业应认真对待该品项（如生产拖拉机厂所用密封圈）。瓶颈采购品的策略主要是要让供应商确保产品供应，必要时甚至可提高一些价格或增加一些成本，采取的行动是通过风险分析制订应急计划，同时与相应的供应商改善关系（最好是建立一种积极关系，做一个好顾客），以确保供应。

　3）杠杆采购品

　杠杆采购品指那些支出水平较高，但很容易从不同的供应商那里采购的物品。位于该象限内的采购品项年度支出水平高，这意味着企业对供应商的吸引力大，会增加企业的杠杆作用。企业拥有较强的议价能力，许多供应商都争着同企业进行业务往来。对于杠杆采购品，由于供应充足，产品的通用性强。其主要着眼点是想方设法降低采购成本，追求最低价格。通常可采取两种做法：一是将不同时期或不同单位的同类产品集中起来统一同供应商谈判；二是采用招标的方式找不同的供应商参与竞价。需要注意的是，在追求价格的同时要保证质量和供应的可靠性。一般情况下，这类物品不宜签订长期合同，且采购时要密切关注供应市场的价格走向与趋势。主要包括化工、钢铁、包装等原材料或标准产品等。

　4）常规采购品

　常规采购品（MRO）包括诸如办公用品、维修备件、标准件及其他价值低、有大量供应商供应的商品。MRO 占到了产品的 80%；同时，它们占到了采购金额的 20%，并且作为前述特征的结果，采购者 80% 的工作与这些用品有关。MRO 商品的采购具有产品类别众多、高度专一性，多数用品的消耗率不高且没有规则，以及使用者对用品的选择能施加相当大的影响等特点。在采购这些品项时，不必花费太多的精力。常规采购品只占总支出 20%，在采购管理不善的情况下，采购人员却往往花费大量时间和精力去对付这些无足轻重的东西。这些物品的采购策略是要提高行政效率，采用程序化、规格化、系统化的作业方式等。主要措施有提高物品的标准化、通用化程度，减少物品种类，减少供应商数量；采用计算机系统、程序化作业以减少跟单、跟票等行政工作时间，提高工作的准确性及效率。

　通过将所采购的商品或服务准确地划分到四个象限中，企业的采购人员可以根据企业发展的方向、重点和资源分配来安排采购的优先顺序。企业没有必要对每一个采购品项都给予同样的重视，应将主要精力放在战略品项和瓶颈品项上。

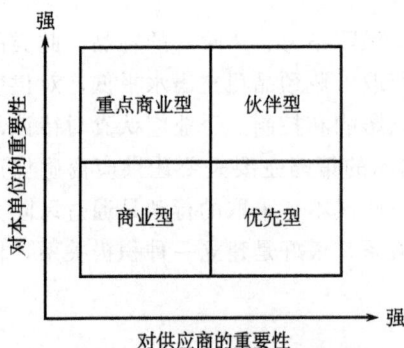

图 5-4　供应商分类模块法

2. 供应商管理战略

对供货商的管理是采购管理过程中一项重要工作。公司可以从希望与供应商建立关系类型的角度对潜在供应商进行评估。针对某一特定采购品项，公司能够与供应商建立的关系类型是与该采购品项在供应定位模型中所处的位置相联系的，根据供应商对企业的重要性和企业对供应商的重要性进行矩阵分析，并据此对供应商进行分类。这种方法可以由矩阵图（图 5-4）表示。

在供应商分类的模块中，如果供应商认为本单位的采购业务对于他们来说非常重要，供应商自身又有很强的产品开发能力，同时该采购业务对本公司也很重要，那么这些采购业务对应的供应商就是"伙伴型"；如果供应商认为本单位的采购业务对于他们来说非常重要，但该项业务对于本单位却并不是十分重要，这样的供应关系无疑有利于本单位，是本单位的"优先型"；如果供应商认为本单位的采购业务对他们来说无关紧要，但该采购业务对本单位却十分重要的，这样的供应商就是需要注意改进提高的"重点商业型"；对于那些对供应商和本单位来说均不是很重要的采购业务，相应的供应商可以很方便地选择更换，那么这些采购业务对应的供应商就是普通的"商业型"。

5.4　采购供应战略成功的关键要素

5.4.1　战略采购团队

在战略采购团队建立之前，企业必须有一个管理机构和支持性的组织，这个组织能分清战略采购团队的权利和义务，并且有助于确保恰当的检查、盈余账目和项目的完整性。

1. 管理机制的建立

在做采购决策时，反应迅速与自信来源于采购决策进程的清晰。首先要建立一个战略采购的管理机制，如

（1）建立如何做决策的共同协议；

（2）决定各个级别的职权；

（3）决定在冲突发生时，上升一级来解决的协议；

（4）在过程中进行沟通。

通过管理机制，战略采购团队的各方明确相关权限和责任。团队决策的目的是正确地做出决策，确保合适的人都参与并且了解情况。每天的计划以及实施过程中会出现很多问题，在处理这些问题时决策草案可以提供特别的帮助，它可以对及时解决问题起到辅助作用，确保项目不会无故误时。

管理机制中的授权矩阵会根据参与者的类型将其权力等级和授权范围预先做清晰、明确的界定。一旦决策草案建立并获通过，就必须把它传达给每个参与者。

2. 管理机构

管理机构的建立有助于确保领导力和快速查漏补缺。管理机构的两个关键要素是：

（1）战略采购团队；

（2）执行指导委员会。

战略采购的支持者要保持远见和长远战略，作为执行指导委员会的领导者，其担负总项目实施和成果的责任。从管理的角度而言，执行指导委员会建立政策、设置权限、提供支持，并按团队的建议采取行动。成员们需保证进程的完整性，他们在决策时要从公司全局角度出发，避免片面思考和局部最优化。战略采购的负责人负责调控项目中的总体资源，其中包括顾问选择、角色和责任的分配以及合同条款的拟定。

5.4.2　共享权利

随着战略采购的开展，领导将出现在各个角落。由于人们亲身参与了制定决策、解决问题和转变业务过程，团队将会越来越需要领导。但是在其没有成为现实之前，战略采购需要来自领导层的强大的、可见的承诺。另外一个转变是从"知识就是力量"到"关系就是力量"的转变。

当公司里所有人都共享权力和领导力时，企业的主要文化已经发生了变化。一旦采购团队成员愿意承担风险去独具一格地思考和行动，他们必须从领导那里获得信心——允许存在一定的风险，创新的行为应该受到肯定而不是惩罚。团队成员必须要相信这是真实的，所付出的行动会有结果，他们的贡献很重要。简而言之，参与者必须相信他们的领导者。

5.4.3　专家团队

专家团队作为一个展示计划，是要让每个成员掌握方法论，并且告诉他们可以在公司何处发现价值。

专家团队的经验对后来的团队而言是无价之宝。更重要的是，专家团队的成员能够成为将来参与者的榜样。就战略采购的价值和影响力而言，没有什么比来自这些成员的经验更为重要。

通过利用专家团队，每一个公司都可以更改它们的采购流程以满足自身的需要。每一个采购环境都有其自身的供应链特性，而专家团队很有可能将其挖掘出来。使用专家团队作为内部预警系统，能够避免不必要的失误。

5.4.4　制定变革管理战略

组织变革是一种个体行为体验。在战略采购过程中的每一步都明显有着这种经验烙印。改变管理方式是确保战略采购原则被所有成员拥护，同时也是进行交易必不可少的因素。

变革的实质是在战略采购的过程中总结经验并在今后的采购工作中有效地应用这些经验。当团队的第一组完成他们的工作之后，有战略采购经验的员工们就有了他们的核心领导团队。当新的团队开始独立工作时，他们的成员可以有一部分是有经验的老成员，另一部分是这个过程中刚加入的新成员。当一个新成员参与到战略采购以及它以后的运作过程中之后，事实证明，在没有原先基础的情况下中途插入进来工作是不可能的。企业必须给新成员时间，在他们成为值得信赖的和可以为团队作贡献的员工之前，让他们构建战略采购方面的个人基础知识。团队的经验和变革管理支持有助于加快理解的转变，但是个人的改变仍然需要个人的亲身经历。

5.4.5　建立有效使用顾问

不是所有的顾问都能够创造同样的价值，明智地使用顾问是采购人员的责任。在阐述和开始执行战略采购时，使用顾问有助于提高产出的质量。顾问向狭窄的思维发起挑战，将会加快变革和学习的进度。

利用经验丰富的外部专家将会支持项目要素并且加快传递成果。而用恰当的外部资源的关键是引进专业知识以弥补其内部能力的缺陷。战略采购变革行动能够从不同领域顾问的专业知识中受益。战略采购项目中涉及的学科领域包括：战略采购方法论、市场评估和分析、作业成本计算、标杆管理、组织发展、变革管理以及团队建设。

最好的顾问是能增强客户组织技能的人，能够帮助客户提高自身能力才是目标。通过利用顾问来教导和训练团队，把具体的知识和技能传授到公司内部。合适的顾问能为公司战略采购项目的成功作出很大的贡献。因此，要保证正确地选择和使用顾问。

5.4.6　总成本模型

总成本模型是一种结构性的方法，它通过作业成本计算来了解与采购服务有关的供应链总成本。因为总成本模型揭示了每一个成本驱动因素，所在评估供应商关于增加值的建议以及挑选合适的供应商时很重要。通过总成本模型，采购组织可以在项目过程中寻找持续改进的机会。服务的总成本包括以下关键要素：

(1) 对供应商的外部支出；

(2) 对材料、服务相关的服务承包商的外部支出；

(3) 基于存货价值的库存持有成本；

(4) 通过流程图中的内部供应链活动确认耗费的内部成本。

当一个采购团队关注的是供应链中可能存在的机会时，我们就可以在超越供应商利润和制造成本的基础上进一步拓展机会。

作业成本法（approach based cost，ABC）是一种很好的工具。通过运用ABC法，公司可以了解在团队水平上可以节约哪些成本。一旦采购团队使用这种方法，供应链总成本和节约成本将被确定下来，ABC法可以精确地计算出团队的费用盈亏。在审计追踪如何实现成本节约的情况下，对从何处节约成本以及建立从系统中精确控制成本的能力进行量化。

ABC法允许对包含不同供应链要素的供应商建议进行比较。ABC法是用来识别机会的，同时也是证明在供应链中成本节约的工具。因为总成本模型描述了所有的供应链成本来源（质量成本、加工成本、规格成本以及运营维护成本），它允许供应商通过供应链任何一处的变化来实现增加值的目标。总成本模型为采购团队提供了对包含不同供应链要素的供应商目标进行比较的方法论，这使得这种判断建立在事实和数据的基础上，而不是跟着感觉走。

在执行这种方法之后，定期更新总成本模型确保进度一直朝降低总成本这个目标迈进，同时也有助于反击那些支持简单价格比较的观点。

5.4.7 制订全面的沟通计划

1. 沟通计划

在行动的早期阶段对全部沟通策略进行计划，确保正确的信息接收者能在正确的时间收到正确的消息，这是有效沟通的本质。

有效沟通可以真实地构造成功与失败之间的不同。要想改变一个公司方向、方法或实践，需要许多人的理解和支持，设计有效的沟通可用于树立每个人的行动目标，并且定期更新进度情况，将有助于维持项目实施的动力。

2. 系统沟通

在战略采购系统中，沟通的目标是影响和感化人们，使其进行变革。当各利益相关方采取主动的态度，欣然地接受变革时，变革就可以最大限度地被认可。通常，沟通这一要素作为一种建立透明度和参与度的基本手段而常常被忽略。

如果适当地加以利用，沟通计划方案不仅能帮助你选择传递信息最有效的途径，也能够在主要的参与者中达成共识。一个周密的沟通计划方案可以确保利益相关方在恰当的时间获得准确的信息。

5.4.8 提供培训

有效培训能够使人们充分参与到变革的过程中，教育人们重视战略和基本概念可以帮助人们克服对未知世界的本能恐惧，以变革所需的新技能来武装人们，使其接受变革，培训同时也可以使人们不断前进。

培训是一项持续进行的行为。高级管理层和变革的领导者的培训应该在战略采购项目的准备阶段进行，也可能延续下去。这种培训可以是正式的，也可以是非正式的。公司利益相关方的培训可以像沟通项目的流程那样进行。特殊采购团队和执行团队的培训可以在团队行动阶段进行。

一个综合培训计划将会在合适的时间对目标群体进行合适的培训。开展培训计划的内容包括：

(1) 在战略采购的概念和专业技能上进行培训——认识课程；

(2) 在行为和组织技能上的培训——认识课程；

(3) 培训矩阵——在哪些方面需要对哪些人进行培训；

(4) 培训日程——针对培训模块。

➢案例 西门子的全球采购战略

西门子公司是一家有着 150 多年历史、横跨数个产业的航空母舰式公司，仅仅西门子信息与移动通信公司（以下简称西门子移动公司）一家，2001 年的采购额就达到了 20 亿欧元。西门子移动公司的供应商浩如烟海，分布在全球的各个角落，如何与他们协同作战？如何做到"精益采购"？如何从采购环节中节省成本？这些都是西门子移动公司需要解决的问题。

"我们产品的价格每年都有 20％～25％的下降，这笔钱从哪里来？只有从供应体系中挤出来"，西门子移动公司全球采购中国部门的德籍副总裁迈克尔·柯逸华（Michael Kalweit）这样认为。全球集约化采购是西门子公司进行采购管理、节约采购成本的关键，西门子移动公司的采购系统是西门子公司整个全球采购网的一部分。

1. 全球统一采购

过去很长一段时间里，西门子公司通信、能源、交通、医疗、照明、自动化与控制等各个产业部门根据各自的需求独立采购。随着西门子公司的逐渐扩大和发展，采购部门发现不少的元部件需求是重叠的。例如，通信产业需要订购液晶显示元件，而自动化与控制分部也需要购买相同的元件，由于购买数额有多有少，选择的供应商、产品质量、产品价格与服务差异非常之大。

　　精明的西门子人很快就看到了沉淀在这里的"采购成本"。于是，西门子公司设立了一个采购委员会来协调全球的采购需求，把六大产业部门所有公司的采购需求汇总起来，这样，西门子公司可以用一个声音同供应商进行沟通。大订单在手，就可以吸引全球供应商进行角逐，西门子公司在谈判桌上的声音就可以响很多。

　　对于供应商来说，这也是一个好事情。以前一个供应商，可能要与西门子公司的六个不同产业部门打交道，而现在只需要与一个"全球大老板"谈判，只要产品、价格和服务过硬，就可以拿到全球的订单，当然也省下不少时间和精力。

　　西门子公司的全球采购委员会直接管理全球材料经理，每位材料经理负责特定材料领域的全球性采购，寻找合适的供应商，达到节约成本的目标，确保材料的充足供应。"手机市场的增长很快，材料经理的一项重要职责就是找到合适的、能够与西门子公司一起快速成长的供应商。"西门子公司认为，供应商的成长潜力在其他成熟产业可能并不重要，但是在手机产业，100％的可得性是选择供应商的重要指标。

　　西门子移动公司的采购系统还有一个特色，就是在采购部门和研发设计部门之间有一个"高级采购工程部门"（advance procurement engineering，APE）。作为一座架在采购部和研发部之间的桥梁，高级采购工程部的作用是在研发设计的阶段就用采购部门的眼光来看问题，充分考虑到未来采购的需求和生产成本上的限制。

　　2. 分合有度

　　有了这一充分集权的中央型采购战略决策机构，还需要反应灵活的地区性采购部门进行实际操作。由于产业链分布在各个国家，西门子移动公司在各地区采购部门的角色很不一样。

　　日本西门子移动公司采购部门的角色类似于一个协调者。由于掌握着核心技术，日本的供应商如东芝公司和松下公司直接参与了西门子手机的早期开发。西门子移动公司需要知道哪些需求在技术上是可行的，哪些是不可行的；而东芝和松下等企业也要知道西门子公司想要得到什么产品。采购部门的主要工作就是与日本供应商的研发中心进行研发技术方面的协调、沟通和同步运作。

　　中国西门子移动公司采购部的角色重心就不同了。其主要任务是利用中国市场的廉价材料，降低生产成本，提高西门子手机的全球竞争力。2001 年西门子移动公司的全球采购额是 20 亿欧元，单是在中国的采购就达到了 5 亿欧元，占全球采购额的 25％。在中国生产的每部西门子手机都达到了 60％的国产化率（local content）。中国低廉的材料价格已经成为西门子手机征战全球性市场的一大利器。

3. 供应商管理策略

在 21 世纪的采购管理中，供应商是企业的战略联盟者（strategic alliance）。对于这些不再俯首帖耳、有时甚至还会高高在上的"伙伴"们，如何才能让他们为西门子移动公司的业务作更大的贡献呢？

西门子公司的高级采购工程部门能够起到从设计源头上压缩采购成本的作用。如果设计原型中一个元部件的价格为 11 个欧元，但目标价格只有 6 个欧元，那么设计就要做相应的修改，采用更少的元部件或用更加集成的元部件。有的时候，高级采购工程部门的任务就是用目标价格倒推成本（target price based costing）。"我们对供应商的要求是每年都能比上一年节省更多的成本"，西门子公司的采购管理人士如是说。

除了传递给供应商持续的成本压缩压力以外，西门子公司还充分利用订单份额来做诱饵，让现有的 2～3 个供应商充分竞争。只有价格最低的供应商，才会得到西门子公司更多的订单。西门子公司有时也会故意放一两个新的供应商进场，打破原有的供应商竞争格局。新供应商更好的服务和更低的价格会迫使老供应商降低价格、提高服务，西门子移动公司就可以坐收"渔翁"之利。

每年年底，西门子移动公司内部所有与供应商有过接触的部门还会对供应商进行价格、物流服务和产品质量三方面的总拥有成本（total cost of ownership, TCO）进行评分，成本最高的供应商可能就会失去大笔订单。在竞争面前，供应商自然会对自己的产品质量、产品价格、物流服务等各方面严格审视，以期达到西门子公司的高标准、严要求。

为了使选择供应商的过程尽可能公平透明，西门子公司还使用了一套网上竞价（E-biding）系统。西门子公司对现有的长期供应商相当有人情味，为了保持良好的供应商关系，现有的供应商在这套系统中有一定的优先权。而新加入的供应商则必须靠过硬的质量、价格和服务来与现有的供应商竞争。这套体系的好处是所有的供应商都知道其他供应商能做什么，这样就能把价格和服务的底线推到循环竞争的极限。柯逸华说，在未来的规划中，西门子移动公司 50% 的采购量都会通过这套系统来进行。

通过保持这样一种"充分竞争"的环境，西门子移动公司能非常高效率地管理自己的供应商，节约采购成本。

【讨论题】

1. 西门子移动公司是如何制定采购战略的？

2. 西门子移动公司如何从采购环节节省成本？

3. 西门子移动公司如何实施供应商管理战略？

➤本章小结

战略是指导全局和长远发展的方针，它不是要具体地说明企业如何实现目标，而是要指明企业方向、重点和资源分配的优先顺序。

采购供应战略是所有部门战略的一个组成部分。采购战略就是采购部门在现代采购理念的指导下，为实现企业的战略目标，提供供应环境分析，对采购管理工作进行长远谋划和决策。它将详细地界定采购将如何支持期望的竞争性业务战略，贯彻执行其他部门战略（如生产战略和营销战略），最终支持公司战略采购供应目标，即从有资格的厂家采购质量上乘、时间恰当、数量准确、价格合理的材料。也就是说，适时、适量地为企业提供所需物资和服务；提高产品或服务质量；降低成本；协调供应商，规范供应链。

采购供应战略主要包括三个方面内容，即采购品项战略、供应商战略以及采购控制战略。首先要对企业的采购品项进行分类，根据采购品项的影响、风险和机会以及支出水平两个因素把企业采购品项分为战略采购品、瓶颈采购品、杠杆采购品和常规采购品。根据供应商对企业的重要性和企业对供应商的重要性进行矩阵分析，并据此对供应商进行分类，可将供应商分为四种类型，即伙伴型、优先型、重点商业型、商业型。

➤关键概念

战略　采购供应战略　采购品项战略　供应商战略

➤复习思考题

1. 试述采购战略和企业总体战略的关系。
2. 试述采购品项战略。
3. 采购品项战略对企业的实际采购工作有何指导意义？
4. 采购管理战略成功的要素有哪些？

第 **6** 章

供应商的开发与管理

➢ **本章导读**

• 了解供应商在企业采购中的重要性；

• 理解企业进行供应商开发及关系管理对生产经营活动的影响；

• 掌握企业如何通过对供应商的评估、选择、考核及关系管理来进行供应商的开发与管理。

当今企业的竞争已成为供应链间的竞争，涉及从供应链上游节点企业到企业内部直至下游客户企业，所以供应商已成为供应链中重要的节点企业。供应链研究结果表明，在所有降低采购成本的方式中，供应商参与产品开发最具潜力，成本的降低幅度可达 42%，利用供应商的技术与工艺则可降低 40%，利用供应商开展及时生产可降低成本 20%，供应商改进质量可降低 14% 的成本，而通过采购过程以及价格谈判最多只能降低 11% 的成本。因此，降低成本就是在产品的开发过程中充分有效地利用与管理供应商。本章主要从供应商的评估、选择、考核及关系管理方面来阐述在采购管理中如何进行供应商的开发与管理的问题。

6.1 供应商的选择

随着社会化生产的不断进步，当今各个行业的各种产品，如食品、机械、汽车、软件等，都要通过供应商采购来实现生产和销售。而随着生产和销售的不断扩大，采购产品金额占产品销售总成本的比例也越来越大，使得各个公司对其供应商的管理越来越全面，供应商选择的必要性也逐渐体现出来。

6.1.1　供应商评估目的

对供应商进行评估有利于企业更好地选择供应商，其评估的目的主要有：

（1）对供应商进行评估考核和选择，以期找到最佳供应商。有效地对公司所需购置产品中的材料、过程、成本、服务进行持续的质量改进，建立和维护良性的原材料采购机制，并依据其评估考核，寻求最佳供应商并进行部分供应商的持续改进。

（2）保证供应商具有提供满足采购公司规定要求的产品的能力，促使公司产品的品质得到稳定发展与提高。

（3）建立配套的信息共享系统，对供应商在产品质量、交付时间、成本等方面的合理供应进行有效的管理，杜绝部分供应商以次充好交货的情况发生。

（4）降低采购成本，提高产品竞争力。

6.1.2　供应商选择的基本标准

供应商的评估标准是否合理，涉及企业是否能够正确地选择其供应商，因此，企业在选择供应商时应考虑如下主要因素：

（1）产品质量。采购产品的质量符合采购企业的要求是企业生产经营活动正常进行的必要条件，是采购企业进行采购时首要考虑的因素。质量太低，不能满足企业的要求；质量太高，远远超过了生产要求的质量，对于企业也是一种浪费，因而必须选择能提供与本企业要求相符合的、质量稳定的产品。

（2）交付时间。产品准时制管理（just in time，JIT）是供应商交付时间的有效表现，主要考查供应商是否按时交货及交货数量的稳定性。

（3）响应能力。在市场经济条件下，市场竞争越来越激烈，客户对企业的要求越来越高，交货周期越来越短，企业要求供应商能有较高的响应能力，能及时满足企业的需要。

（4）成本。合理的产品原材料、生产成本、运输等方面的成本分析，最终会影响采购价格。

（5）价格标准。主要考查以下几方面：①价格的表现力度（稳定）；②产品价格标准差异比；③价格的开放度，如透明度、半透明、无开放透明机制。

（6）服务水平。企业采购回来的不仅是产品，还包括服务，特别是采购一些技术含量高的产品，一定要选择能提供配套服务的供应商。这种服务主要包括供应商前期样品的开发力度、紧急订单的配合度、质量要求反馈力度、为企业提供服务等级表现。

（7）技术水平。创新是现代企业的一项重要职能。影响企业创新能力的一个重要因素是技术水平，供应商技术水平的高低，决定了供应商能否不断改进产品，能否长远发展。

（8）信誉。在选择供应商时，应该选择有较高声誉的、经营稳定、内部组织与管理良好、财务状况好的供应商，以免给企业造成不应有的损失。

（9）结算条件。在选择供应商时，若其可给予价格折扣或延期付款，也可以适当考虑，以充分利用资金的时间价值。

（10）其他因素。地理位置、交货准确率、配合度、提供商品的规格种类是否齐全、同行对供应商的评价也是考虑的因素。

6.1.3　供应商选择的方法

选择符合要求的供应商，需要采用一些科学的方法，并要根据具体的情况采用合适的方法。常用的方法主要有定量分析法和定性分析法。其中，定性分析法包括直观判断法、招标选择法和协商选择法，而定量分析主要有采购成本比较法、ABC 成本法和层次分析法。

1．直观判断法

直观判断法是根据征询和调查所得的资料并结合专家的分析判断，对合作伙伴进行分析、评价的一种方法。这种方法主要是倾听和采纳有经验的采购人员的意见，或者直接由采购人员凭经验作出判断。常用于选择企业非主要原材料的合作伙伴。

2．招标选择法

当采购物资数量大、供应市场竞争激励时，可以采用招标选择法来选择供应商。招标选择法是采购企业采用招标的方式，吸引多个有实力的供应商来投标竞争，然后经过投票小组分析评比选择出最优供应商的方法。

3．协商选择法

在供货方较多、企业难以抉择时，也可以采用协商选择的方法，即由企业先选出供应条件较为有利的几个合作伙伴，分别同他们进行协商，再确定适当的合作伙伴。与招标选择法相比，协商方法能使供需双方充分协商，在物流质量、交货日期和售后服务等方面较有保障。但由于选择范围有限，不一定能得到价格最合理、供应条件最有利的供应来源。当采购时间紧迫、投标单位少、竞争程度低、订购物资规格和技术条件复杂时，协商选择法比招标选择法更为合适。

4．采购成本比较法

对质量和交货期都能满足要求的合作伙伴，则需要通过计算采购成本来进行比较分析。采购成本一般包括售价、采购费用、运输费用等项支出的总和。采购成本比较法是通过计算分析各个不同合作伙伴的采购成本，选择采购成本较低的合作伙伴的方法。

5. ABC 成本法

ABC 成本法又称作业成本分析法、作业成本计算法或作业成本核算法。ABC 成本法是基于活动的成本管理。ABC 成本法主要关注生产运作过程，加强运作管理，关注具体活动及相应的成本，同时强化基于活动的成本管理。它对原来的成本方法重新做了调整，使得人们能够看到成本的消耗和所从事工作之间的直接联系，这样人们可以分析哪些成本投入是有效的，哪些成本投入是无效的。

6. 层次分析法

美国运筹学家 A. L. Saaty 于 20 世纪 70 年代提出的层次分析法（analytical hierarchy process，AHP），是一种定性与定量相结合的决策分析方法。它是一种将决策者对复杂系统的决策思维过程模型化、数量化的方法。应用这种方法，决策者通过将复杂问题分解为若干层次和若干因素，在各因素之间进行简单的比较和计算，就可以得出不同方案的权重，为最佳方案的选择提供依据。

1）层次分析法基本原理

根据具有层次结构的目标、子目标、约束条件等来评价方案，采用两两比较的方法确定判断矩阵，然后把判断矩阵的最大特征值所对应的特征向量作为相应的系数，最后综合给出各个方案的权重（优先程度）和供应商各自的权重（优先程度），通过对优先程度的比较来实现对供应商的选择。

2）层次分析法特点

①分析思路清楚，可将系统分析人员的思维过程系统化、数学化和模型化。②分析时需要的定量数据不多，但要求对问题所包含的因素及其关系具体而明确；这种方法适用于多准则、多目标的复杂问题的决策分析，广泛用于地区经济发展方案比较、科学技术成果评比、资源规划和分析以及企业人员素质测评。

3）层次分析法具体步骤

明确问题、递阶层次结构的建立、建立两两比较的判断矩阵、层次单排序、层次综合排序、递阶层次结构的建立。

7. 综合评分法

综合评分法用于评价指标无法用统一的量纲进行定量分析，而用无量纲的分数进行综合评价的场合。

综合评分法是先分别按不同指标的评价标准对各评价指标进行评分，然后采用加权相加，求得总分。其顺序如下：

（1）确定评价项目，即哪些指标采取此法进行评价。

（2）制定出评价等级和标准。先制定出各项评价指标统一的评价等级或分值范围，然后制定出每项评价指标每个等级的标准，以便打分时掌握。这项标准，一般是定性与定量相结合，也可能是定量为主，或是定性为主，根据具体情况而定。

（3）制定评分表。评分表内容包括所有的评价指标及其等级区分和打分，格式如表 6-1 所示。

表 6-1 供应商综合能力评分表

综合能力指标	评分标准	分数栏	得分
组织管理	供应商的管理团队优秀,管理水平高;企业组织结构比较合理,各岗位职责明确	10	
	供应商的管理团队一般,管理水平一般;组织结构不十分明确,职责不太清楚	6	
	供应商的管理团队较差,管理水平较差;办事全凭领导口头指示,组织结构不健全,职责不清,工作无章可循,办事效率低下	2	
质量管理体系	有文件化的质量管理体系,结构比较完善;体系能够有效运行,质量手册和程序文件的规定能够认真执行	10	
	有文件化的质量管理体系,但不太完善;体系基本上能够运行,质量手册和程序文件的规定不太严格	6	
	无文件化的质量管理体系,只有一些习惯性做法或口头程序在实施	2	
技术能力	有自行设计、开发主要产品的能力,有一套完善的产品设计开发控制制度	10	
	仅能开发较简单的产品,或者产品中的部分零件,设计控制制度不太规范和严密	6	
	无产品设计和开发能力,仅能按照本公司提供的图样或样品进行制造	2	
生产现场管理	有一套正规的现场管理办法,如自检、互检、巡检制度,有下一道工序是客户的观念	10	
	现场管理有一些规定,但执行不严或实施不力,或产能偏差较大,或出现漏检等情况	6	
	无正规管理办法,凭组长、领班口头盲目指挥生产,质量难以得到控制	2	
生产工艺	主要工序均有简洁而实效的作业指导书,现场文件均受到控制	10	
	特殊工序才有指导书,且指导书不太科学实效,工人有时不按文件进行操作,有时文件不是最新有效版本	6	
	无工艺性的文件,全凭组长、领班口头指示操作,或凭工人自己经验操作	2	
生产设备维护与保养	有一套完整的设备管理办法,从采购、操作、维护和保养均受到有效控制,不同设备进行不同级别的保养,设备经常处于完好状态	10	
	有一些维修办法,对重要设备才有保养计划,不能经常保证设备处于完好状态,不时有因设备损坏而停工的现象	6	
	无设备保养和维修制度,小问题不重视不预防,出了大问题才进行维修,经常影响生产	2	
检验过程控制	主要检验过程得到严格控制,如每批测试前检查仪器设备,检验员严格按文件操作,检验结果有专人校核等	10	
	关键检验过程受控,但有时未能严格按文件操作,检验结果由检验员一人填写	6	

续表

综合能力指标	评分标准	分数栏	得分
检验过程控制	检验过程包括关键过程均控制不严	2	
产品交付	能按合同要求的期限、交付条件交货	10	
	基本上能按合同要求的期限和交付条件交货	6	
	经常拖延交期，交付条件也常变化	2	
售后服务	对客户有良好的服务，主动调查客户的服务需求，并主动尽力实施；客户有抱怨能及时解决，并能将信息及时反馈给客户，客户投诉非常少	10	
	对客户服务较好，但不太主动，客户偶有投诉，会解决，但不太及时	6	
	对客户的投诉经常推卸责任，或拖很长时间才予以解决，且类似问题时有发生	2	
成本与价格	重视改善流程、提高效率、开源节流、降低成本，因此产品售价能稳中有降	10	
	对降低成本有认识，但措施不力或方法不到位，产品售价偶有小幅波动	6	
	没有什么具体降低成本的措施，最多压原材料的价格，降低原材料质量，因此产品质量不稳定，价格也市场波动	2	
总计			

（4）根据指标和等级评出分数值。评价者收集和指标相关的资料，给评价对象打分，填入表格。打分的方法，一般是先对某项指标达到的成绩做出等级判断，然后进一步细化，在这个等级的分数范围内打上一个具体分。这往往要对不同评价对象进行横向比较。

（5）数据处理和评价。①确定各单项评价指标得分；②计算各组的综合评分和评价对象的总评分；③评价结果的运用。将各评价对象的综合评分，按原先确定的评价目的，予以运用。

根据上文所述供应商综合能力评估体系，我们可以依据综合评分法来对供应商的综合能力进行评估，如表 6-2 所示。

表 6-2　供应商评估

评估指标	权数	评估数值		
		A	B	C
质量	50	0.5×80=40	0.5×75=37.5	0.5×87=43.5
价格	40	0.4×87=34.8	0.4×84=33.6	0.4×84=33.6
服务	10	0.1×76=7.6	0.1×86=8.6	0.1×76=7.6
合计	100	82.4	79.7	84.7

6.2　供应商评估指标体系

6.2.1　建立供应商评估体系

依据对供应商的选择标准，企业应该对供应商的评估建立一个综合的评价体系，以帮助采购部门对供应商能力的评估（包括现场考查供应商履约能力、财务状况、供应商成本质量系统，以及供应商管理和人力资源状况）进行分析。供应商评估系统主要包括的内容如表 6-3 所示。

表 6-3　供应商综合能力评估指标体系

综合能力指标	具体能力指标
供应商的履约能力	订单的频率和数量、处理订单的时间、交付质量、产品、服务专业技术、订单储备、供应商的"外包"计划、生产能力、灵活性、信息处理能力、生产设备、供应基地
供应商的财务状况	损益表、资产负债表、流动率、周转率、历史及现在的负债与产权比率、资产与销售额比率
供应商成本	根据生产任务分离成本的能力、一致处理成本、遵守成本核算标准、供应商采取什么样的步骤来降低成本
供应商质量管理	内部作业、持续流程改进、履约能力考核和跟踪、解决问题的能力、员工参与、程序改进、接受、拒绝历史记录、检验能力、流程控制、质量系统的组织和管理
供应商的组织和管理	销售人员的培训水平如何、提供的销售人员对顾客进行技术支持的员工数量是多少、员工对你们之间的交易的态度是什么样的、企业的历史情况和经营稳定性如何、关键职员的背景又如何、高层管理者的职权范围如何
供应商企业的员工地位	一线生产者和管理员工的人数及比例、人力资源的利用情况、管理层人员的经验、是否拥有完整的管理和行政人员的培训方案、团队精神和权力下放的激励程度、企业员工的流动数量、员工对企业的态度，对满足客户需求的关心程度
其他因素	第三方评估、物流问题、环境方面的能力

1. 供应商的履约能力

供应商的履约能力主要表现在以下几方面：

（1）订单的频率和数量。向供应商订货的订单频率越高和数量越多，越能考查供应商的供货能力。在一定条件下，假定供应商能够及时供货，两者指标值越高，则供应商的履约能力越强。

（2）处理订单的时间。订单处理时间主要涉及对消费者的响应能力，所以供应商订单处理时间越短，则供应商的履约能力越强。

（3）交付。交付的及时性和便利性能为企业节约成本。

（4）质量。产品的可靠性越高，则供应商的履约能力越强。

（5）产品、服务专业技术。专业化在一定程度上反映了供应商的生产和经营能力，所以专业化程度越高则履约能力越强。

（6）订单储备。库存越高则履约能力越强。

（7）供应商的"外包"计划。主要考查供应商的外协能力，当供应商在短时间内无法满足订单的需求时，可以通过外包来解决生产环节生产能力的暂时不足，所以外协能够提高供应商的履约能力，但是外协有时也会影响产品质量等。

（8）生产能力。生产能力是指在指定时间内完成一个单位生产量的有限能力，通常以每单位时间输出的单位产量来表达。能力是一个模糊的概念，因为它必须和生产部门如何使用这个概念相联系。例如，有些厂的生产能力是以每周 5 天、每天一个班次来体现的，或以每个月最高 2000 单位产量来体现。生产能力通常可以通过加班和增添新设备来提高，在采购管理中供应商应该注意考虑以下几个方面内容：①一个正常工作周期的最高生产能力。②现有生产能力超载或欠载的程度。源源不断的订单会导致对供应商生产能力能否进一步满足订货要求提出疑问；也会对生产能力是否被合理利用产生疑问。③如何增加现有生产能力以满足不断增长的需求。④用在主要客户的有效生产能力的百分比。⑤如果买方与潜在供应商达成了供货协议，那么这项货物在供应商生产能力中所占的百分比是多少，这个数值也可以用年产量来计。需注意的是，应该避免供应商过分依赖一个或两个客户。⑥供应商使用什么系统来安排生产计划。

（9）灵活性。灵活性主要考查供应商产品生产供应的柔性，供应商生产经营柔性越高，则履约能力越强。

（10）信息处理能力。信息处理能力主要反映供应商与采购企业信息的收集、处理以及共享能力。信息处理能力高，则供应商能够时时掌握市场信息，能够及时地调整生产计划，更好地为采购企业服务。

（11）生产设备。生产设备的评估取决于评估的目的。例如，要评估生产机械，取决于生产什么产品。总之，应该注意以下几个方面：①供应商是否拥有制造所需产品的全套机械设备；②若有设备上的短缺，将如何克服；③设备是否先进，是否妥善保养维护；④工厂设备的布置是否合理；⑤是否有明确迹象显示有较高的厂房管理水平；⑥供应商是否应用了诸如计算机辅助设计（CAD）、计算机辅助制造（CAM）或柔性制造系统（FMS）等软件；⑦是否有健康和安全措施的规定。

2. 供应商的财务状况

财务指标是评估供应商的重要指标。尤其在采购管理中，如何控制采购成本，需要根据财务指标来确定。通过选取相关的财务指标可以有效地降低选取财务状况不稳定的供应商的风险，也可以反映供应商自身的成长性。主要通过损益表、资产负债表、流动性、周转率、历史及现在的负债与产权比率、资产与销售额比率等指标来评价财务状况。

通常，公司内部的财务人员可以通过研究供应商过去三年或四年内的年度财务报告和分类账目来对其财务状况进行评估。①企业过去三年或三年以上的年营业额；②超过三年的利润率以及毛利和净利之间的关系；③固定资产值以及固定资产回报和固定资产利用回报率；④借贷尺度以及资产负债率；⑤企业有无财务资助者或类似的保证方；⑥是否有影响供应能力的收购或合并的可能性；⑦该企业所拥有的大客户数量是否少，如果一个客户不再下订单，那么企业是否就可能陷入财务困境；⑧供应商的信用报告也可以从银行提供的信用参考或者委托第三方机构获取相关财务状况评估。

3. 供应商成本

(1) 根据生产任务分离成本的能力。

(2) 一致处理成本。

(3) 遵守成本核算标准。

(4) 供应商采取什么样的步骤来降低成本。

4. 供应商质量管理

(1) 内部作业：是否有质量管理方面的领导；质量承诺的范围有多大；在所有流程中是否有可识别的质量控制点；是否所有的员工都能够将他们的工作与顾客的需求联系起来。

(2) 持续流程改进：质量改进过程中是否产生了特别结果；方法和流程中是否能记录改进结果；是否记录有未来的质量改进要求以及是否有适当的方法保证改进的实现。

(3) 履约能力考核和跟踪：是否能收集到数据以支持以下考核标准，包括及时交货、装运差异、发票精确性、条款履行率；是否对所有的合作伙伴协议使用统一的履约能力指标。

(4) 解决问题的能力：是否对问题有预防性的行动而不是临时解决问题；解决问题是否及时彻底；是不是各个级别的员工都参与到问题的识别和解决中来。

(5) 员工参与：是否所有的员工都能够积极参与到质量控制过程中来；是否授权员工采取质量控制行动。

(6) 程序改进：所有的流程是否都有一个程序；所有的程序是否具有一致性。

(7) 接受、拒绝历史记录。

(8) 检验能力。

(9) 流程控制。

(10) 质量系统的组织和管理。

　　5. 供应商的组织和管理

（1）销售人员的培训水平如何。

（2）提供的销售人员和对顾客进行技术支持的员工数量是多少。

（3）员工对你们之间的交易的态度是什么样的。

（4）企业的历史情况和经营稳定性如何。

（5）关键职员的背景如何。

（6）高层管理者的职权范围如何。

　　6. 供应商企业的员工地位

　　一个企业人力资源的状态，对企业的当前状态以及未来状态有很大的影响，所以，应该从供应商那里获得以下的信息：①一线生产者和管理员工的人数及比例；②人力资源的利用情况：每个员工都有效利用，还是有多余人员无所事事；③管理层人员的姓名、职称、学历、资格和经验；④是否拥有完整的对管理和行政人员的培训方案；⑤团队精神和权力下放的激励程度；⑥企业员工的流动数量；⑦员工对企业的态度，对满足客户需求的关心程度；⑧企业文化的主旨是什么，员工们是否知道。

　　7. 其他因素

（1）第三方评估

（2）物流问题

（3）环境方面的能力

6.2.2　供应商评估及选择流程

　　供应商评估考核流程主要从市场竞争性分析，如图 6-1 所示。

　　1. 市场竞争性分析

　　在对供应商评估考核的流程中，首当其冲的是对资源市场进行竞争性分析，通过相关资料查出近几年（一般是 10 年）该资源的市场需求数据，运用统计方法分析得出近几年的同比或环比系数以便对资源市场有较为充分的了解，知道目前市场的供求关系以及未来的发展趋势，对于该资源的市场竞争能力以及现有供应商要有充分的了解，对潜在供应商的市场位置以及产品的市场占有率要有所认识。

　　2. 物料分类

　　对产品进行归类管理，将主要生产物料和辅助生产物料按照采购金额的比重以及对自身产品的关系紧密程度和重要程度进行 ABC 分类，对于主要物料我们要和供应商建立密切的关系，对于辅助物料我们没有必要和供应商建立很密切的关系，甚至不必要建立固定的关系。

（1）由采购计划员将物料按照采购金额比重（也可以参照技术水平）分为

采购部/采购计划员	市场竞争性分析	业务信息

物料分类

成立配套管理小组

| 配套管理小组/采购员 | 供应商资料收集及初评 | 供应商资料表 |

索样或试作

| 配套管理小组/工艺员/检验员 | 质量认定 | 物料质量认定表 |

| 配套管理小组/主要成员 | 对供应商进行实地考察和评估 | 供应商综合能力评估表 |

| 配套管理小组/采购员 | 与供应商进行议价谈判或竞标 | 供应商采购合同 |

采购协议书签订

| 配套管理小组/组长 | 审批采购合同/合同修订 | 供应商采购合同(审批) |

是否批准 否

是

| | 签订采购合同 | 供应商采购合同 |

| 配套管理小组 | 定期修订采购合同 | 供应商考核表 |

| 配套管理小组 | 供应商供货情况定期考核 | |

| 配套管理小组/采购员 | 合格供应商入档 | 合格供应商名册 |

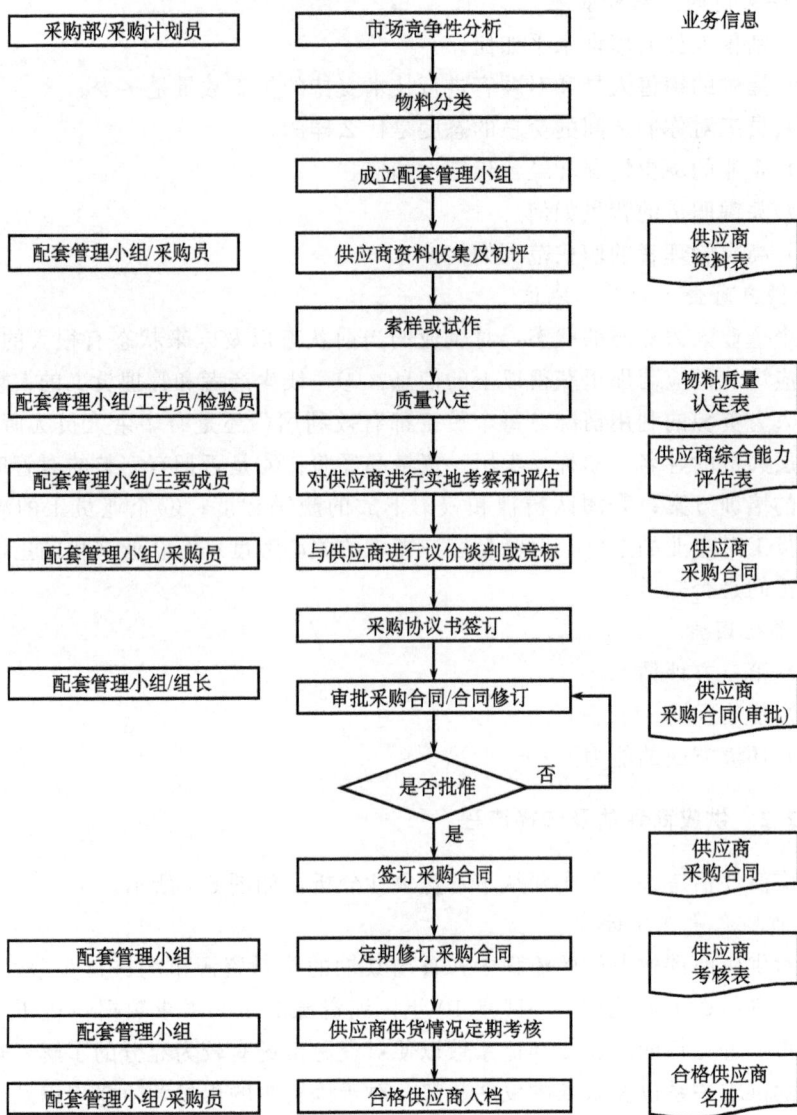

图 6-1 供应商评估考核流程图

A、B、C 三类。

(2) 物料的资料统计：将每一物料的上一年使用量、单价、金额汇总后输入计算机 Excel 表。

(3) 按物料采购金额大小顺序进行排列，并计算出其金额占物料总金额的百分比。按金额大小顺序计算每一种物料的累计百分比。

根据累计百分比进行 ABC 分类：

A 类物料，占物料种类 10％左右，金额占总金额的 65％左右；

B 类物料，占物料种类 25％左右，金额占总金额的 25％左右；

C 类物料，占物料种类 65％左右，金额占总金额的 10％左右。

3. 成立配套管理小组

配套管理小组成员包括采购人员、技术工艺人员、检验人员和相关主管，与供应商议价或组织竞价由配套管理小组执行。

（1）A 类物料由总经理或常务副总任组长并负责带领相关副总进行议价。

（2）B 类物料由采供副总任组长并负责带领相关部门经理进行议价。

（3）C 类物料由相关采购部门经理任组长并负责带领相关人员进行议价，非总经理兼任的配套管理小组组长应得到代替总经理签订采购合同的授权。

（4）在特殊情况下，高一级的配套管理小组可以向低一级的配套管理小组授权进行谈判。

4. 供应商资料的收集及初评

（1）深入开发了解潜在供应商。经过对市场的仔细分析，你可以通过各种公开信息和公开的渠道得到供应商的联系方式。这些渠道包括供应商的主动问询和介绍、专业媒体广告、互联网搜索等方式。

在这个步骤中，最重要的是对供应商做出初步的筛选。建议使用统一标准的供应商情况登记表，来管理供应商提供的信息。这些信息应包括供应商的注册地、注册资金、主要股东结构、生产场地、设备、人员、主要产品、主要客户、生产能力等。通过分析这些信息，可以评估其工艺能力、供应的稳定性、资源的可靠性，以及其综合竞争能力。在这些供应商中，剔除明显不适合进一步合作的供应商后，就能得出一个供应商考察名录。

（2）接着，要安排对供应商的实地考察，这一步骤至关重要。必要时在审核团队方面，可以邀请质量部门和工艺工程师一起参与，他们不仅会带来专业的知识与经验，共同审核的经历也将有助于公司内部的沟通和协调。

在实地考察中，应该使用统一的评分卡进行评估，并着重对其管理体系进行审核，如作业指导书等文件、质量记录等，要求面面俱到，不能遗漏。比较重要的有以下项目：①合同的完备性和合理性，要求销售部门对每个合同评估，并确认是否可按时完成；②建立客户明细单，要求建立合格供应商名录，并要有有效的控制程序；③人力资源培训机制，对关键岗位人员有完善的培训考核制度，并有详细的记录；④设备的维护和保养，对设备的维护调整，有完善的控制制度，并有完整记录；⑤计量工具管理，仪器的计量要有完整的传递体系，这是非常重要的。

在考察中要及时与团队成员沟通，在结束会议中，总结供应商的优点和不足之处，并听取供应商的解释。如果供应商有改进意向，可要求供应商提供改进措施报告，做进一步评估。

（3）在供应商审核完成后，对合格供应商发出询价文件，一般包括图纸和规格、样品、数量、大致采购周期、要求交付日期等细节，并要求供应商在指定的日期内完成报价。在收到报价后，要对其条款仔细分析，对其中的疑问要彻底弄清，而且要求用书面方式作为记录，包括传真、电子邮件等。①收集和建立具有合作潜力的厂商的相关资料，包含原有供应商。资料内容包含公司简介/组织架构、主要产品生产流程图、各类产品标准认证书复印件、产品质检报告、营业执照、税务登记证复印件、供应厂商调查表。并将供应商依据不同产品生产特性进行五金、织造、塑胶、印刷等分类。②采购部依据供应商资料表内容对新供应商的加工或接单能力进行评估，并参考其厂商以往的业绩及业界口碑，作为评定是否可列为开发或交易对象的依据，不合格者予以淘汰。

5. 索样或试作

经由采购部发出的产品与供应商进行样品制样，并初步确定合格后（样品指标测试和厂商报价分析与此同时进行），由采购主管确定其接单能力，并由采购人员依据各项目的需求数据进行订单数量调整，然后开具"采购通知单"给予供应商，并及时通知 IQC 部门和仓库人员。

6. 质量认定

（1）由采购部通知供应商提交一定数量的产品后，由 IQC 部门根据其产品使用特性进行相应的使用性能、物理指标的测试，并对其产品测试结果进行记录；依据相关测试结果进行供应商大货送仓的检验。

（2）品质不合格的样品由 IQC 部门出具相应的测试结果和标准要求，并通知采购部门，同时提交结果至采购部和供应商，由采购部要求重新制样并提交样品重新确认其品质，若仍不合格者，将予以淘汰。

（3）产品大货送仓后，由 IQC 部门依据产品标准要求进行大货的检测、验收工作，并对其检验结果进行登记。对不合格品发出拒收通告。并将各项检验报告提交 IQC 主管和采购部门。

7. 供应商实地考查和评估

（1）样品确认后，由采购人员至供应商生产工厂进行现场调查，对其品质保证能力、实际生产规模、现场 5S 管理、产品生产程序、部分工序外包情况进行了解。对其生产能力及现场管理进行全面调查，以确定其接单能力和成本能得到有效控制，并依事实记录在供应商调查表。

（2）对部分扶持型供应商在生产规模、现场 5S 管理、人员配备方面的不足给予明确指出，并提出相关建议。同时要求供应商限时进行整改，以达到公司所期望之合格供应商目标。

（3）现场调查结果将做为供应商前期样品开发的主要安排依据，对没有能力进行产品试样及只能进行小量订单生产的供应商给予通告，并对其供应资格进行下调。

8. 产品询议价或组织竞标

建立科学的供应商考核体系并与供应商进行价格谈判。我们对潜在供应商的实地考查和深入了解之后，可以按照事前建立的供应商考评体系对其进行考核，对于不符合考核标准的供应商可以进行淘汰，对于符合考核标准、满足需求的供应商可以决定继续谈判，期待最终和供应商建立稳定的友好合作关系以保证生产的正常运营。

确定满足考评的潜在供应商后，我们可以进行最后的环节即报价和价格谈判以最终确定合格供应商。供应商的报价中包含大量的信息，如果可能的话，要求供应商提供产品结果表以及价格构成表，要求其列出原材料成本、人工、管理费用以及其他费用等，并将利润率明示。比较不同供应商的报价，对其合理性有初步的了解。

在价格谈判之前，一定要有充分的准备，设定合理的目标价格。对小批量产品，其谈判的核心是交货期，要求其提供快速的反应能力；对流水线、连续生产的产品，核心是价格。但一定要保证供应商有合理的利润空间。

同时，价格谈判是一个持续的过程，每个供应商都有其对应的学习曲线，在供货一段时间后，其成本会持续下降。与表现优秀的供应商达成策略联盟，促进供应商提出改进方案，以最大限度节约成本。

实际上，每个供应商都是所在领域的专家，多听取供应商的建议往往会有意外的收获。曾有供应商主动推荐替代的原材料，如用日本的钢材代替瑞士的钢材，其成本节约高达 50%，而且性能完全满足要求，这是单纯依靠谈判所无法达到的降价幅度。通过策略联盟、参与设计，供应商可以帮助我们有效降低成本。通过最终的价格谈判以及综合考虑后，我们便可以最终选择合格供应商进行后续合作。

（1）采购部征询供应商的产品报价后，同时对有关同类产品价格资料进行比价，并对其他同类产品供应商进行样品报价对比，对两家或两家以上供应商产品价格进行分析，掌握一定资料后，由采购部主管、采购员召集供应商进行产品价格的二次评估分析，使公司所采购产品在一个较合理的价格上。

（2）部分供应商报价时，无故进行不合理的提价，其送货品质因其原因检验结果表现不良的，视为不合格者，予以淘汰。

9. 采购协议书签订

产品品质评估、接单能力评估、产品交货期评估合格及价格评估合理者，由采购部门与供应商拟订采购协议书，此供应商将作为公司合格供应商，提交主管部门签核后对各产品开发人员、生产项目人员、协作工厂进行公布。

10. 采购合同修订

依据供应商生产、技术改进情况和物料市场行情，配套管理小组应及时修订物料供货价格和技术标准。

11. 登录列管

经配套管理小组评估合格者列入合格供应商名册。

12. 对供应商的管理控制方法

根据物料的 ABC 分类，对其对应的供应商进行 ABC 分类，即分重点、一般、非重点供应商，然后根据不同供应商按下列方法进行不同的控制：

(1) 派长驻代表。

(2) 定期或不定期到供应商处进行监督检查。①设监督点对关键工序或特殊工序进行监督检查。②要求供应商及时报告生产条件或生产方式的重大变更情况。③组织管理技术人员对供应商进行辅导，使其提高质量水平，满足公司质量要求。④由供应商提供制程管制上的相关检验记录。⑤收料检验。

(3) 供应商供货情况定期复核。①所有合格供应商每半年复核一次，复核时由相关采购员填写供应商考核表，提交配套管理小组进行"价格"、"质量"、"交期交量"及"配合度"的考核，并评定等级。②经复核评定不合格的供应商由配套管理小组决定暂停或减少采购或外协加工数量，并通知该供应商进行改善，或由公司派员进行辅导。③配套管理小组追踪评估供应商的改善成效，成效不佳者予以淘汰，并将其从合格供应商名册移入不合格供应商名册。

6.3　供应商考核

在选择供应商时，我们一次性地对其进行考评，但在后续的合作过程中，我们可以分阶段进行考核，并且建立供应商激励体系，即对于可持续合作的供应商我们对其进行嘉奖和在一定程度上给予优惠政策，对于不可持续合作的供应商我们可以对其进行鼓励以及提供帮助，最终和供应商建立友好合作、双赢互利的良好关系。

6.3.1　供应商日常考核

供应商日常考核是个很重要的环节。

(1) 供应商在选定正常产量后，一般根据供应商主次每年进行 1～2 次稽核，可以联合品质、采购、物流等一起进行稽核，也可以单独进行稽核/有新产品导入进行稽核，稽核次数、时机根据每个公司情况来定。对于稽核不过的供应商可以改善后再次进行稽核，一般公司会规定，对连续 2～3 次稽核不通过的供应商进行除名。

（2）每个月对供应商考核，供应商连续考核不合格就要对供应商进行针对性的稽核。供应商每个月考核一般分为：①货物批次收入检查合格率的评分标准；②交货及时率的评分标准；③品质改善及时性和效果；④服务态度；⑤文件回复及时性和合理性。

（3）多部门考核的原则。一般供应商考核评价是多部门联合综合评估后给出最终意见，一般参与部门主要有采购部门、产品使用部门（如生产、研发等）、质量管理部门，而不是一个部门的事情。

6.3.2　供应商考核指标体系

1. 产品质量

$$质量合格率(P) = 合格件数\ m\ /\ 抽检件数\ n \times 100\%$$

$$退货率 = 退货次数\ r\ /\ 交货次数\ N \times 100\%$$

如果在 N 次的交货中，每次的产品合格率 P 都不一样，则用平均合格率 P 来描述。

2. 交货期

$$交货准时率 = 准时的次数\ /\ 总交货的次数 \times 100\%$$

3. 交货量

$$按时交货量率 = 期内实际完成交货量\ /\ 期内应当交货量 \times 100\%$$

$$未按时交货量率 = 期内实际未完成交货量\ /\ 期内应当交货量 \times 100\%$$

如果每期的交货量率不同，则可以求出各个交货期的平均按时交货量率

$$平均按时交货量率 = \sum 按时交货量率\ N$$

考核总的供货满足率可以用总供货满足率或者总缺货率来描述

$$总供货满足率 = 期内实际完成供货量\ /\ 期内应当完成供货总量 \times 100\%$$

$$总缺货率 = 期内实际未完成供货量\ /\ 期内应当完成供货总量 \times 100\%$$

$$= 1 - 总供货满足率$$

4. 工作质量

$$交货差错率 = 期内交货差错量\ /\ 期内交货总量 \times 100\%$$

$$交货破损率 = 期内交货破损量\ /\ 期内交货总量 \times 100\%$$

5. 价格

$$平均价格比率 = (供应商的供货价格 - 市场平均价格)$$

$$/\ 市场平均价格 \times 100\%$$

$$最低价格比率 =(供应商的供货价格 - 市场最低价)$$
$$/ 市场最低价 \times 100\%$$

6. 进货费用水平

$$进货费用水平 =(本期进货费用 - 上期进货费用)$$
$$/ 上期进货费用 \times 100\%$$

7. 信用度

信用度主要考核供应商履行自己的承诺、以诚待人、不故意拖账、欠账的程度。信用度可以用公式描述为

$$信用度 = 期内失信的次数 / 期内交往总次数 \times 100\%$$

8. 配合度

配合度主要考核供应商的协调精神。依靠主管评分来考核。

根据如上所述，我们可以建立企业的供应商考核表，如表6-4所示，并且依据综合评分法对供应商进行考核。

表 6-4　供应商考核表

项目	配分	考核内容及方法	得分	考核人
价格	最高分为40分，标准分为20分	根据市场最高价、最低价、平均价、自行估价制定一标准价格，标准价格对应分数为20分 每高于标准价格1%，标准分扣2分，每低于标准价格1%，标准分加2分 同一供应商供应几种物料，得分按平均值计算 扣分时，扣完20分为止，不出现负值		
质量	30分	以交货批退率考核： 批退率＝退货批数÷交货总批数 得分＝30分×(1－批退率)		
逾期率	20分	逾期率＝逾期批数÷交货总批数 得分＝20分×(1－逾期率) 另外，逾期造成停工待料1次，在逾期率总得分上再扣2分，限扣8分，总得分不出现负值		
配合度	10分	(1) 出现问题，不太配合解决，相关部门进行投诉，每次扣1分 (2) 公司会议正式批评或抱怨1次扣2分 (3) 三包服务期内，用户投诉1次扣2分 扣完10分为止，不出现负值		
总计				

项目	配分	考核内容及方法	得分	考核人
备注		(1) 得分在 85~100 分者为 A 级，A 级为优秀供应商，可加大采购量或给予一定的奖励；质量、逾期率为满分，且经配套管理小组进一步考查，认定特别优秀的供应商的物料可享受免检待遇 (2) 得分在 70~84 分者为 B 级，B 级为合格供应商，可正常采购 (3) 得分在 60~69 分者为 C 级，C 级为应辅导供应商，需进行辅导，减量采购或暂停采购 (4) 得分在 59 分以下者为 D 级，D 级为不合格供应商，应予以淘汰		

总而言之，供应商的开发管理是一个公司所有部门参与的结果，不单单是某一个人或一个部门的职责，必须把供应商关系管理纳入到公司战略层面上来。

6.4　供应商关系管理

目前，全球经济一体化、企业经营全球化，以及激烈竞争造成的高度个性化与迅速改变的客户需求，令企业在提高产品质量、降低产品成本、快速响应全球市场需求变化方面，面临来自市场层面持续不断的压力。而大多数企业由于相当依赖于对外采购产品与服务，所以其对供应商的依赖性非常之大。这样一来，如何全面地管理与供应商之间的关系，以此减少成本、增加利润，便成为企业相当重要的一个环节。

正如当今流行的客户关系管理（customer relationship management，CRM）是用来改善与客户的关系一样，供应商关系管理（supplier relationship management，SRM）是用来改善与供应链上游供应商的关系的，它是一种致力于实现与供应商建立和维持长久、紧密伙伴关系的管理思想和软件技术解决方案，旨在改善企业与供应商之间关系的新型管理机制。它通过对双方资源和竞争优势的整合来共同开拓市场，扩大市场需求和份额，降低产品前期的高额成本，实现双赢；同时它又是以多种信息技术为支持和手段的一套先进的管理软件和技术，它将先进的电子商务、数据挖掘、协同技术等信息技术紧密集成在一起，为企业产品的策略性设计、资源的策略性获取、合同的有效洽谈、产品内容的统一管理等过程提供了一个优化的解决方案。实际上，它是一种以"扩展协作互助的伙伴关系、共同开拓和扩大市场份额、实现双赢"为导向的企业资源获取管理的系统工程。

6.4.1　供应商关系管理的价值

供应商关系管理需要企业内部和外部的协作。在企业内部，SRM 有助于打破企业对待供应商的常见的排队处理方式。最终，SRM 将增加企业优化供应商关系的能力，以此让企业推出好的客户解决方案，并促进利润的大幅增长。根据 Gartner 的调查显示，目前企业已经明显地向 SRM 方法论靠近，否则其利润将有可能下降 2%。

根据 Gartner 的观点，企业采用供应商关系管理能带来如下好处：

（1）优化供应商关系。企业可以依据供应商的性质及其对企业的战略价值，对不同供应商采取不同的对待方式。

（2）建立竞争优势。通过合作，并快速地引入更新、更好、以顾客为中心的解决方案，来增加营业额。

（3）扩展、加强与重要供应商的关系。把供应商集成到企业流程中。

（4）在维持产品质量的前提下，通过降低供应链与运营成本来促进利润提升。

（5）降低流程成本。

（6）降低单位价格。

6.4.2　供应商细分

供应商细分是指在供应市场上，采购方依据采购物品的金额、采购商品的重要性及供应商对采购方的重视程度和信赖性等因素，将供应商划分成若干个群体。供应商细分是供应商关系管理的先行环节，只有在供应商细分的基础上，采购方才有可能根据细分供应商的不同情况实行不同的供应商关系策略。根据不同方法可以将供应商细分为如下几种。

1. 公开竞价型、供应商网络型、供应链管理型

（1）公开竞价型是指采购方将所需采购的物品公开地向若干供应商提出采购计划，各个供应商根据自身的情况进行竞价，采购方依据供应商竞价的情况，选择其中价格低、质量好的供应商作为该项采购计划的供应商，这类供应商就称为公开竞价型供应商。在供大于求的市场中，采购方处于有利地位，采用公开竞价选择供应商，使得产品质量和价格有较大的选择余地，是企业降低成本的途径之一。

（2）供应商网络型是指采购方在与供应商长期的选择与交易过程中，将在价格、质量、售后服务、综合实力等方面比较优秀的供应商组成供应商网络，企业的某些物品的采购只限于在供应商网络中进行。供应商网络的实质就是采购方的资源市场，采购方可以针对不同的物资组建不同的供应商网络。供应商网络型的特点是采购方与供应商之间的交易是一种长期性的合作关系，但在这个网络中应采取优胜劣汰的机制，以便长期共存、定期评估、筛选、适当淘汰，同时吸收更为优秀的供应商进入。

（3）供应链管理型是以供应链管理为指导思想的供应商管理，采购方与供应商之间的关系更为密切，采购方与供应商之间通过信息共享，适时传递自己的需求信息，而供应商根据实时的信息，将采购方所需的物资按时、按质、按量地送交采购方。

2. 重点供应商和普通供应商

（1）根据采购的 80/20 规则可以将供应商细分为重点供应商和普通供应商。其基本思想是针对不同的采购物品应采取不同的策略，同时采购工作精力的分配也应各有侧重，相应地对于不同物品的供应商也应采取不同的策略。根据 80/20 规则可以将采购物品分为重点采购品（占采购价值 80％的 20％的采购物品）和普通采购品（占采购价值 20％的 80％的采购物品）。相应地，可以将供应商进行依据 80/20 规则分类，划分为重点供应商和普通供应商，即占 80％采购金额的 20％的供应商为重点供应商，而其余只占 20％采购金额的 80％的供应商为普通供应商。对于重点供应商应投入 80％的时间和精力进行管理与改进。这些供应商提供的物品为企业的战略物品或需集中采购的物品，如汽车厂需要采购的发动机和变速器，电视机厂需要采购的彩色显像管及一些价值高但供应保障不力的物品。而对于普通供应商则只需要投入 20％的时间和精力跟踪其交货。因为这类供应商所提供的物品的运作对企业的成本质量和生产的影响较小，如办公用品、维修备件、标准件等物品。

（2）在按 80/20 规则进行供应商细分时，应注意如下问题：①80/20 规则细分的供应商并不是一成不变的，是有一定的时间限度的，随着企业生产结构和产品线的调整，需要重新进行细分；②对重点供应商和普通供应商应采取不同的策略。

3. 短期目标型、长期目标型、渗透型、联盟型、纵向集成型

（1）短期目标型。短期目标型是指采购方与供应商之间的关系是交易关系，即一般的买卖关系。双方的交易仅停留在短期的交易合同上，各自所关注的是如何谈判、如何提高自己的谈判技巧使自己不吃亏，而不是如何改善自己的工作，使双方都获利。供应商根据交易的要求提供标准化的产品或服务，以保证每一笔交易的信誉，当交易完成后，双方关系也就终止了，双方只有供销人员有联系，而其他部门的人员一般不参加双方之间的业务活动，也很少有什么业务活动。

（2）长期目标型。长期目标型是指采购方与供应商保持长期的关系，双方有可能为了共同的利益对改进各自的工作感兴趣，并在此基础上建立起超越买卖关系的合作。长期目标型的特征是建立一种合作伙伴关系，双方工作的重点是从长远利益出发，相互配合，不断改进产品质量与服务质量，共同降低成本，提高共同的竞争力。合作的范围遍及各公司内部的多个部门。例如，采购方对供应商提出新的技术要求，而供应商目前还没有能力，在这种情况下，采购方可以对供应商提供技术资金等方面的支持；同时，供应商的技术创新也会促进企业产品改进，所以对供应商进行技术支持与鼓励有利于企业长期盈利。

（3）渗透型。渗透型供应商关系是在长期目标型基础上发展起来的，其指导思想是把对方公司看成自己的公司，是自己的一部分，因此对对方的关心程度会大大提高。为了能够参与对方活动，有时会在产权关系上采取适当措施，如互相投资、参股等，以保证双方利益的共享与一致性。同时，在组织上也采取相应的措施，保证双方派员加入到对方的有关业务活动之中。这样做的优点是可以更好地了解对方的情况，供应商可以了解自己的产品是如何起作用的，容易发现改进方向；而采购方可以知道供应商是如何制造的，也可以提出改进的要求。

（4）联盟型。联盟型供应商关系是从供应链角度提出的，其特点是在更长的纵向链条上管理成员之间的关系，双方维持关系的难度提高，要求也更高。由于成员增加，往往需要一个处于供应链核心地位的企业出面协调各成员之间的关系，因而它也被称为供应链核心企业。

（5）纵向集成型。纵向集成型供应商关系是最复杂的关系类型，即把供应链上的成员整合起来，像一个企业一样，但各成员是完全独立的企业，决策权属于自己。在这种关系中，要求每个企业在充分了解供应链的目标、要求，以及在充分掌握信息的条件下，能自觉做出有利于供应链整体利益的决策。有关这方面的知识，更多的是停留在学术上的讨论，实践中的案例很少。

4. 商业型、重点商业型、优先型、伙伴型

根据供应商分类模块法可以将供应商分为商业型、重点商业型、优先型、伙伴型供应商四种形式。供应商分类的模块法是依据供应商对本单位的重要性和本单位对供应商的重要性进行矩阵分析，并据此对供应商进行分类的一种方法，可以用矩阵图（图6-2）表示。

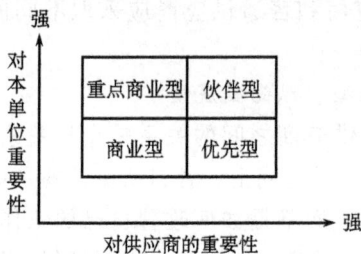

图6-2　供应商分类模块法

在供应商分类的模块中，如果供应商认为本单位的采购业务对于他们来说非常重要，供应商自身又有很强的产品开发能力等，同时该采购业务对本公司也很重要，那么这些采购业务对应的供应商就是"伙伴型"；如果供应商认为本单位的采购业务对于他们来说非常重要，但该项业务对于本单位却并不是十分重要，这样的供应商无疑有利于本单位，是本单位的"优先型"；如果供应商认为本单位的采购业务对他们来说无关紧要，但该采购业务对本单位却是十分重要的，这样的供应商就是需要注意改进提高的"重点商业型"；对那些对于供应商和本单位来说均不是很重要的采购业务，相应的供应商可以很方便地选择更换，那么这些采购业务对应的供应商就是普通的"商业型"。

表 6-5 反映了几种典型供应商关系的特征及具体发展要求。

表 6-5　供应商关系的特点与发展要求表

	商业型供应商	优先型供应商	伙伴型供应商	
			供应伙伴	设计伙伴
关系特征	运作联系	运作联系	战术考虑	战略考虑
时间跨度	1 年以下	1 年左右	1～3 年	1～5 年
质量	按顾客要求并选择	顾客要求 顾客与供应商共同控制质量	供应保证 顾客审核	供应保证 供应商早期介入设计产品 质量标准 顾客审核
供应	订单订货	年度协议和交货订单	顾客定期向供应商提供物料需求计划	电子数据交换
合约	按订单变化	年度协议	年度协议、质量协议	设计合同、质量协议等
成本价格	市场价格	价格和折扣	价格和降价目标	公开价格与成本构成 不断改进、降低成本

5. 供应商关系谱

供应商关系谱是将供应商分为不可接受的供应商、可接受的潜在供应商等五级不同层次的已配套的供应商，如表 6-6 所示。

表 6-6　供应商关系谱

	层次	类型	特征	适合范围
供应商关系	5	自我发展型的伙伴供应商	优化协作	态度表现好的供应商
	4	共担风险的供应商	强化合作	
	3	运作相互联系的供应商	公开、信赖	
	2	需持续接触的供应商	竞争游戏	态度表现好的供应商
	1	已认可、触手可及的供应商 可接受的潜在供应商 不可接受的供应商	现货买进方式	方便、合理的供应商 潜在的供应商不合适

第一层次的供应商为"触手可及"的关系，因采购价值低，它们对本单位显得不很重要，因而无须与供应商或供应市场靠得太紧密，只要供应商能提供合理的交易即可。处理这类供应商的关系可采取现货买进方式。

第二层次的供应商要求企业对供应市场有一定的把握，如了解价格发展趋势等，采购的主要着力点是对供应市场保持持续接触，在市场竞争中买到价格最低的商品。

第三层次的供应商关系必须做到双方运作相互联系，其特征是公开、互相信赖。一旦这类供应商选定，双方就以坦诚的态度在合作过程中改进供应、降低成本。通常这类供应商提供的零部件对本单位来说属于战略品，但供应商并不是唯一的，因而本单位有替代的供应商。这类供应商可以考虑长期合作。

第四层次的供应商关系就成为一种共担风险的长期合作关系，其重要的特征是双方都力求强化合作，通过合同等方式将长期关系固定下来。

第五层次是互相配合形成的自我发展型的伙伴供应商关系。这种关系意味着双方有着共同的目标，必须协同作战，其特征是为了长期的合作，双方要不断地优化协作，最具代表性的活动就是供应商主动参与到本单位的产品开发业务中来，而本单位亦依赖供应商在其产品领域内的优势来提高自己产品开发的竞争力。

6. 按供应商的规模和经营品种分类

按供应商的规模和经营品种进行供应商细分，常以经营品种作为横坐标，供应商的规模作为纵坐标进行矩阵分析，如图 6-3 所示。

图 6-3　按供应商的规模和经营品种分类

在这种分类方法中，"专家级"供应商是指那些生产规模大、经验丰富、技术成熟，但经营品种相对少的供应商，这类供应商的目标是通过竞争来占领广大市场；"低量无规模"的供应商是指那些经营规模小、经营品种少的供应商，这类供应商生产经营比较灵活，但增长潜力有限，其目标仅是定位于本地市场；"行业领袖"供应商是指那些生产规模大、经营品种也多的供应商，这类供应商财务状况比较好，其目标为立足于本地市场，并且积极拓展国际市场；"量小品种多"的供应商虽然生产规模小，但是其经营品种较多，这类供应商的财务状况不是很好，但是其潜力可挖掘。

6.4.3　防止供应商控制

1. 独家供应

随着供应商伙伴关系的发展，供应商体系的优化，许多企业的某些零部件出现了独家供应的局面。独家供应的主要优点是采购成本低、效率高；缺点是全部依赖于某一家供应商。

（1）独家供应策略常发生在以下几种情况：①按客户要求专门制造的高科技、小批量产品，由于产品的技术含量高，又系专门小批量配套，往往不可能要求两家以上的供应商同时供应；②某些企业的产品及其零部件对工艺技术要求高，且由于保密，不愿意让更多的供应商知道；③工艺性外协（如电镀、表面处理等），因企业周围工业基础等条件所限，有可能只固定在一家供应；④产品的开发周期很短，必须伙伴型供应商全力、密切的配合。

（2）独家供应除了客观上的条件局限以外，主观方面也具有优势，主要体现在：①节省时间和精力，有助于加强企业与供应商之间交流，发展伙伴关系；②双方更容易实施在产品开发、质量控制、计划交货、降低成本等方面的改进，并取得积极成效。

（3）独家供应会造成供需双方的相互依赖，进而可能导致以下风险：①供应商有了可靠顾客，会失去其竞争的源动力及应变、革新的主动力；②供应商可能会疏远市场，以致不能完全掌握市场的真正需求；③企业本身不容易更换供应商。

2. 防止供应商控制的方法

许多企业对某些重要材料过于依赖于同一家供应商，这种供应商常常能左右采购价格，对采购方施加极大的压力。这时采购方已落入供应商垄断供货的控制之中，企业只有唯一的一家供应商，或者该供应商受到强有力的专利保护，其他任何商家都不能生产同类产品，或许因为另寻门路不划算，采购方已被"套住"，处在进退维谷的两难境地。例如，若要更换计算机系统，使用的相应软件就必定要发生重大变动。

采购方要对付垄断供应商，有时还没等动手就已产生挫败感，因为力量的天平明显偏向供应商。尽管从表面上来看，采购方可能无计可施，但"自古无绝路"，采购方仍可以找到一些行之有效的反垄断措施。

1）全球采购

当采购方得到许多商家的竞价时，采购方可以深信数字"3"的神奇魔力。不管实际能供货的有几家，比如有 50 家供应商，采购方只管要求 3 家报价，准有把握找到最佳供应商。全球采购往往可以打破供应商的垄断行为。

2）再找一家供应商

独家供应有两种情况：一为 single source，即供货商不止一家，但仅向其中一家采购；另一为 sole source，即仅此一家别无其他供应商。通常 single source 多半是买方造成的，例如，企业将原来许多家供货商削减到只剩下最佳的一家；sole source 则是卖方造成的，例如，独占性产品的供应者或独家代理商等。

在 single source 的情况下，只要"化整为零"，变成多家供应（multiple sources），造成卖方的竞争，供应商自然不会任意抬高价格，另找一家供应商是值得的。西门子公司的一项重要的采购政策就是：除非技术上不可能，每个产品会由两个或更多供应商供货，规避供应风险，保持供应商之间的良性竞争。

在 sole source 的情况下，破解之道在于开发新来源，包括新的供货商或替代品。当然这并非一蹴而就，必须假以时日。因此，在短期内必须"忍"，即保持低姿态，不主动找供货商洽谈价格，避免卖方借机涨价。

另外，在 sole source 的情况下，由于市场信息缺乏，讨价还价的结果是买方依然吃亏；此时，若能与供货商建立良好的人际关系，签订长期合约，也可以避免买方在缺货时必须支付很高的现货价（spot price）。

3）增强相互依赖性

多给供应商一点业务，这样就可以提高供应商对采购方的依赖性。

4）更好地掌握信息

要清楚了解供应商对采购方的依赖程度。例如，有家公司所需要的元件只有一家货源，但它发现自己在供应商仅有的三家客户中是采购量最大的一家，供应商离不开这家公司，结果在要求降价时供应商就会做出相当大的让步。

5）利用供应商的垄断形象

一些供应商为自己所处的垄断地位而惴惴不安。在受到指责时，它们都会极力辩白，即使一点不利于它们垄断现象的宣传暗示也会让它们坐卧不宁。

6）注意业务经营的总成本

当供应商知道采购方没有其他货源时，可能会咬定一个价，但采购方可以说服供应商在其他非价格条件上做出让步。采购方应注意交易中的每个环节，并全都加以利用。总成本中的每个因素都可能使采购方节约成本，而且结果往往令采购方大吃一惊。以下是一些潜在的成本节约机会。

（1）送货。洽谈适合采购方的送货数量和次数，可以降低仓储和货运成本。

（2）延长保修期。保修期不要从发货日期开始计算，而应从首次使用产品的时间算起。采购方始终可以持这种观点，即既然产品质量不错，从真正使用产品的时间起计保修期，又有何不可？

（3）付款条件。只要放宽正常的付款条件，都会带来节约。立即付款则给予折扣，也是一种可行的方式。

7）让最终客户参与

如果采购方能与最终用户合作并给予他们信息，摆脱垄断供应商的机会也会伴之而来。例如，工程师往往只认准一个商标，因为他们不了解其他选择，如果向他们解释只有一家货源的难处，他们也许就可以让采购方采购截然不同的元件。

8）一次性采购

当采购方预计所采购产品的价格可能要上涨时，这种做法方可行。根据相关的支出和库存成本，权衡一下将来价格上涨的幅度，与营销部门紧密合作，获得准确的需求数量，进行一次性采购。

9）协商长期合同

长期需要某种产品时，可以考虑订立长期合同。一定要保证持续供应和价格的控制，采取措施预先确定产品的最大需求量及需求增加的时机。

10）与其他用户联手

与其他具有同样产品需求的公司联合采购，由一方代表所有用户采购会惠及各方。只有那些产出不高、效率低下的独家供应商，才是采购方应该痛下杀手的对象。

11）未雨绸缪，化解垄断

如果采购方的供应商在市场上享有垄断地位，仗势压人，而采购方又不具备有效的手段与其讨价还价，结果势必是采购方在无奈中俯首称臣。轻则接受对方苛刻的价格和信用条款，重则自己的竞争策略备受掣肘，错失商机。其实，明智的企业主管完全可以未雨绸缪，化解供应商的垄断力量。

（1）虚实相间的采购策略。可以考虑通过一些策略性的举措，向垄断的供货商传递信息，使他意识到似乎采购方可以从别的渠道获取商品。例如，采购方可以和海外厂商联系，扶植弱小的供货商使其能与垄断的供货商一争高低，或促成外商在垄断厂商的领域投资。注意：在这里重要的是使垄断的供货商注意到采购方的举措，从而在施加垄断力量时有所顾忌；而此类举措的力度则可随机应变。

（2）多层接触，培养代言人。必须和供应商决策链的各个层次加强接触，包括它的高层主管及生产、质量管理和财务等职能部门，这样可以更为全面地掌握供应商信息；同时，由于采购方享有直达其最高层的沟通管道，供应商的直接决策人以势压人多多少少会有所收敛。

在此重要的一点是：由于其独特的垄断地位，垄断供应商轻而易举地就能在市场上呼风唤雨，所以一般在内部沟通上不会尽力；而一旦采购方掌握供应商较为完备的信息，在谈判和催货时便能游刃有余；另外，通过人际关系的打通和企业形象的渗透，可以在供应商内部培养对采购方深怀好感的"代言人"，无意识中为采购方的利益游说，增加采购方的进退空间。

（3）营建一流的专业采购队伍。要想不为供应商的垄断力量所伤，必须任用富有才干的专业人士担当采购重任。若是像一般企业任用平庸之才主管采购，则采购方势必成为垄断供应商的刀下鱼肉。

6.4.4　友好结束供应商关系

当合作伙伴关系失败而决定终止时，企业常常会对对方怀有讽刺乃至敌意，而不是采用恰当的专家应有的态度。当今世界已越来越小，说不定哪天又会需要用到那个供应商，或者供应商中的一个 CEO 跳到了其他公司，而这家公司正是企业目前所依靠的。所以企业要将转换供应商这一过程尽量做得天衣无缝，既不影响客户满意度又不影响公司的利润及名誉。这里首先要了解什么情况会导致与供应商拆伙。

1. 拆伙种类

从采购方来讲，可分自愿拆伙与非自愿拆伙两种。自愿拆伙的原因中最常见的是对供应商表现不满。比如，当企业连续向对方派出质量小组以帮对方解决重复性的问题，对方却没有做出相应的改变，且退货还在持续发生时，最终只能放弃它转而去寻找一家能做出积极响应或更有能力的供应商。非自愿拆伙往往来自于供应商的破产或无法预测的风险，这种拆伙也可能是供应商被别的企业收购导致企业所依靠的工厂即将关闭而不得不做出的反应。

除了上述原因外，另一导致供应商伙伴关系破裂的普遍原因是相互之间失去了信任。尽管双方都是无意的，但与供应商失败的沟通仍会直接损害双方的信任。因此，为了公司的利益，为了使破坏程度最小化，需要尽可能地减小与供应商的敌意，这样在转换供应商的过程中才能得到他们的协作。

2. 策略

有的企业会在没有事先通知对方的前提下突然向供应商提出结束合作；或以一些含糊的指责，如"你做得不好"或"你欠我们的"，甚至是不光彩的手段来结束与供应商的合作。所有这些都会使供应商充满敌意，同时也会让新的供应商觉得自己以后是否也会被同样对待，而企业的声誉也会遭到破坏。

什么是友好地结束与供应商关系的最佳途径呢？简单地说，企业可以在供应商的表现、管理或者成本接近"危险区"时，坦率而直接地发出警告信号，而不是隐瞒不满，这样供应商就不会感到不合理。这里有三个"P"可以帮企业在与供应商拆伙时减小对方的敌对情绪。

(1) positive attitude（积极的态度）：与其面对延续的挫折，不如现在先结束合作，等以后双方情况改变后再寻求合作机会。

(2) pleasant tone（平和的语调）：不要从专业的或个人的角度去侮辱对方。这好比离婚，双方都会有种失落感，都不要过多地相互指责。

(3) professional justification（专业的理由）：采购员要告诉供应商，这不是个人的问题，其职责是为公司创造价值，吸引和留住客户。

3. 转换过程

采购方应先向供应商解释这次拆伙对双方可能都有好处，然后再寻求迅速公平的转换方法以使"痛苦"降到最小，接着采购方应清楚地列出供应商该做什么，如对方需按指示停止相关工作，同意终止合同，马上结束其分包合约，送回属于我方的资产，对方懂得按照有关的法律事项，以及双方如何以最低的成本处理现有库存。

采购方同样也要认可供应商对企业的要求：围绕拆伙事实的合理解释，对已发生的费用如何结算，协助处理现有库存。请记住，采购方和供应商要共同确立转换过程的合理时间表，最后拟订一份"出清存货合同清单"，正规地对所有细节加以回顾，写明双方的职责和结束日期。

对这一转换过程期望的结果应是：①有秩序地退出；②对客户没有损害；③最少的浪费和开支；④有双方签字的清楚的结算记录；⑤对这次拆伙原因有清醒认识。

➤ 案例　TCL 供应商评价

企业因为从事出口业务的需要，而对供应商进行的管理，与一般的生产供应管理有着不同的挑战和困难。交货、运输、包装以及一些特殊的质量要求，使企业对供应商的要求也会不一样。只有客观、科学地评估供应商和进行供应链管理，才能共同为最终用户提供最大价值的产品和服务。

处在竞争异常激烈的彩电行业的 TCL 王牌，引进了供应商评估这一概念，并逐步地建立和完善了供应商评估体系。本文作者以 TCL 为例，介绍如何建立有效的供应商评估体系和完善的评估过程，同时提醒大家在进行供应商评估时，应该注意保持动态平衡和抓住关键要素，这对企业的 CEO、采购经理有很好的借鉴意义。

供应链管理成为关系企业生存和发展的关键，而供应商评估则是做好供应链管理、使供应链合作关系正常运行的基础和前提条件。如何进行供应商评估？在进行供应商评估时要注意哪些方面？如何选择供应商才能更好地为本企业出口业务服务？

在国外，供应链管理是企业的"第三利润"来源。但在中国，供应链管理几乎尚未开始。很多企业，特别是中小企业在选择供应商时存在较多问题：

采购方主观的成分过多，有时根据供应商的印象而确定供应商的选择，供应商选择中还存在一些私人因素。

供应商选择的标准不全面，大多只集中在评估要素的某一方面，如产品质量、价格、交货准时性和批量等，没有形成一个全面的供应商评估指标体系，不能对供应商做出全面、具体、客观的评价。

以彩电行业为例，伴随着彩电生产专案的大规模引进，也同时引进了供应商评估这一概念。当时的企业纷纷成立了"部品部"。"部品"二字是从日文 搬来的。日本企业设立的"部品部"的主要职责是在品质方面对"部品"进行测试和认定。

当时，中国企业遇到的最突出问题就是品质问题，不稳定、不可靠、参数离散性大在当时是比较突出的矛盾。因此，最初的供应商评估工作是从品质方面入手的。

TCL 王牌电子（深圳）有限公司于 1992 年介入彩电行业。刚开始的供应商评估工作是由供应方即惠州长城公司来做的。1996 年，公司具备了生产条件之后才开始自行开展供应商评估工作。目前，TCL 已经建立起一整套供应商评估体系，其评估原则也已逐渐成为企业文化的一部分。供应商评估工作在企业实施稳定的供应链合作关系、保证产品质量、降低生产成本、提高经济效益等方面发挥着巨大的作用。

1. 建立有效的评估体系

在集成化供应链管理环境下，由于企业对短期成本最小化的需要，供应链合作关系的运作需要尽量减少供应源的数量。当然，供应链合作关系并不意味着单一的供应源。另外，由于紧密合作的需要，上下游相互的连接变得更专有，而且制造商会在全球市场范围内寻找最杰出的供应商。

供应商综合评价的指标体系是企业对供应商进行综合评价的依据和标准，不同行业、企业、产品需求、不同环境下的供应商评价应是不一样的。但基本都会涉及供应商的业绩、设备管理、人力资源开发、质量控制、成本控制、技术开发、用户满意度、交货协定等可能影响供应链合作关系的方面。

建立评估体系，通常要确定评估的专案、评估的标准、要达到的目标。这些问题明确以后，要有一个评估小组。不过，不一定每一个专案都要有一个评估小组，一个小组可以负责某些专案。

TCL 王牌目前有 10 个评估小组，包括部品采购类、生产设备类、检测设备类、后勤设备类、动力设备类等，并针对每一类都制定了相应管理办法。"如果把这些问题解决好，并做得比较规范，我个人认为就可以建立评估体系了。"TCL 王牌的副总经理徐洪涛这样说："我们做评估有一个重要原则，就是要求公开、公正、公平和科学。这也已成为公司企业文化的一部分。"

目前，很多企业在供应商评估工作中存在个人权利太大，一人说了算的现象，主观成分过多，同时还存在一些个人的成分在里面，容易产生消极的后果。建立规范的评估体系可以有效解决这个问题。"因为评估体系的一个特点，就是评估工作不是由一个人来做"徐洪涛强调。

2. 完善的评估过程

TCL 评估的对象主要有两类。一类是现有供应商；另一类是潜在的新供应商。"对于现有合格的供应商，我们每个月都要做一个调查，着重就价格、交货期、进货合格率、质量事故等进行正常评估。1~2 年做一次现场评估。"该公司部品部经理助理晏华斌介绍说。由于 TCL 在行业内是较为领先的企业，因而其供应商在行业内也是很优秀的。"产品合格率基本上可以做到 100%，交货期也一样。"晏华斌说。

接纳新的供应商，其评估过程要复杂一些。公司采购部经理孙敏说："通常是产品设计提出了对新材料的需求，然后我们就会要求潜在的目标供应商提供基本情况，内容包括公司概况、生产规模、生产能力、给哪些企业供货、ISO9000认证、安全认证、相关记录、样品分析等，然后就是报价。"

随后，公司就要对该供应商做一个初步的现场考察，看看所说的和实际情况是否一致，现场考察基本上按 ISO9000 的要求进行。最后汇总这些材料交部品管理小组讨论。在供应商资格认定之后，公司各相关部门，品质部、部品部、采购部再进行正式的考察。如果正式考察没有问题，就可以小批量供货了。供货考察期一般进行 3 个月，若没有问题，再增加数量。

3. 保持动态平衡

在实施供应链合作关系的过程中，市场需求和供应都在不断变化，必须在保持供应商相对稳定的条件下，根据实际情况及时修改供应商评价标准，或重新开始新的供应商评估。

TCL 有一个基本思路，合格的供应商队伍不应该总是静态的，而应该是动态的，这样才能引入竞争机制。徐洪涛说："要淘汰差的，引入好的，这是一个动态的概念。"

TCL 的供应商基本上是行业内出类拔萃的，也几乎都是主动找上门来，希望能成为 TCL 的供应商。这也体现了市场经济的特点。徐洪涛说："不管我们处在怎样的环境，都遵循一个原则，就是我们发展，供应商也发展。我们希望和优秀的供应商一起发展。"

4. 抓住关键要素

在所有的评估要素中，毫无疑问，质量是最基本的前提。如果产品质量过不了关，其余一切都免谈，没有再评的必要了。"我们要求自己的产品质量要满足客户的需求，所以就要保证我们的供应商提供的原器件能满足我们的品质要求。"徐洪涛说："价格因素相当重要，但只有在质量得到保证的前提下，谈价格才有意义。"

目前，TCL 的供应商基本能达到 100％的产品合格率，因此，价格就成了评估的主要因素。TCL 会要求新的供应商提供一个成本分析表，内容包括生产某一原器件由哪些原材料组成、费用是如何构成的、看里面的价格空间还有多少，如果认为有不合理的因素在里面，就会要求供应商进行调整。

在中国，供应商的个人情况也被列为要素之一。中国企业的经营者素质参差不齐，所以，对经营者个人进行评估，在实际操作中的确有一定难度，只能从与经营者接触的过程中去考察。另外，经营者在行业中的口碑也有一定的参考价值，但很难有一个统一的标准。

【讨论题】

1. 在进行供应商评估时要注意哪些方面?
2. 在进行供应商评估时,应该如何保持动态平衡和抓住关键要素?

➤ 本章小结

当今企业的竞争已成为供应链间的竞争,涉及从供应链上游节点企业到企业内部直至下游客户企业,所以供应商已成为供应链中重要的节点企业,因此,采购供应管理是各企业利润的源泉。

供应商评估的目的是对供应商进行评估考核和选择,以期寻找最佳的供应商,保证供应商具有提供满足本公司规定要求的产品的能力,促使公司产品的品质得到稳定发展和提高,建立相配套的信息共享系统,有效地对供应商在产品质量、交付时间、成本等方面进行合理的供应管理,杜绝部分供应商的产品以次充好交货,降低采购成本,提高产品竞争力。

企业在选择供应商时应考虑的主要因素有:产品质量、交付时间、响应能力、成本、价格标准、服务水平、技术水平、信誉、结算条件等。

供应商评估体系的建立。

供应商评估流程的确立。

供应商选择的方法主要包括直观判断法、招标选择法、协商选择法、采购成本比较法、ABC 成本法、层次分析法、综合评分法等。

在选择供应商时,我们一次性地对其进行考评,但在后续的合作过程中,我们可以分阶段进行考核,并且建立供应商激励体系。对于可持续合作的供应商,我们对其进行嘉奖或在一定程度上给予优惠政策;对于不可持续的供应商,我们可以对其进行鼓励以及提供帮助,最终和供应商建立友好合作、双赢互利的良好关系。

全球经济一体化、企业经营全球化,以及高度竞争造成的高度个性化与迅速改变的客户需求,令企业在提高产品质量、降低产品成本,快速响应全球市场需求变化方面,面临来自市场层面持续不断的压力。而大多数企业由于相当依赖于对外采购产品与服务,所以其对供应商的依赖性非常大。这样一来,如何全面地管理与供应商之间的关系,并以此减少成本、增加利润,便成为企业相当重要的一个环节。

> ➢ **关键概念**

供应商评估体系　供应商关系管理

> ➢ **复习思考题**

1. 简述供应评价标准。
2. 如何建立供应商评估体系？
3. 如何考核供应商？其作用是什么？
4. 如何加强供应商关系管理？

第7章

获取与选择报价

■ 7.1 影响商品采购价格的因素

商品的市场价格是以价值为基础，并围绕价值上下波动的。但在价值即生产商品的社会必要劳动时间之外，还有许多因素对价格起影响作用。这些因素主要有如下几点。

7.1.1 供求关系及其变化

商品的市场价格是由市场上的供求关系决定的。市场上某商品的供求关系及其变化均会直接影响这种商品的价格。在其他条件不变或变化极微的情况下，若市场上某种商品的供给增加，该商品的价格下跌，供给减少，价格上涨；若该商品的需求增加，其价格便会上涨，需求减少，价格下跌。从需求方面看，如果某一时期对石油的消费量增加，石油的价格就会上涨；反之，如果石油的替代品大量开发和应用，而使市场减少对石油的需求，石油的价格便会下跌。

7.1.2　市场竞争

在市场上，商品的竞争包括各卖主之间的竞销、各买主之间的竞购以及买主和卖主之间的竞争。这三个方面的竞争均会影响商品的市场价格。在市场上，卖方竞销某一商品则使这一商品的市场价格下跌；买主竞购某一商品则使这一商品的市场价格上涨；各买主和卖主之间的竞争对某一商品的价格影响则取决于两者竞争力量的对比，当某一商品处于"买方市场"时，卖方凭某些有利条件抬高价格。

7.1.3　市场上的垄断力量

在市场上垄断组织为了追求最大限度的利润，往往凭借它们所具有的经济力量，通过相互协议或联合，采取瓜分销售市场，规定统一价格，限制商品产量、销售量等措施直接或间接地控制某一部门或几个部门的产品的价格。对于劳务技术的提供、价格和市场，它们也采用种种办法进行操纵和控制。例如，成立于1930 年的国际电气协会一直统治着世界电机市场，参加该协会的电机设备制造商通过协议规定了对发达资本主义国家以外的国家的市场划分办法和市场价格，卡特尔的出口价格比竞争条件下价格高出约 15%，而且，它们对发展中国家所规定的价格经常超过对发达国家的价格。

7.1.4　经济周期

经济周期不同阶段产销的变化直接影响世界市场上商品的供求关系，从而影响商品的市场价格。在危机阶段，生产下降，商品滞销，大部分商品的市场价格下降。危机后，经过一段时期的恢复调整，经济逐渐复苏，以至高涨，生产量逐渐上升，需求逐渐增加，价格便逐渐上涨。

7.1.5　质量因素

商品都按质论价，优质优价、劣质低价。包装装潢、付款条件、运输条件、销售季节、成交数量、消费者的喜好、广告宣传的效果、售后服务质量的好坏等也影响商品的价格。

7.1.6　国际金融

对国际贸易而言，国际通用货币币值的变动也会引起市场价格的跌涨。各国政府和国际性组织所采取的有关政策措施等对价格也会产生巨大的影响，如价格支持、出口补贴、进出口许可制、外汇管制、政府抛售等。

7.1.7　非经济因素

自然灾害、战争、政治动荡以及投机等非经济因素对市场价格都会带来影响。

■7.2　获取报价的流程

通常，采购报价的获取要经过采购价格调查、确定采购底价、进行询价、处理报价四个步骤。

7.2.1　采购价格调查

在大型企业中，原材料种类繁多，有的达上万种，因此，做好采购调查极为重要，它是有效降低采购成本的重要手段，也是获取报价的第一步。

1. 调查的主要范围

一个企业所需使用的原材料，按其性质划分，可分为"高价物品"、"中价物品"与"低价物品"三类。通常，数量仅占 10％的原材料，其价值却占70％～80％。假如企业能掌握占 80％左右价值的"重要少数"，那么就可以达到控制采购成本的真正目的，这就是重点管理法。

2. 信息搜集方式

信息的收集方式可分为以下三种：

（1）上游法，即了解拟采购的产品是由哪些零部件或材料组成的。换言之，查询制造成本及产量资料。

（2）下游法，即了解采购的产品用在哪些地方。换言之，查询需求量及售价资料。

（3）水平法，即了解采购的产品有哪些类似产品。换言之，查询替代品或新供应商的资料。

3. 信息搜集渠道

信息搜集的常见渠道有以下四种：

（1）杂志、报纸等媒体；

（2）信息网络或产业调查服务业；

（3）参观展览会或参加研讨会；

（4）加入行业协会。

4. 处理查询资料

企业应将对采购市场调查所得资料，加以整理分析，在此基础上提出报告及建议。即根据调查结果，编制材料调查报告及商业环境分析，对本企业提出有关改进建议，并根据调查结果，研究更好的采购办法。

7.2.2　确定采购底价

所谓底价，是指采购时打算支付的最高价格，若供应商的报价高于底价，则要求其减价。有了底价，采购人员在询价时有据可依。只要是在底价以下的最低报价，即为得标供应商，采购人员即可依照有关手续签约订购；若无底价作为规范，采购人员必须不断议价，会影响订约交货的时效。当然，底价的确定应有一定的依据，而不是盲目地推测。如果定得太高，浪费企业的资金；定得太低，又会影响供应。

确定底价通常采用两种方式：一是收集采购资料，自行制定。资料来源主要有：报载行情；市场调查资料；各著名企业报价；同业公会牌价；过去采购记录；临时向有关厂商询价；向其他机构调查采购价格。二是请专业人员估计。有些专业化、技术性很高的物品、机器或规模浩繁的工程，其底价的确定并非仅根据前述的价格资料即可，还必须请专业人员从事底价估算工作。

7.2.3　正确进行询价

采购人员在确定底价之后，需要联络供应商，向供应商进行询价。询价是指在贸易业务中，买方与卖方就所要购买或出售的商品向对方询问交易条件的行为。进行询价有以下步骤：

(1) 编制询价文件。采购询价文件是供应商进行报价的依据，一个完整、正确的询价文件可以帮助供应商在最短的时间内提出正确、有效的报价。因此，供应商编制一个载有足量信息的询价文件是进行正确询价的首要条件。

一个完整的询价文件中至少应包括以下几个主要内容：①询价项目的品名和料号；②询价项目的数量；③询价项目的规格要求；④询价项目的品质要求；⑤询价项目的报价基础要求；⑥买方的付款条件；⑦询价项目的交货期要求；⑧运送地点与交货方式；⑨询价项目的售后服务与保证期限要求；⑩供应商的报价到期日；⑪保密协议的签署等。

(2) 确定被询价对象。采购部门首先要根据采购要求，制定被询价供应商的资格条件，对供应商的供货品种、信誉、售后服务网点进行资格审查，然后根据资格条件以公平的方式确定被询价供应商的名单。

(3) 发布询价通告。企业要选择一定渠道与供应商联络，并向供应商发布询价通知书，通知书要附上采购人员与技术人员的姓名以及联络电话，以便进行进一步的沟通。企业在发出询价通告后，就会吸引供应商进行报价，进而为后面完成一系列报价、议价奠定基础。

7.2.4　有效处理报价

采购人员在获得供应商的报价单后,需要对其进行处理。对报价单的处理一般需要以下几个步骤。

1. 审查报价单

采购部门要对报价单上的产品质量、数量、价格以及交货时间等进行审查。具体包括以下几个方面:①注意是否为确定的报价。②质量是否恰当,其所报物料规格是否明晰周详。③数量是否恰当,其所声明的物资资料数量及单位是否开列清楚,若附有数量增减条款是否合理。④交货期是否及时,如果是从国外采购,订立的立即装船、即期装船及限期装船的条款是否合理。⑤价格是否恰当,所报单价及总价有无错误。⑥包装条款责任是否合理。⑦交货条款责任是否合理。⑧付款条款是否合理。⑨有无其他特别条款等。

2. 分析评价报价单

采购部门在接到报价单后,要对各供应商价格的高低、交货期的长短、付款条件的宽紧、交货地点是否适中等内容进行分析评价,以便选择恰当的供应商。

采购部门在完成分析评价工作后,要形成评价报告,确定成交的供应商,并将结果通知所有报价的供应商,包括未成交的供应商。通过对供应商报价单的审查、分析,并与自己所确定的底价进行比较,最后确定出所选的供应商,至此,报价处理完毕。

3. 制定议价策略

在采购活动中,议价的内容是采购企业与供应商共同关心但又存在一定分歧的问题。议价的过程是在维护自己利益的基础上消除分歧、达成一致的过程。议价的成功在很大程度上取决于所制定议价策略的质量。议价策略的制定步骤如下:

(1) 明确目标。在制定议价策略时,首先要明确希望通过议价达成的目标,如想以最低的价格购进一批原材料,力争采用分期的方式进行付款等。

(2) 收集相关数据,了解供应商的详细情况,特别是在价格方面的立场,并对所采购的物资成本进行分析。

(3) 分析信息确定情况,找出认为可信的数据。

(4) 找出分歧点。议价的目的就是为了解决问题,最后签订一份双方都满意的合同。

(5) 分析双方实力。如供应商的供应能力、订单积压状况和盈利能力如何、与供应商签订合同的可能性有多大等。通过对供应商这些优、劣势的分析,可以帮助议价者确立议价要点,避免产生不切实际的愿望。

(6) 确定双方的地位。在进行了优势、劣势分析后,应明确谁在议价中处于更有利的地位，以及哪些要点可以使双方都能得到最大的好处。

（7）制订议价计划。首先制订议价进程，即讨论问题的先后顺序；然后制定进程中的策略，如在哪些方面采购者愿意妥协，在哪些方面必须立场坚定，议价团队由哪些人组成等。

7.3　获取报价的不同方式

7.3.1　询价采购获取报价

所谓询价采购，就是采购者向选定的若干个供应商发出询价函，让供应商报价，然后根据各个供应商的报价而选定供应商的方法。询价采购是国际上通用的一种采购方法。

1. 询价采购的特点

询价采购有以下特点：

（1）询价采购不是面向整个社会所有的供应商，而是在充分调查的基础上，筛选了一些比较有实力的供应商。所选择的供应商数量不是很多，但是其商品质量好、价格低、企业实力强、服务好、信用度高。

（2）采购过程比较简单、工作量小。

（3）邀请性采购。

正是询价采购这样的特点，才被广泛地应用于企业采购和政府采购活动之中。尽管询价采购具有上述优点，但它也有局限性，就是它所选的供应商数量少、范围窄，可能选中的供应商不一定是最优的。与其他采购方式相比，询价采购较适用于数量少、价值低的商品或急需商品的采购。

2. 询价采购获取价格实施的步骤

（1）供应商的调查和选择。为发挥询价采购的特点和优越性、克服其局限性，最关键的一条，就是要对资源市场进行充分调查，掌握供应商的基本情况。只有这一步做好了，才能保证询价采购的供应商都是优秀的供应商。

（2）编制及发出询价函。询价采购不同于招标等采购方式，为充分发挥其特点、尽量简化手续、提高办事效率，应编制简单明了的询价函。询价函编制好后，应至少选择向三家以上的供应商发出。

3. 报价单的递交及评审

（1）递交。供应商在报价截止日期前，将报价单密封并在封口处加盖公章，递交到采购机关。

（2）评审。采购机关应在规定时间内组成评审小组，对供应商的报价进行详细分析、比较。

4. 合同的签订及验收、付款程序

（1）签订合同。选中供应商后，供应商与需方单位按询价采购的程序签订采购合同，合同中应明确采购项目名称、数量、金额、交货方式、履约期限、双方权利与义务、保修期、验收方法、付款方式及违约责任等条款。

（2）验收、付款。合同履行完毕，由采购机关会同需方单位对商品进行验收，对技术性要求高的商品，可邀请专业人士协助验收。验收合格后，由需方单位填制验收单，交采购机关审验，办理有关付款手续。

5. 履约保证金

为了确保供应商切实履行合同，中标的供应商应在签订合同时向采购机关交纳一定数额的履约保证金。

7.3.2　电子采购获取报价

电子采购就是用计算机系统代替传统的文书系统，通过网络支持完成采购工作的一种业务处理方式，也称为网上采购。它的基本特点是在网上寻找供应商和商品、网上洽谈贸易、网上订货甚至在网上支付货款。电子采购具有费用低、效率高、速度快、业务操作简单、对外联系范围广等特点，因而成为当前最具发展潜力的企业管理工具之一。

企业实施电子采购的步骤一般可以从以下八个方面考虑。

1. 提供培训

培训内容不仅包括技能方面的知识，更重要的是让员工了解将在什么地方进行制度革新，以便将一种积极的、支持性的态度灌输给员工。这将有助于减少未来项目进展中的阻力。

2. 建立数据源

建立数据源的目的是为了在互联网上实现采购和供应管理功能。其内容主要包括：供应商目录、供应商的原料和产品信息、各种文档样本、与采购相关的其他网站、可检索的数据库、搜索工具。

3. 成立正式的项目小组

项目小组需要由高层管理者直接领导，其成员应当包括项目实施的整个进程所涉及的各个部门的人员。

4. 广泛调研，收集意见

为做好电子采购系统，应广泛听取各方面的意见，包括技术人员、管理人员、软件供应商等。同时要借鉴其他企业行之有效的做法，在统一意见的基础上，制订和完善有关的技术方案。

5. 建立企业电子采购网站

在企业的电子采购系统网站中，设置电子采购功能板块，使整个采购过程中管理层、相关部门、供应商及其他相关内外部人员始终保持实时联系。

6. 应用之前测试所有功能板块

在电子采购系统正式应用之前，必须对所有的功能模块进行测试，因为任何一个功能模块如果存在问题，都会对整个系统的运行产生很大的影响。

7. 培训使用者

对电子采购系统的实际操作人员进行培训也是十分必要的，这样才能确保电子采购系统能得以很好地实施。

8. 网站发布

利用电子商务网站和企业内部网收集企业内部各个单位的采购申请。对这些申请进行统计整理，形成采购招标计划，并在网上发布。

7.3.3　招标采购获取报价

招标采购是通过在一定范围内公开购买信息，说明拟采购物品或项目的交易条件，邀请供应商或承包商在规定的期限内提出报价，经过比较分析后，按既定标准选择条件最优的投标人并与其签订采购合同的一种采购方式。

招标采购是一个复杂的系统工程，它涉及各个方面多个环节。一个完整的招标采购过程，基本上可以分为以下六个阶段。

1. 策划

招标活动是一类规模很大的活动。因此，开展一次招标活动，需要进行周密的策划。招标策划主要应做以下的工作：

（1）明确招标的内容和目标，对招标采购的必要性和可行性进行充分的研究和探讨；

（2）对招标书的标底进行仔细研究；

（3）对招标的方案、操作步骤、时间进度等进行研究决定；

（4）对评标方法和评标小组进行讨论研究。

2. 招标

在招标方案得到公司的同意和支持以后，就要进入实际操作阶段。招标的第一个阶段就是招标阶段。招标阶段的工作主要有以下几部分：

（1）形成招标书；

（2）对招标书的标底进行仔细研究确定；

（3）招标书发送。

3. 投标

投标人在收到招标书以后，如果愿意投标，就可以进入投标程序。其中，投标书、投标报价需要经过特别认真地研究、详细地论证完成。这些内容是要和许多供应商竞争评比的，既要先进，又要合理，还要有利可图。

4．开标

开标应按照招标通告中规定的时间、地点公开进行，并邀请投标商或其委派的代表参加。

5．评标

评标委员会应当按照招标文件确定的评标标准和方法，对投标文件进行评审和比较。设有标底的，应当参考标底。评标委员会完成评标后，应当向招标人提出书面评标报告，并推荐合格的中标候选人。

6．定标

招标人根据评标委员会提出的书面评标报告和推荐的中标候选人确定中标人，招标人也可以授权评标委员会直接确定中标人。在确定中标者后，要通知中标方。

➤ 案例 超市如何通过控制采购价格降低采购成本

控制采购成本对于一个企业的经营业绩至关重要。采购成本下降不仅体现在企业现金流出的减少，而且直接体现在商品成本的下降、利润的增加，以及企业竞争力的增强上。

以下是某超市要降低采购成本在价格控制方面采取的措施。

（1）采购制度中规定采购的物品要向供应商询价、列表比较、议价，然后选择供应商，并把所选的供应商及其报价填在申请表上，以供财务部门或内部审计部门核查。

（2）建立价格档案和价格评价体系。企业采购部门要对所有采购商品建立价格档案，每一批采购物品的报价，应首先与归档的材料价格进行比较，分析价格差异的原因。

（3）如无特殊原因，原则上采购的价格不能超过档案中的价格水平，否则要做出详细的说明。

（4）对于重点材料的价格，要建立价格评价体系，由公司有关部门组成价格评审组，定期收集有关的供应价格信息，来分析、评价现有的价格水平，并对归档的价格档案进行评价和更新。这种评议视情况可一季度或半年进行一次。

（5）建立商品的标准采购价格，并根据工作业绩对采购人员进行奖罚。财务部对重点监控的材料根据市场的变化和产品标准成本定期制定标准采购价格，促使采购人员积极寻找货源，货比三家，不断地降低采购价格，标准采购价格亦可与价格评价体系结合起来进行，并提出奖惩措施，对完成降低公司采购成本任务的采购人员进行奖励，对没有完成采购成本下降任务的采购人员，分析原因，确定对其奖惩的措施。

通过以上四个方面的工作，虽然不能完全杜绝采购人员的暗箱操作，但对完善采购管理、提高效率、控制采购成本，确实有较大的成效。

【讨论题】

如何控制采购价格，降低采购成本？

➤ 本章小结

获取最优的采购价格是采购管理的一项重要工作，采购价格的高低直接关系到企业最终产品或服务价格的高低。因此，采购人员必须很好地掌握各种定价的方法，了解各种方法的适用时机，并能够利用多种技巧取得满意的价格。

➤ 关键概念

报价采购　采购底价　询价　议价策略

➤ 复习思考题

1. 获取报价的主要方式有哪些？
2. 说明采购报价的获取要经过哪几个步骤。
3. 确定底价通常采取的方式是什么？
4. 正确的询价步骤是什么？
5. 简述制定议价策略的程序。

第 *8* 章

采 购 谈 判

■ 8.1 采购谈判概述

8.1.1 采购谈判的概念和特点

什么是谈判？按照最一般的认识，谈判是人们为了协调彼此之间的关系，满足各自的需要，通过协商而争取达到一致的行为和过程。美国谈判学会会长、著名律师杰勒德·I.尼尔伦伯格在《谈判艺术》一书中阐明了观点，他说："谈判的定义最为简单，而涉及的范围却最为广泛，每一个要求满足的愿望和每一项寻求满足的需要，至少都是诱发人们展开谈判过程的潜因。只要人们为了改变相互关系而交换观点，只要人们是为了取得一致而磋商协议，他们就是在进行谈判。谈判通常是在两个以上个体之间进行的，他们或者是为了自己，或者是代表着有组织的团体。因此，可以把谈判看做人类行为的一个组成部分，人类的谈判史同人类的文明史同样长久。"

人类为什么要谈判呢？从本质上说，谈判的直接原因是参与谈判的各方有自己的需要，或者是自己所代表的某个组织有某种需要，而一方需要的满足又可能无视他方的需要，双方就是带着这种既统一又矛盾的需要和目的来参加谈判的。因此，谈判双方参加谈判的主要目的，就不能仅仅以追求自己的需要为出发点，而是应该通过交换观点进行磋商，共同寻找使双方都能接受的方案，通过谈判使矛盾在一定条件下得到解决。

1. 采购谈判的概念

采购谈判是商务谈判的一种形式，是指采购商在货物购买过程中与供应商对购销业务有关事项进行协商的过程。采购谈判对货物的品种、质量要求、交货的时间、技术规格、价款和交易术语等合同要件进行反复磋商，使意向趋于一致、达成共识。

2. 采购谈判的特点

1）以获得经济利益为目的

不同的谈判者参加谈判的目的是不同的。外交谈判涉及的是国家利益；政治谈判关心的是政党、团体的根本利益；军事谈判主要是关系敌对双方的安全利益。虽然这些谈判都不可避免地涉及经济利益，但是常常是围绕着某一种基本利益进行的，其重点不一定是经济利益。而采购谈判则十分明确，谈判者以获取经济利益为基本目的，在满足经济利益的前提下才涉及其他非经济利益。虽然，在采购谈判过程中，谈判者可以调动和运用各种因素，且各种非经济利益的因素也会影响谈判的结果，但其最终目标仍是经济利益。与其他谈判相比，采购谈判更加重视谈判的经济效益。在采购谈判中，谈判者都比较注意谈判所涉及的成本、效率和效益。所以，人们通常以获取经济效益的高低来评价一项采购谈判的成功与否。不讲求经济效益的采购谈判就失去了价值和意义。

2）以价值谈判为核心

采购谈判涉及的因素很多，谈判者的需求和利益表现在众多方面，但价值则几乎是所有采购谈判的核心内容。这是因为在采购谈判中价值的表现形式——价格最直接地反映了谈判双方的利益。谈判双方在其他利益上的得与失，在很多情况下或多或少都可以折算为一定的价格，并通过价格升降得到体现。需要指出的是，在采购谈判中，我们一方面要以价格为中心，坚持自己的利益，另一方面又不能仅仅局限于价格，应该拓宽思路，设法从其他利益因素上争取应得的利益。因为，与其在价格上与对手争执不休，还不如在其他利益因素上让对方在不知不觉中让步。

3）注重合同条款的严密性与准确性

采购谈判的结果是由双方协商一致的协议或合同来体现的。合同条款实质上反映了各方的权利和义务，合同条款的严密性与准确性是保障谈判获得各种利益的重要前提。有些谈判者在谈判中花了很大气力，好不容易为自己获得了较有利的结果，对方为了得到合同，也迫不得已做了许多让步，这时谈判者似乎已经获得了这场谈判的胜利，但如果在拟订合同条款时掉以轻心，不注意合同条款的完整、严密、准确、合理、合法，其结果是被谈判对手在条款措辞或表述技巧上引进陷阱，这不仅会让到手的利益丧失殆尽，而且要为此付出惨重的代价。因此，在采购谈判中，谈判者不仅要重视口头上的承诺，更要重视合同条款的准确和严密。

4）采购谈判对象的广泛性和不确定性

作为卖者，其商品销售范围很广泛，作为买者，其采购商品的选择范围也十分广泛。采购谈判对象在市场竞争和多变的条件下又是不确定的。采购谈判所遇环境具有多样性和复杂性。

5）合作性与冲突性的结合

合作性表明双方的利益有共同的一面，冲突性表明双方利益又有分歧的一面，在采购谈判中，谈判双方通过不断的磋商，使双方意愿趋于一致。

6）原则性和可调整性的结合

原则性指谈判双方在采购谈判中退让的最后界限，即谈判的底线。可调整性是指谈判双方在坚持各自基本原则的基础上可以向对方做出一定的让步和妥协。

8.1.2　采购谈判的作用

一般来说，采购谈判具有以下作用：

（1）可以争取降低采购成本；

（2）可以争取保证产品质量；

（3）可以争取采购物资及时送货；

（4）可以争取获得比较优惠的服务项目；

（5）可以争取降低采购风险；

（6）可以妥善处理纠纷，维护双方的效益及正常关系，为以后的合作创造条件。

8.1.3　采购谈判的类型

采购谈判分类的目的，在于有的放矢地组织谈判，提高谈判人员分析问题的能力，增加自觉能动性，减少盲目性，争取谈判的主动权。

1. 以谈判人员数量分类

1）"一对一"谈判

项目小的采购谈判往往是"一对一"式的。出席谈判的各方虽然均只有一个人，但并不意味着谈判者不要做准备。"一对一"谈判往往是一种最困难的谈判类型，因为双方谈判者只能各自为战，得不到助手的及时帮助。

2）小组谈判

一般较大的谈判项目，情况比较复杂，各方有几个人同时参加谈判，分工协作、取长补短、各尽所能，可以大大缩短谈判时间，提高谈判效率。

3）大型谈判

国家级、省（市）级或重大项目的采购谈判，都必须采用这种类型。

2. 以谈判地域分类

1）主座谈判

主座谈判或主场谈判是在自己所在地组织谈判。主场谈判者可以充分利用对自己有利的条件进行谈判。

2）客座谈判

客座谈判也可称为客场谈判，它是在谈判对手所在地组织的采购谈判。客座谈判对客方来说需要克服不少困难，客场谈判时必须注意：

（1）要入境问俗、入国问禁；

（2）要审时度势、争取主动；

（3）要配备好自己的翻译、代理人，不能随便接受对方推荐的人员，以防机密泄露。

3）主客座轮流谈判

这是一种在采购谈判中谈判地点互易的谈判。谈判可能开始在卖方，继续谈判在买方，结束又在卖方。可能是大宗商品买卖，也可能是成套项目的买卖。应注意以下两个问题：

（1）确定阶段利益目标，争取不同阶段最佳谈判效益；

（2）坚持主谈人的连贯性，换座不换帅。

4）第三地点谈判（或中立地谈判）

第三谈判是指谈判地点设在第三地的商务谈判类型。第三地谈判避免了地域上的差异，使得各方的地位较平等，谈判环境较为公平，但会造成谈判成本的提高。

此外，采购谈判按谈判当事人的关系可分为初次交易谈判和多次交易谈判。按交易谈判的范围可分为国内谈判和国际谈判等。

8.2 采购谈判的内容

8.2.1 采购谈判的目的和适用条件

1. 采购谈判的目的

采购谈判一般是为了达到以下目的：

（1）希望获得供应商质量好、价格合理的货物；

（2）希望获得供应商较好的服务保障条件，如送货上门、技术咨询和培训、维修服务等；

（3）希望在发生货物短缺、货物损失时获得合理的赔偿；

（4）当发生货物质量、数量等纠纷，产生赔偿争议时，能够妥善解决问题。

2. 采购谈判的适用条件

（1）采购结构复杂、技术要求严格的成套机器设备时，在设计制造、安装试验、成本价格等方面需要通过谈判，进行详细地商讨和比较。

（2）多家供应商互相竞争时，通过采购谈判，个别渴求成交的供应商在价格方面做出较大的让步。

（3）采购商品的供应商不多，但企业可以自制，或向国外采购，或可用其他商品代用时，通过谈判做出有利的选择。

（4）需用商品经公开招标，但在规格、价格、交货日期、付款条件等方面，没有一家供应商的开标结果能满足要求，要通过谈判再作决策。

（5）需用商品的原采购合同期满，市场行情有变化，并且采购金额较大时，通过谈判进行有利采购。

8.2.2　采购谈判的内容

具体的谈判内容主要包括以下七个方面。

1. 采购货物的质量和包装

1）采购货物的质量

采购人员在谈判时，应首先与供应商就商品达成相互同意的品质标准，以避免日后的纠纷或法律诉讼。对于瑕疵品或仓储运输过程中损坏的商品，应要求退货或退款。

2）货物的包装

货物的包装可分为两种：一种为内包装，另一种为外包装。

（1）内包装。顾名思义，即用来保护商品或说明商品用途的包装。设计良好的内包装，通常能激发客户的购买意愿，加速商品的周转。国内产品供应商在这方面做得比较差，采购人员应说服供应商在这方面改善和加强。

（2）外包装。仅用于仓储及运输过程的保护。外包装通常扮演非常重要的角色。倘若外包装不够坚固，在仓储运输过程中损坏太大，会降低作业效率，并影响利润。但若外包装太坚固，则供应商成本增加，采购价格必然偏高，导致商品的价格缺乏竞争力。

2. 采购数量

采购数量包括采购总量、采购批量（单次采购的最高订量与最低订量）等。在采购谈判中采购方应以适当、及时为原则，而不能以供应商希望的数量为依据。

3. 送货条件

送货条件包括交货时间、频率、交货地点、最高与最低送货量、保质期、验收方式等。一般来说，在交货期谈判中，交货期越短越好，因为交货期缩短的话，订货的次数可以增加，订购数量就可以相应减少，库存会降低，仓储空间的需求就会减少。对于有时间承诺的订货，采购人员应要求厂商分批送货，以减少库存压力。

4. 退货

退货包括退货条件、退货时间、退货地点、退货方式、退货数量、退货费用分摊等。

5. 价格及价格折扣优惠

价格谈判是所有的采购谈判中最重要的项目。价格谈判包括新商品价格折扣、单次订货数量折扣、累计进货数量折扣、提前付款折扣等。

6. 付款条件

付款条件包括付款期限、付款方式等。付款条件与采购价格息息相关，一般供应商的付款条件是月结 60～120 天左右，采购方在此期间付款可获 3％～6％ 的折扣。采购人员应计算最有利的付款条件。

7. 售后服务保证

售后服务保证包括保换、保退、保修、安装等。对于需要售后服务的商品，如家电商品、计算机、相机、手表等，采购人员应在谈判时，要求供应商在商品包装内，提供该项商品售后服务维修单位的名称、电话及地址，使企业日后在需维修所购商品时，直接与店家联络。采购人员与货物进口商谈判时，必须要求货物进口商提出有能力做好售后服务的保证，并在商品内提供保证单。

上述谈判内容加上违约责任、合同变更与解除条件及其他合同必备内容就构成采购合同。

8.3　采购谈判的原则和程序

8.3.1　采购谈判的原则

1. 平等原则

在采购中，谈判主体或代表人的权利与地位应该是平等的。谈判中应该注意尊重对方的人格和能力，尊重对方的自主权、自我意识和价值观。任何问题都应该通过对话、协商方式解决，要允许对方有不同意见和看法，要给对方讲话的机会，不能把自己的意愿强加于对方。

2. 互利原则

谈判应该使双方需要都得到满足，以达到"双赢"。杰勒德·尼尔伦伯格提出："一场成功的谈判，每一方都是胜者。"很多人误以为在谈判时，应赶尽杀绝，毫不让步。但事实证明，大部分成功的采购谈判都要在彼此和谐的气氛下进行才可能达成。在相同交涉条件下，若站在对方的立场上去说明，往往更有说服力。让对方感觉到：达成交易的前提是双方都能获得预期的利益。

3. 对等原则

不要单独与一群供应商的人员谈判，这样对采购方极为不利。谈判时应注意"对等原则"，也就是说，我方的人数与级别应与对方大致相同。

4. 求同原则

在采购谈判中双方有矛盾冲突，有经验的采购人员不会让谈判完全破裂，否则根本就不必谈判。所以必须坚持"求大同存小异"的原则，多找共同点，把分歧、不同点搁置起来。

5. 充分准备的原则

知己知彼，百战百胜。采购人员必须了解商品的知识、品类、价格、品类供需情况、本企业情况、本企业所能接受的价格底线与上限，以及其他谈判的目标。一定要把各种条件排出优先顺序，将重点简短地写在纸上，在谈判时随时参考，提醒自己。

6. 迂回原则

迂回原则是指在谈判过程中各方对某一问题僵持不下时，把此问题放置或绕开，寻找新的突破点。

7. 阶梯原则

阶梯原则是指在采购谈判中从容易达成共识的问题入手，由易到难，分段洽谈，分段受益。

8. 墨菲原则

其含义是任何可能发生的事情都必定要发生。在采购谈判中要求参加人把谈判中的可能性当作必然性，自己足够重视从而防患于未然。

8.3.2　采购谈判的程序

采购谈判的过程可以分为三个显著的阶段：谈判前、谈判中和谈判后。

1. 采购谈判前的准备

采购谈判前的准备包括以下步骤。

1）确立谈判的具体目标

确定有意义的采购谈判目标对谈判成功至关重要，所以采购谈判前的第一项准备内容就是确立希望通过谈判要达到的明确目标。每个谈判组成员都要清楚谈判要达到的目标，这些目标基于什么样的假设才能成立。一般可以把采购谈判的目标分成三个层次：必须达到的目标、中等目标和最高目标。

（1）必须达到的目标。对于采购谈判来说，首先是为了获得货物，所以谈判就以能满足企业对货物的需求数量、质量和规格等作为谈判必须达到的目标。

（2）中等目标。采购谈判还要以价格水平、经济效益水平作为谈判的目标。

（3）最高目标。采购谈判还要考虑供应商的售后服务情况，如供应商的送货、安装、质量保证、技术服务活动等，这是采购谈判追求的最高目标。

2）收集相关信息

通过对采购谈判信息的收集、整理、分析和研究，谈判人员就会有较充分的思想准备，明确谈判的主客观环境，寻找可行的途径，达到谈判的目标。通常在谈判前需要收集以下信息：

（1）市场信息。市场信息包括市场可供资源量、产品质量、市场价格、产品流通渠道、供销网点发布情况等。

（2）科技信息。科技信息包括新产品、替代品、新技术的应用、检验的方法等。

（3）环境信息。环境信息，即影响企业采购活动的外部因素，如国家关于经济方面的方针政策和法律。

（4）企业内部需求信息。企业内部需求信息在采购谈判之前，企业需求什么、需求多少、需求时间等。

（5）谈判对手的信息。谈判对手的信息包括供应商的供货能力、技术水平、信誉、谈判的作风和特点等。

3）分析各方的优势和劣势

分析谈判各方的优势和劣势可以帮助谈判者确立谈判的要点，避免产生不切实际的愿望，并且为策略制定出谋划策。

4）识别实际问题和情况

做谈判准备工作时要求区分实际情况。谈判双方应对什么是实际情况、要谈判的问题较早达成一致。实际情况是真实的情况，是不必讨论的条件。比如，采购方想要购买一套设备，就不必与供应商谈是否真的需要一套设备。要谈判的问题是要在谈判中解决的条款或主题，例如，确定设备的价格和交货日期都属于谈判问题范围。谈判问题的确定非常重要。因为正是在这些问题上需要谈判双方达成协议，谈判计划的过程要确认双方想通过谈判来解决的问题。

5）为每一个问题设定一个成交位置

谈判各方必须为即将讨论的问题设定一个成交位置，这个成交位置应当具有某些弹性，因此，谈判者应当建立一系列的成交位置。通常有最小可能接受的成交位置、最大或理想的成交位置和最有可能的目标成交位置。如果这一问题是价格，供应商会有一个目标价格，以此价格把货物卖给采购方。成交位置范围的关键是供应商愿意将货物以采购方的最低价格卖给采购方，采购方必须在采购前仔细确定这一范围。

6) 制定谈判策略

首先安排谈判进程：先讨论什么问题，后讨论什么问题，在哪些方面我方愿意妥协，在哪些方面应该立场坚定，谈判团队由哪些人组成。为每一个目标确立谈判范围和指标，从而制定谈判者认为能够实现的合理目标，策略的制定应该建立在对形势和谈判策略正确理解的基础上。如果谈判的目的是达成交易，那么谈判的方法和技巧就十分重要，因为它能够影响所表达的意图。

7) 简要介绍谈判内容

采购谈判通常会影响公司里的其他部门，进行谈判的个人和团队应当向这些部门作简单的介绍，确保他们了解并赞同谈判目标。在简要介绍中也可以阐明谈判的主要问题以及对这些问题设定的成交位置。在谈判前了解谈判的内容，可以让人们对谈判做好心理准备。

8) 谈判预演

有经验的谈判者会在正式谈判开始之前进行排练或预演，即模拟谈判过程。

2. 采购谈判过程中的步骤

谈判过程一般分为两个阶段，开局阶段和实质性谈判阶段。

1) 开局阶段

开始谈判时，一般双方先彼此熟悉一下，然后就会谈的目的、计划、进度和参加人员等问题进行讨论，尽量取得一致意见并在此基础上就本次谈判的内容分别发表陈述，这是在双方已做好充分准备的基础上进行的。这种商谈可为以后具体议题的商谈奠定基础。在这一阶段，要注意营造良好的谈判氛围，并为正式谈判做好预备工作。

2) 实质性谈判阶段

具体包括摸底、磋商和成交三个阶段。

(1) 摸底阶段。在合作性洽谈中，摸底阶段双方分别阐述对会谈内容的理解，希望得到哪些利益，首要利益是什么，可以采取何种方式为双方共同获得利益作出贡献，以及双方的合作前景，这种陈述将谈判的内容横向展开。这个阶段不要受双方陈述的影响，应将注意力放在阐明自己的利益上。同时，不要试图猜测对方的意图，而是准确理解对方的关键问题。陈述之后，双方提出各种可供选择的设想和解决问题的方案。然后双方需要判断哪些设想、方案更现实、更可行，任何一方都不能为自己的建议辩护。

(2) 磋商阶段。在这个阶段谈判双方通过对所采购货物的质量、价格交货方式、付款方式等各项条件进行反复磋商，互相让步，寻找对双方都有利的谈判方案。在谈判中要注意，当谈判双方就某个问题发生争议使谈判陷入僵局时，谈判者可以暂时绕过这个难题就另一个问题进行磋商，以便通过下一个问题的解决打破谈判的僵局。

（3）成交阶段。在谈判中如果通过反复磋商，所有问题双方都达成协议，谈判就到了成交的阶段。在这个阶段，要拟订经过磋商后所达成的协议初稿，经双方进一步修改认可，签订正式的协议。

3. 采购谈判后的工作

（1）谈判结束后和对方举行一场宴会是必不可少的，在激烈交锋后，这种方式可以消除谈判过程中的紧张气氛，有利于维持双方的关系。

（2）执行协议。

（3）设定专门程序监察协议履行情况，并处理任何可能出现的问题。

8.3.3　采购谈判的流程

采购谈判的流程一般要经历询盘、发盘、还盘和接受四个程序。

1. 询盘

询盘是指交易的一方准备购买或出售某种商品，向对方询问买卖该商品的有关交易条件。询盘的内容可涉及价格、规格、品质、数量、包装、装运以及索取样品等，而多数只是询问价格。所以，业务上常把询盘称作询价。询盘不是每笔交易必经的程序，如交易双方彼此都了解情况，不需要向对方探询成交条件或交易的可能性，则不必使用询盘，可直接向对方发盘。在实际业务中，询盘只是探寻买或卖的可能性，所以不具备法律上的约束力，询盘的一方对能否达成协议不负有任何责任。由于询盘不具有法律效力，所以可作为与对方的试探性接触，询盘人可以同时向若干个交易对象发出询盘。

2. 发盘

发盘是交易一方欲购买或出售某种商品而向对方提出交易条件，表示愿意按此达成交易的行为。通常由供应商提出，也可由采购方提出（又称作递盘）。发盘有实盘和虚盘两种。实盘是发盘人承诺在一定期限内，受发盘内容约束，未经接盘人同意，不得撤回和变更；如接盘人在有效期限内表示接受，则交易达成，实盘内容即成为采购合同的组成部分。一个完整的实盘应包括明确肯定的交易条件，如商品名称、规格、数量、价格、支付方式、装运期等，还应有实盘的有效期限并应明确发盘为实盘。虚盘是发盘人有保留地表示愿意按一定条件达成交易，不受发盘内容约束，不作任何承诺，通常使用"须经我最后确认方有效"等语以示保留。

3. 还盘

还盘，即接盘人对所接发盘表示接受，但对其内容提出更改的行为。还盘实质上构成对原发盘的某种程度的拒绝，也是接盘人以发盘人地位所提出的新发盘。因此，一经还盘，原发盘即失效，新发盘取代它成为交易谈判的基础。如果另一方对还盘内容不同意，还可以进行反还盘（或称再还盘）。还盘可以在双方之间反复进行，还盘的内容通常仅陈述需变更或增添的条件，对双方同意的交易条件无须重复。在采购谈判中，往往经过多次的还盘、反还盘，才达成最终协议。

4. 接受

接受就是交易的一方在接到另一方的发盘后表示同意。一项发盘经对方接受，合同才能成立。

8.4　采购谈判的策略

8.4.1　采购谈判策略的方法

运用采购谈判策略，旨在达到预定的目的和效果，即采购谈判策略是为采购谈判服务的，其基本方法有以下几种。

1. 开个好头

大凡远洋轮船起锚、开航时，均是隆重的时刻。谈判一开始，许多初入市场的采购人员有可能会不知所措，对于谈判者来说，开局一定要讲究策略。运用谈判策略开局，控制好谈判的航船平稳出港。

2. 把握方向

由于采购谈判是个"过程"，所以把握好整个谈判过程的方向极为重要。犹如船行时，操稳舵，不可偏离航向。谈判过程可分为从开局到结局的全过程，从早到晚的分过程，或根据谈判内容细分的每一场谈判的分过程。无论是全过程还是分过程，均有掌握好谈判方向的问题，以及大小方向一致的问题。大方向掌握不好，小方向就会乱；小方向掌握不好，大方向则会偏。所以，宏观的、具体的、共性的与个性的谈判过程特征，均需谈判手予以准确掌握。达到准确的目的需要智慧。人们常讲经验，但经验不等于策略。只有正确的谈判策略才可以准确掌握谈判的过程。

3. 随机应变

采购谈判过程中，风云多变、突发事件较多，在谈判的风帆上会碰到各个方向的风暴。顺风时，如何借劲加速前进；逆风时，如何避开，保持方向，避免原地打转；狂风乱作时，如何避免做无用功，避免翻船，避免谈判产生危机而失败，这都要求谈判手善于运用策略，予以防范。

4. 同舟共济

如何在采购谈判过程中将谈判各方的人员分别组织起来，群策群力，共同克服面临的困难，不是一件容易的事。这里有组织才能解决问题，更要有谈判技巧与策略。例如，在对外宣传策略上，有句常用的口头禅："同是一条船上的人"，即建立"同舟"的思想意识对采购谈判双方的重要。因为同一条船，若沉，大家一齐掉进水里，利益和危险具有共同性，只有齐心划桨才是出路。在谈判过程中管好人，其本质意义即运用正确的策略排除各种干扰：性格上（暴躁、简单、单纯、天真），追求上（唯一方是利，唯近利为利），思想方法上的干扰，使谈判手能将精力放到共同工作方向上。"管"，实为引导或诱导谈判手进入设定的科学的、公正的谈判轨道。

5. 平稳靠岸

采购谈判之船驶出后，如何到达彼岸，是对采购谈判成功与否的检验。达成的协议能否被双方认真执行，或能否让执行人易于准确无误地执行是检验采购谈判结果的尺码。有的结局，只是一方高兴，执行时会不会有报复的行为；或从表面看，达成了协议，实际尚有不少保留，这都反映谈判收局不妥，船靠岸不稳。那么，采购谈判策略可以起到平稳靠岸，收净尾声的作用。

8.4.2　采购谈判的策略

1. 避免争论策略

在采购谈判中出现分歧是很正常的事。出现分歧时应始终保持冷静，防止感情冲动，尽可能地避免争论。冷静倾听对方的意见，当对方说出你不愿意听或对你很不利的话时，不要感情冲动或生气地立即打断以及反驳对方，应耐心地听完对方的发言，必要时还可承认自己某方面的疏忽。婉转地提出不同意见，不应直截了当地提出自己的否定意见，否则会使对方在心理上产生抵触情绪，反而迫使对方千方百计维护自己的意见；而应先同意对方的意见，然后再作探索性的提议。谈判无法继续时应马上休会，如果某个问题成了彼此继续谈判的绊脚石，使谈判无法再顺利进行，应在双方对立之前就及时休会，从而避免引起更进一步的僵持和争论。休会的策略为固执型的谈判人员提供了请示上级的机会，也可借机调整双方思绪，以利于问题最终得以在心平气和的友好氛围中圆满解决。

2. 抛砖引玉策略

抛砖引玉策略是指在采购谈判中，一方主动提出各种问题，但不提供解决的办法，让对方来解决。这一策略不仅能尊重对方，而且又可摸清对方的底细，争取主动。这种策略在以下两种情况下不适用：采购谈判出现分歧时，对方会误认为你是故意在给他出难题；若对方是一个自私自利、寸利必争的人，就会乘机抓住对他有利的因素，使采购方处于被动地位。

3. 留有余地策略

在实际采购谈判中，不管你是否留有余地或真的没留什么余地，对方总认为你是留有余地的，所以在对方最看重的方面做了让步，可在其他条款上争取最大利益。例如，你的报价即使分文不赚，对方却还是总觉得你利润不薄，你不做让步，他便不会签约。因此在价格上适当地做些让步，你就有可能为自己争取到最好的付款条件。在以下两种情况下尤其需要这种策略：对付寸利必争的谈判方；在不了解对方的情况下。

4. 避实就虚策略

避实就虚策略是指为达到某种目的和需要，有意识地将洽谈的议题引导到相对次要的问题上，借此来转移对方的注意力，以求实现采购谈判目标。例如，在采购谈判中对方最关心的是价格问题，而你方最关心的是交货问题。这时，谈判的焦点不宜直接放到价格和交货时间上，而是应放到运输方式上。在讨价还价时，采购方可以在运输方式上做出让步，而作为双方让步的交换条件，要求对方在交货时间上做出较大的让步。这样，对方感到满意，采购方的目的也达到了。

5. 保持沉默策略

保持沉默，是处于被动地位的谈判人员常用的一种策略，是为了给对方造成心理压力，同时也起缓冲作用。但是如果运用不当，易适得其反。例如，在还价中沉默常被认为是默认；沉默时间太短常意味着你被慑服。在对方咄咄逼人时，采购方可以适当地运用沉默缩小双方的差距。在沉默中，行为语言是唯一的反应信号，是对方十分关注的内容，所以应特别加以运用（倒茶等），以达到保持沉默的真正目的。

6. 忍气吞声策略

在采购谈判中占主动地位的一方有时会以一种咄咄逼人的姿态表现自己。这时如果表示坚决反对或不满，对方会更加骄横甚至退出谈判。这时采购方可对对方的态度不作任何反应，采取忍耐的策略，则可慢慢消磨对方的棱角，挫其锐气，以柔克刚，反而能变弱为强。因为被动方忍耐下来，对方则得到默认的满足之后，反而可能会因此而通情达理，公平合理地与你谈判。

7. 多听少讲策略

多听少讲是忍耐的一种具体表现方式，也就是让对方尽可能多地发言，充分表明他的观点，这样做既能表示尊重对方，也可使你根据对方的要求，确定你对付对方的具体策略。例如，供应商为了说明自己产品的优越性而夸夸其谈，结果让采购方觉得是自卖自夸，产生逆反心理。如果让采购方先讲，以满足对方需求为前提，再作恰当的介绍，重在说明该产品能给采购方带来哪些好处和方便，这样就可大大减少采购方的逆反和戒备心理，有助于促成交易。

8. 情感沟通策略

人有七情六欲，满足人的感情和欲望是人的一种基本需求。在采购谈判中充分利用感情因素以影响对方，不失为一种可取的策略。例如，可利用空闲时间，主动与谈判对方一起聊天、娱乐、讨论对方感兴趣的话题，也可馈赠小礼品，请客吃饭，提供食宿的方便。还可通过帮助解决一些私人问题，从而达到增进了解、联系感情、建立友谊的效果，从侧面促进谈判的顺利进行。

9. 先苦后甜策略

例如，供应商想要在价格上有多些的余地，采购方可先在包装、运输、交货、付款方式等多方面提出较为苛刻的方案来作为交换条件。在讨价还价过程中，再逐步地做出让步。供应商鉴于采购方的慷慨表现，往往会同意适当地降价。而事实上这些"让步"是采购方本来就打算给供应商的。但要注意的是这一策略只有在谈判中处于主动地位的一方才有资格使用。

10. 最后期限策略

处于被动地位的谈判者，总有希望谈判成功达成协议的心理。当谈判双方各持己见、争执不下时，处于主动地位的谈判者就可利用这一心理，提出解决问题的最后期限和解决条件。期限是一种时间通牒，可使对方感到如不迅速作出决定，他会失去机会，从而给对方造成一种心理压力——谈判不成损失最大的还是他自己。只要采购方处于谈判的主动地位，就不要忘记抓住恰当的时机来适时使用该策略。使用该策略时还应注意：切记不可激怒对方而要语气委婉、措辞恰当、事出有因；要给对方一定的时间进行考虑，让对方感到你不是在强迫他，而是向他提供了一个解决问题的方案，并由他自己决定具体时间；提出最后期限时最好还能对原有条件也有所让步，给人以安慰。

➢ 案例 农机设备谈判中的竞争与合作

中国某公司与日本某公司在上海著名的国际大厦，围绕进口农业加工机械设备，进行了一场别开生面的竞争与合作，竞争与让步的谈判。

谈判一开局，按照国际惯例，首先由卖方报价。首次报价为 1000 万日元。这一报价离实际卖价偏高许多。日方之所以这样做，是因为他们以前的确卖过这个价格。如果中方不了解谈判当时的国际行情，就会以此作为谈判的基础，那么，日方就可能获得厚利；如果中方不能接受，日方也能自圆其说，有台阶可下，可谓进可攻，退可守。由于中方事前已摸清了国际行情的变化，深知日方是在放"试探气球"。于是中方直截了当地指出：这个报价不能作为谈判的基础。日方对中方如此果断地拒绝这个报价感到震惊。他们分析，中方可能对国际市场行情的变化有所了解，因而日方的高目标恐难实现。于是日方便转移话题，介绍起产品的特点及其优良的质量，以求采取迂回前进的方法来支持己方的报价。这种做法既回避了正面被点破的危险，又宣传了自己的产品，还说明了报价偏高的理由，可谓一石三鸟，潜移默化地推进了己方的谈判方案。但中方一眼就看穿了对方在唱"空城计"。因为，谈判之前，中方不仅摸清了国际行情，而且研究了日方产品的性能、质量、特点以及其他同类产品的有关情况。于是中方运用"明知故问，暗含回击"的发问艺术，不动声色地说："不知贵国生产此种产品的公司有几家？贵公司的产品优于 A 国、C 国的依据是什么？"此问貌似请教，实则是点了对方两点：其一，中方非常了解所有此类产品的有关情况；其二，此类产品绝非你一家独有，中方是有选择权的。中方点到为止的问话，彻底摧毁了对方"筑高台"的企图。中方话未完，日方就领会了其中含意，顿时陷于答也不是、不答也不是的境地。但他们毕竟是生意场上的老手，其主谈人为避免难堪的局面借故离席，副主谈也装作找材料，埋头不语。过了一会儿，日方主谈神色自若地回到桌前，因为他已利用离席的这段时间，想好了应付这一局面的对策。果然，他一到谈判桌前，就问他的助手："这个报价是什么时候定的？"他的助手早有准备，对此问话自然心领神会，便不假思索地答道："以前定的。"于是日方主谈人笑着解释说："唔，时间太久了，不知这个价格有否变动，我们只好回去请示总经理了。"老练的日方主谈人运用"踢皮球"战略，找到了退路。中方主谈人自然深谙谈判场上的这一手段，便采取了化解僵局的"给台阶"方法，主动提出"休会"，给双方以让步的余地。中方深知此轮谈判不会再有什么结果了，如果追紧了，就可能导致谈判的失败。而这是中日双方都不愿看到的结局。

此轮谈判，从日方的角度看，不过是放了一个"试探气球"。因此，凭此取胜是侥幸的，而"告吹"则是必然的。因为对交易谈判来说，很少有在开局的第一次报价中就获成功的。日方在这轮谈判中试探了中方的虚实，摸清了中方的态度。同时也了解了中方主谈人的谈判能力和风格。从中方角度来说，在谈判的开局就成功地抵制了对方的"筑高台"手段，使对方的高目标要求受挫。同时，也向对方展示了己方的实力，掌握了谈判中的主动权。双方在这轮谈判中，互道了信息，加深了了解，增强了谈判成功的信心。从这一意义上看，首轮谈判对双方来说都是成功，而不是失败。

第二轮谈判开始后，双方首先漫谈了一阵，调节了情绪，融洽了感情，创造了有利于谈判的友好气氛。之后，日方再次报价："我们请示了总经理，又核实了一下成本，同意削价100万日元。"同时，他们夸张地表示，这个削价的幅度是不小的，要中方"还盘"。中方认为日方削价的幅度虽不小，但离中方的要价仍有较大距离，马上还盘还很困难。因为"还盘"就是向对方表明己方可以接受对方的报价。在弄不清对方的报价离实际卖价的"水分"有多大时就轻易"还盘"，往往造成被动，高了己方吃亏，低了可能刺激对方。"还盘"多少才是适当的，中方一时还拿不准。为了慎重起见，中方一面电话联系，再次核实该产品在国际市场的最新价格，一面对日方的二次报价进行分析。根据分析，这个价格，虽日方表明是总经理批准的，但根据情况看，此次降价是谈判者自行决定的。由此可见，日方报价中所含水分仍然不小，弹性很大。基于此，中方确定"还盘"

价格为 750 万日元。日方立即回绝，认为这个价格很难成交。中方坚持与日方探讨了几次，但没有结果。鉴于讨价还价的高潮已经过去，因此，中方认为谈判的"时钟已经到了"，该是展示自己实力、运用谈判技巧的时候了。于是，中方主谈人使用了具有决定意义的一招，郑重向对方指出："这次引进，我们从几家公司中选中了贵公司，这说明我们成交的诚意。此价虽比贵公司销往 C 国的价格低一点，但由于运往上海口岸比运往 C 国的费用低，所以利润并没有减少。另一点，诸位也知道我有关部门的外汇政策规定，这笔生意允许我们使用的外汇只有这些。要增加，需再审批。如果这样，那就只好等下去，改日再谈。"

这是一种欲擒故纵的谈判方法，旨在向对方表示己方对该谈判已失去兴趣，以迫使其做出让步。但中方仍觉得这一招的分量还不够，又使用了类似"竞卖会"的高招，把对方推向了一个与"第三者竞争"的境地。中方主谈人接着说："A 国、C 国还等着我们的邀请。"说到这里，中方主谈人把一直捏在手里的王牌摊了出来，恰到好处地向对方泄露，把中国外汇使用批文和 A 国、C 国的电传递给了日方主谈人。日方见后大为惊讶，他们坚持继续讨价还价的决心被摧毁了，陷入必须"竞卖"的困境：要么压价握手成交，要么谈判就此告吹。日方一时举棋不定，握手成交吧，利润不大，有失所望；告吹回国吧，跋山涉水，兴师动众，花费了不少的人力、物力和财力，最后空手而归，不好向公司交代。这时，中方主谈人便运用心理学知识，根据"自我防卫机制"的文饰心理，称赞日方此次谈判的确精明强干，中方就只能选择 A 国或 C 国的产品了。日方掂量再三，还是认为成交可以获利，告吹只能赔本。这正如本杰明富兰克林的观点所表明的那样，"最好是尽自己的交易地位所能许可来做成最好的交易。最坏的结局，则是由于过于贪婪而未能成交，结果本来对双方都有利的交易却根本没有能成交"。

【讨论题】

1. 采购谈判应遵循哪些原则？
2. 如何灵活应用采购谈判策略？

▷ 本章小结

采购谈判是商务谈判的一种形式。采购谈判指采购商在货物购买过程中与供应商对购销业务有关事项进行协商的过程。采购谈判通过讨价还价就货物的品种、质量要求、交货的时间、技术规格、价款和交易术语等合同要件进行反复磋商，使意向趋于一致，达成共识。采购谈判具有获得以经济利益为目的、以价值谈判为核心、注重合同条款的严密性与准确性、采购谈判对象的广泛性和不确定性、合作性与冲突性结合以及原则性和可调整性结合的特点。采购谈判按照谈判人员数量可分为"一对一"谈判、小组谈判和大型谈判；按照谈判地域可分为主座谈判、客座谈判、主客座轮流谈判和第三地点谈判等类型。采购谈判一般是为了达到以下目的：希望获得供应商提供的质量好、价格合理的货物；希望获得供应商较好的服务保障条件；希望发生货物短缺、货物损失时获得合理的赔偿；当发生货物质量、数量等纠纷、产生赔偿争议时，能够妥善解决问题。采购谈判的内容主要包括采购货物的品质和包装、采购数量、送货条件、退货、价格及价格折扣优惠、付款条件和售后服务保证等方面。在采购谈判中应遵循平等原则、互利原则、对等原则、求同原则、充分准备的原则、迂回原则、阶梯原则和墨菲原则。采购谈判一般要经历询盘、发盘、还盘和接受四个程序。在采购谈判中采购谈判策略是为采购谈判服务的，其基本策略主要有避免争论策略、抛砖引玉策略、留有余地策略、避实就虚策略、保持沉默策略、忍气吞声策略、多听少讲策略、情感沟通策略、先苦后甜策略和最后期限策略。

➤ 关键概念

采购谈判　采购谈判类型　采购谈判原则　采购谈判策略

➤ 复习思考题

1. 采购谈判具有哪些特点？
2. 采购谈判的适用条件有哪些？
3. 采购谈判应遵循哪些原则？
4. 试述采购谈判的过程。
5. 结合实际，试析采购谈判中的主要策略。

第 9 章

采购合同管理

> ➤ **本章导读**
>   - 掌握采购合同的概念和特征；
>   - 了解采购合同的内容和形式；
>   - 认识采购合同管理的主要内容；
>   - 明确采购方和供应方的权利和义务。

9.1 采购合同内容与形式

9.1.1 采购合同的概念和特征

1. 采购合同的概念

由于合同的广泛应用，对合同的概念也有不同的解释。从广义上说，合同是指任何确立当事人权利义务的协议，它不仅包括民事合同，还包括行政法、劳动法等所有法律部门的合同关系。

狭义的合同概念仅仅指民事上的合同，是确立、变更和终止民事法律关系的协议。本书中所讲的合同就是狭义的合同概念。

采购过程中的重要步骤是与提供产品或服务的供应商达成协议，这种协议又称为合同或受法律约束的协议。按照我国《合同法》第 2 条规定："合同是平等主体的自然人、法人和其他组织之间设立、变更、终止民事权利义务关系的意思一致的协议。"所谓采购合同是指采购商和供应商达成的具有法律效力的协议。

2. 采购合同的特征

采购合同属于买卖合同，具有买卖合同的一般特征。

（1）双方当事人订立的采购合同，是以转移财产所有权为目的的。

（2）采购人取得合同约定的标的物，必须支付相应的价款。

（3）采购合同是双务、有偿合同。双方互负一定义务，供货人应当保质、保量、按期交付合同订购的标的物，采购人应当按合同约定的条件接收标的物并及时支付货款。

（4）采购合同是诺成合同。除了法律有特殊规定的情况外，当事人在合同上签字盖章合同即生效，并不以实物的交付为合同成立的条件。

3. 采购合同的功能

采购合同在商务活动中具有十分重要的功能，具体表现在：

（1）规定采购方、供应商双方的权利和义务。这是构成合同的主要内容，主要由合同条款加以规定，有些由法律规定产生。

（2）阐明协议中的详细内容，如价格、履行方式、规格、支付日期等。

（3）说明所依据的法律。

（4）明确采购商和供应商双方之间的责任。例如，如果供应商延迟交付货物，采购商享有的权利等。

9.1.2　采购合同的内容

一般说来，采购合同由首部、正文和尾部构成。

1. 首部

1）合同名称

2）合同编号

3）采购方和供应商双方的企业名称

4）签订日期

5）签订地点

2. 正文

1）商品的品种、规格和数量

商品的品种应具体，避免使用综合品名；商品的规格应具体规定颜色、式样、尺码和牌号等；商品的数量多少应按国家统一的计量单位标出；必要时可附上商品品种、规格、数量明细表。

2）商品的质量和包装

采购合同中应规定商品所应符合的质量标准，注明是国家或部颁标准；无国家和部颁标准的应由双方协商或凭样订（交）货；对于副、次品应规定出一定的比例，并注明其标准；对实行保换、保修、保退办法的商品，应写明具体条款；

对商品包装的方法、使用的包装材料、包装式样、规格、体积，重量、标志及包装物的处理等，均应有详细规定。

3）商品的价格和结算方式

采购合同中对商品的价格要作具体的规定，规定作价的办法和变价处理等，以及规定对副品、次品的扣价办法，规定结算方式和结算程序。

4）交货期限、地点和发送方式

交（提）货期限（日期）要按照有关规定，并考虑双方的实际情况、商品特点和交通运输条件等。同时，应明确商品的发送方式是送货、代运，还是自提。

5）商品验收办法

合同中要具体规定在数量和质量上验收商品的办法、期限和地点。

6）违约责任

签约一方不履行合同，必将影响另一方经济活动的进行，因此违约方应负物质责任，赔偿对方遭受的损失。在签订采购合同时，应明确规定，供应商有以下三种情况时应付违约金或赔偿金：

（1）不按采购合同规定的商品数量、品种、规格供应商品。

（2）不按采购合同中所规定商品质量标准交货。

（3）逾期发送商品。采购方有逾期结算货款或提货、临时更改到货地点等，应付违约金或赔偿金。

7）采购合同的变更和解除的条件

采购合同中应规定，什么情况下可变更或解除合同，什么情况下不可变更或解除合同，通过什么手续来变更或解除合同等。

此外，采购合同应视实际情况，增加若干具体的补充规定，使签订的采购合同更切实际，行之有效。

3. 尾部

1）采购合同份数及生效日期

2）签订人签名

3）签约双方盖章

9.1.3 采购合同的形式

采购合同的形式是指缔约当事人所达成的协议的表现形式。采购合同的形式是由采购合同及其内容决定的。对于比较复杂的采购合同，法律一般规定采用书面等形式。而对简单的采购合同，一般都由当事人协商选择合同的形式。《民法通则》第56条规定："民事法律行为可以采用书面形式、口头形式或者其他形式。法律规定用特定形式的，应当依照法律的规定"。这是我国法律对合同形式的一般规定。实践中常见的采购合同有以下几种形式：

1. 口头形式

口头形式是合同当事人直接以对话的形式订立的采购合同。口头形式简便易行、迅速直接，这对加速商品流转有着十分重要的作用，因而，现代合同法以不要式为原则。口头形式也有很大的缺点，就是发生纠纷时难以证明，不易分清责任。因而，它比较适合于标的数量不大、内容简单且能即时清结的采购合同关系。企业、个体工商户、农村承包经营户之间订立的采购合同，一般不宜采用口头形式，而应当采用书面形式或其他形式。尤其是我国目前商业信誉较低，合同履约率不高的状况下，当事人更应当采取谨慎的态度，不宜轻信对方，以防止纠纷发生后因缺乏证据而造成损失。

2. 书面形式

书面形式是指当事人以文字表达协议内容的采购合同形式。书面形式的主要优点在于：它能够通过文字凭据确定当事人之间的权利和义务，既有利于当事人依据该文字凭据作出履行，也有利于在发生纠纷时有据可查，准确地确定当事人的权利义务和责任，从而能够合理公正地解决纠纷。书面形式包括三种：

1）采购合同书

采购合同书是指载有采购合同条款且有当事人双方的签字或盖章的文书。其特点为：①采购合同书必须以文字的方式为内容载体，也就是必须要有某种文字凭据；②采购合同书必须载有采购合同的条款，否则就不能成为采购合同；③采购合同书必须要有双方当事人及其代理人的签字或盖章。

2）信件

信件是指载有采购合同条款的文书，是当事人双方通过书信交往积累下来的文件。

3）数据电文

数据电文包括电报、电传、传真、电子数据交换和电子邮件。合同法承认数据电文形式可以作为书面形式，还具有以下几点原因：一是合同法承认电子合同可以成为书面形式，从根本上讲是有利于促进电子商务发展的；二是合同法承认电子合同成为书面形式，有助于使当事人意识到订立合同的后果；三是如果不将电子合同形式规定下来，则电子合同又不同于口头形式，因为它不是对话的方式，也可以打印在纸张上，这样就会在法律上不能明确其究竟属于哪一种缔约形式，从而使这种交易不具有合法性。

3. 公证形式

公证形式是当事人约定，以国家公证机关对采购合同内容加以审查公证的方式订立采购合同时所采取的一种合同形式。公证机关公证一般以书面形式为基础，对采购合同的真实性、合法性进行审查，然后制作公证书，以资证明。经过公证的采购合同，只要没有相反证明，司法、仲裁机关一般承认其效力。我国法律对公证实行自愿原则，是否公证，由缔约方自己决定。但合同当事人约定公证以后生效的，必须经过公证才能发生法律效力，有些地区以行政命令方式规定一切合同必须经过公证才生效，这是违反法律的，不能以这些行政命令为依据而认定未经公证的采购合同无效。

4. 鉴证形式

鉴证形式是以国家合同管理机关对采购合同的真实性、合法性进行审查而订立合同的一种形式。鉴证是国家对合同进行监督管理的行政措施，由各地工商行政管理局进行，鉴证也由当事人选择采用。

9.2　采购合同的管理

采购合同管理涉及从采购合同签订到采购合同终止期间，供应商或采购商关于合同的所有活动。采购合同管理的目标是解决采购合同期间出现的任何问题，确保合同订立双方履行合同的义务。

9.2.1　对采购合同订立的管理

加强对采购合同订立的管理，一方面是要对订立合同的准备工作加强管理，在订立合同之前，应当认真研究市场需要和货源情况，掌握企业的经营情况、库存情况和合同对方单位的情况，依据企业的购销任务收集各方面的信息，为订立采购合同、确定合同条款提供信息依据。另一方面是要对订立合同过程加强管理，在订立采购合同时，要按照有关的合同法规规定的要求，严格审查，使订立的采购合同合理合法。

1. 订立采购合同的原则

1）采购合同的当事人必须具备法人资格

这里所指的法人，是有一定的组织机构和可独立支配财产，能够独立从事商品流通活动或其他经济活动，享有权利和承担义务，依照法定程序成立的企业。

2）采购合同必须合法

也就是必须遵照国家的法律、法令、方针和政策签订采购合同，其内容和手续应符合有关合同管理的具体条例和实施细则的规定。

3）签订采购合同必须坚持平等互利，充分协商的原则

4）订立采购合同必须坚持等价、有偿的原则

2. 订立采购合同的一般程序

订立采购合同一般要经过要约和承诺两个阶段。

1）要约

要约是希望和他人订立采购合同的意思表示。要约要具备以下条件：

（1）要约是由特定人作出的意思表示。要约旨在与他人订立采购合同，所以，要约人必须是订立合同一方的当事人，这就要求要约人是特定之人。只有如此，受要约人才能对之作出承诺，从而订立采购合同。

（2）要约必须具有订立采购合同的意图。此在合同法第 14 条第（2）项中已有规定，即要约应表明，一经受要约人承诺，要约人即受该意思表示约束，与之建立合同关系。实践中，应根据要约所实际使用的语言、文字和其他情况判断要约人是否决定与受要约人订立采购合同。

（3）要约一般要向要约人希望与之订立合同的受要约人发出。只有这样才能唤起受要约人的承诺，从而订立采购合同。然而，对于受要约人是否必须是特定的人，则有不同看法。本书认为，要约原则上应向特定的人发出（可以是一人，也可以是数人），但法律并不禁止要约向不特定人发出。

2）承诺

承诺是受要约人同意要约的意思表示。根据合同法的规定及理论通说，承诺须具备以下条件：

（1）承诺必须由受要约人作出。其一，承诺必须是受要约人的意思表示。如果要约是向特定人发出的，承诺须由该特定人作出；如果是向不特定人发出的，不特定人均具有承诺资格。受要约人以外的人，不具有承诺资格。其二，承诺可由受要约人本人作出，也可由其代理人作出。

（2）承诺必须在合理期限内向要约人发出。承诺应当在要约确定的期限内到达要约人。要约没有确定承诺期限的，如果要约以对话方式作出的，应当及时作出承诺的意思表示，但当事人另有约定的除外；如果要约以非对话方式作出的，承诺应当在合理期限内到达受要约人。合同法第 24 条规定，要约以信件或者电报作出的，承诺期限自信件载明的日期或者电报交发之日开始计算。信件未载明日期的，自投寄该信件的邮戳日期开始计算。

（3）承诺的内容必须与要约的内容相一致。合同法第 30 条规定，承诺的内容应当与要约的内容一致。受要约人对要约的内容作出实质性变更的，为新要约。有关对采购合同标的、数量、质量、价款或者报酬、履行期限、履行地点和方式、违约责任和解决争议方法等的变更，是对要约内容的实质性变更。本条规定揭示了承诺的内容要件，即承诺的内容必须与要约内容一致。所谓内容一致，具体表现在：承诺是无条件的同意，不得限制、扩张或者变更要约的内容，否则不构成承诺，而应视为对要约的拒绝并作出一项新要约（或称反要约）。但承诺的内容并不要求与要约的内容绝对一致或完全等同，即允许承诺对要约的内容作非实质性变更。但合同法第 31 条又规定：承诺对要约的内容作出非实质性变更的，除要约人及时表示反对或者要约表明承诺不得对要约的内容作出任何变更的以外，该承诺有效，合同的内容以承诺的内容为准。由此可见，非实质性变更的承诺在以下两种情况下不能生效：一是要约人及时表示反对；二是要约中明确表示不得作任何变更。

9.2.2　对采购合同履行的管理

采购合同的履行，是指采购合同的当事人按照合同完成约定的义务，如交付货物、提供服务、支付报酬或价款、保守秘密等。在社会生活中，人们之所以要磋商和订立采购合同，以自己的某种具有价值的东西去与别人交换，无非是期望能获得更大的价值，创造更多的财富。而这一价值能否实现，完全依赖于双方订立的采购合同能否真正得以履行。如果仅仅是订立了合同而没有实际履行合同，那么不但争取签约的所有努力都会付之东流，而且还可能招致经济上和信誉上的严重损失。因此，履行合同是实现采购合同目的最重要和最关键的环节，直接关系到采购合同当事人的利益。在采购合同履行的管理方面，企业应当设置专门机构或专职人员，建立合同登记、汇报检查制度，以统一保管合同、统一监督和检查合同的执行情况，及时发现问题采取措施，处理违约、提出索赔、解决纠纷，保证合同的履行。同时，可以加强与合同对方的联系，密切关注双方的协作，以利于采购合同的实现。

1. 采购合同履行的原则

1）全面履行原则

《合同法》第 60 条第 1 款规定："当事人应当按照约定全面履行自己的义务。"这一规定，确立了全面履行原则。全面履行原则，又称适当履行原则或正确履行原则。它要求采购合同当事人按合同约定的标的及其质量、数量，合同约定的履行期限、履行地点，以及适当的履行方式，全面完成合同义务的履行原则。

2）诚实信用原则

《合同法》第 60 条第 2 款规定："当事人应当遵循诚实信用原则，根据合同的性质、目的和交易习惯履行通知、协助、保密等义务"。此规定可以理解为在采购合同履行问题上将诚实信用作为基本原则的确认。

3）情势变更原则

情势变更原则，是指采购合同成立起至履行完毕前，合同存在的基础和环境因不可归属于当事人的原因发生变更，若继续履行合同将显示不公平，故允许变更采购合同或者解除采购合同。

2. 采购合同的变更

1）采购合同的变更概念

采购合同的变更有广义、狭义之分。广义的采购合同变更指采购合同主体和内容的变更，是采购合同债权或债务的转让，即由新的债权人或债务人替代原债权人或债务人，而合同内容并无变化；狭义的采购合同变更指采购合同当事人权利义务的变化，是采购合同内容的变更。从我国《合同法》第五章的有关规定看，采购合同的变更仅指采购合同内容的变更，采购合同主体的变更称为合同的转让。

2）采购合同变更的条件

（1）原已存在有效的采购合同关系。采购合同的变更，是改变原采购合同关系，无原采购合同关系便无变更的对象，所以，采购合同变更以原已存在采购合同关系为前提。同时，原采购合同关系若非合法有效，如采购合同无效、采购合同被撤销、追认权人拒绝追认效力未定的采购合同，也无采购合同变更的余地。

（2）采购合同内容发生变化。采购合同内容的变化包括：标的物数量的增减；标的物品质的改变；价款或者酬金的增减；履行期限的变更；履行地点的改变；履行方式的改变；结算方式的改变；所附条件的增添或去除；单纯债权变为选择债权；担保的设定或取消；违约金的变更；利息的变化。

（3）经当事人协商一致或依法律规定。《合同法》第77条第1款规定，"当事人协商一致，可以变更合同"。采购合同变更通常是当事人合议的结果。此外，采购合同也可以基于法律规定或法院裁决而变更，如《合同法》第54条规定，一方当事人可以请求人民法院或者仲裁机关对重大误解或显失公平的合同予以变更。

（4）法律、行政法规规定变更采购合同应当办理批准、登记等手续的，应遵守其规定。

3）采购合同变更的效力

采购合同变更的实质在于使变更后的采购合同代替原采购合同。因此，采购合同变更后，当事人应按变更后的合同内容履行合同。

采购合同变更原则上对将来发生效力，未变更的权利义务继续有效，已经履行的债务不因采购合同的变更而失去合法性。采购合同的变更，影响当事人要求赔偿的权利。原则上，提出变更的一方当事人对对方当事人因合同变更所受的损失应负赔偿责任。

3. 采购合同的解除

1）采购合同解除的概念

采购合同解除，是指采购合同生效后，在一定条件下通过当事人的单方行为或者双方合意终止合同效力或者解除合同关系的行为。采购合同解除有以下法律特征：

（1）合同解除是对有效合同的解除。合同解除以有效成立的合同为标的，其目的在于解决有效成立的合同提前解除的问题。这是合同解除与合同无效、合同撤销及要约或承诺的撤回等制度的不同之处。

（2）采购合同的解除必须具有解除事由。采购合同一经有效成立，即具有法律约束力，双方当事人必须信守约定，不得擅自变更或解除，这是合同法的重要原则。只是在主客观情况发生变化，采购合同履行成为不必要或不可能的情况下，才允许解除采购合同。这不仅是合同解除制度的存在依据，也表明采购合同解除必须具备一定的条件，否则便构成违约。

（3）采购合同解除必须通过解除行为实现。具备采购合同解除的条件，采购合同并不必然解除。要使采购合同解除，一般还需要解除行为。解除行为有两种类型：一是当事人双方协商同意；二是享有解除权一方的单方意思表示。

（4）采购合同解除的效果是使采购合同关系消失。

2）采购合同解除的分类

（1）单方解除与协议解除。单方解除是指依法享有解除权的一方当事人依单方意思表示解除合同关系；协议解除是指当事人双方通过协商同意将合同解除的行为。

（2）法定解除与约定解除。采购合同解除的条件由法律直接加以规定的，称为法定解除。约定解除，是当事人以合同形式约定为一方或双方设定解除权的解除，解除权可以赋予当事人一方，也可以赋予当事人双方。设定解除权，可以在订立采购合同时约定，也可以在合同成立后另订立设定解除权的合同。

3）采购合同解除的法定条件

（1）因不可抗力致使不能实现合同目标。不可抗力致使采购合同目标不能实现，该采购合同失去意义，应归于解除。在此情况下，我国合同法允许当事人通过行使解除权的方式解除合同关系。

（2）在履行期限届满之前，当事人一方明确表示或者以自己的行为表明不履行主要债务。此即债务人拒绝履行，也称毁约，包括明示毁约和默示毁约。作为采购合同解除条件，一是确定债务人有过错，二是拒绝违法行为（无合法理由），三是有履行能力。

（3）当事人一方迟延履行主要债务，经催告后在合理期限内仍未履行。也即供应方迟延履行。根据合同的性质和当事人的意思表示，履行期限在采购合同的内容中非属特别重要时，即使债务人在履行期届满后履行，也不致使采购合同目标落空。在此情况下，原则上不允许采购方立即解除合同，而应由采购方向供应方发出履行催告，给予一定的履行宽限期；供应方在该履行宽限期届满时仍未履行的，采购方有权解除采购合同。

（4）当事人一方迟延履行债务或者有其他违约行为致使不能实现采购合同目标。对某些采购合同而言，履行期限至关重要，如采购方不按期履行，采购合同目标即不能实现，于此情形，采购方有权解除采购合同。当其他违约行为致使合同目标不能实现时，也应如此。

4. 违约责任

1）违约责任的概念

违约责任是违反合同的民事责任的简称，是指采购合同当事人一方不履行采购合同义务或履行采购合同义务不符合采购合同约定所应承担的民事责任。

2）违约责任的形式

违约责任的形式，即承担违约责任的具体方式。《合同法》第107条规定，当事人一方不履行合同义务或者履行合同义务不符合约定的，应当承担继续履行、采取补救措施或者赔偿损失等违约责任。

（1）继续履行也称强制履行，是指违约方根据对方当事人的请求继续履行采购合同规定的义务的违约责任形式。

（2）采取补救措施作为一种独立的违约责任形式，是指矫正采购合同不适当履行（质量不合格）、使履行缺陷得以消除的具体措施。这种责任形式，与继续履行（解决不履行问题）和赔偿损失具有互补性。采取补救措施的具体方式是修理、更换、重做、退货、减少价款或报酬等。

（3）赔偿损失，在合同法上也称违约损害赔偿，是指违约方以支付金钱的方式弥补受害方因违约行为所减少的财产或者所丧失的利益的责任形式。赔偿损失的确定方式有两种：法定损害赔偿和约定损害赔偿。

（4）违约金是指当事人一方违反合同时应当向对方支付的一定数量的金钱或财物。依不同标准，违约金可分为：法定违约金和约定违约金；惩罚性违约金和补偿性（赔偿性）违约金。

（5）定金是指采购合同当事人为了确保采购合同的履行，根据双方约定，由一方按合同标的额的一定比例预先付给对方的金钱或其他替代物。《担保法》对此作了专门规定。《合同法》第115条也规定：当事人可以依照《担保法》约定一方向对方给付定金作为债权的担保。债务人履行债务后，定金应当抵作价款或者收回。给付定金的一方不履行约定债务的，无权要求返还定金；收受定金的一方不履行约定债务的，应当双倍返还定金。据此，在当事人约定了定金担保的情况下，如一方违约，定金罚则即成为一种违约责任形式。

9.3 采购合同中的法律关系

9.3.1 采购商的权利和义务

1. 采购商的权利

（1）采购商有权申请依法保护采购合法权益。

（2）采购商有权自行选择供应商，任何单位和个人不得以任何方式要求采购人向其指定的供应商进行采购。

(3) 采购商有权规定采购项目的特定条件，根据采购项目的特殊要求，规定供应商应当具备一般条件之外的特定条件。

(4) 采购商有权审查供应商的资格，可以要求供应商提供有关资质证明文件和业绩情况，并根据供应商的必备法定条件和采购项目的特定要求，对供应商的资格进行审查。

(5) 采购商有权认可供应商采取分包方式履行采购合同，中标、成交供应商依法采取分包方式履行合同，应经采购人同意，并就采购项目和分包项目向采购人负责。

(6) 采购商有权控告、检举采购违法行为，针对采购活动中的违法行为向有关部门和机关进行控告和检举。

2. 采购商的义务

(1) 维护国家利益和社会公共利益及促进经济社会发展，自觉规范采购行为，提高采购资金的使用效益，维护国家利益和社会公共利益。

(2) 依法遵循采购原则。

(3) 维护采购市场秩序和确保供应商公平竞争。不得对供应商实行差别待遇或歧视待遇，不得排斥其他供应商参与竞争，不得与采购当事人相互串通损害国家、社会和其他当事人的合法权益，不得接受采购相关当事人的贿赂和其他利益。

(4) 按照法定程序进行采购，无论采取何种采购方式，都应遵循法定程序。

(5) 支付价款。价款是采购商获取货物所有权的对价。依采购合同的约定向供应商支付价款，必须按采购合同约定的数额、时间、地点支付价款。

(6) 采购合同无约定或约定不明的，应依法律规定、参照交易惯例确定。

(7) 受领货物时，对于供应商交付货物及其有关权利和凭证，采购人有及时受领义务。

(8) 对货物检查通知的义务。采购人受领货物后，应当在当事人约定或法定期限内，依通常程序尽快检查货物。若发现应由供应商负担保责任的瑕疵时，应妥善保管货物并将其瑕疵立即通知供应商。

3. 采购商的法律责任

1) 一般违法行为

一般违法行为包括：应当采用公开招标却擅自采用其他采购方式；擅自提高采购标准，以不合理的条件对供应商实行差别、歧视待遇；在招标过程中与投标人协商谈判，中标、成交通知书发出后不与中标、成交供应商签订采购合同；拒绝有关部门依法实施监督检查。采购商出现上述违法行为的，由有关监督管理部门责令采购人限期改正，给予警告并可处罚款。对直接主管和其他直接责任人，由其上级主管部门或有关机关给予处分并予通报。

2）严重违法行为

严重违法行为包括：采购商与供应商或采购代理机构恶意串通；在采购过程中接受贿赂或获取其他不正当利益；在有关部门依法实施的监督检查中提供虚假情况。如果上述行为构成犯罪的，依法追究刑事责任；尚不构成犯罪的处以罚款，有违法所得的予以没收，属于国家机关工作人员的给予行政处分。

采购商的某一违法行为如果影响或可能影响中标、成交结果，并因采购合同履行给供应商造成损失，采购商应承担相应的赔偿责任。如果给他人造成损失，应按照有关民事法律规定承担民事责任。

不按规定集中采购和未依法公布采购标准与结果的违法行为，分别承担改正、被停拨预算资金及责任人处分相关责任。

集中采购的项目不委托集中采购的，由政府采购监督管理部门责令改正；拒不改正的，停止按采购预算支付资金，由其上级部门或有关机关依法给予其直接主管和其他直接责任人员处分。采购商未依法公布采购项目的标准和结果的，责令改正，对直接主管人员依法给予处分。

对隐匿、销毁、伪造、变造采购文件的违法行为，承担经济处罚和责任人处分直至刑事责任。

采购商违法隐匿、销毁或伪造、变造采购文件的，由政府采购管理部门处以2万元以上10万元以下的罚款，对其主管和其他责任人员依法给予处分；构成犯罪的，依法追究刑事责任。

对阻挠和限制供应商进入采购市场的违法行为，采购商承担改正和责任人处分责任。

采购单位或个人阻挠和限制供应商进入本地区或本行业政府采购市场的，责令限期改正；拒不改正的，由其上级主管部门或有关机关给予责任人处分。

9.3.2　供应商的权利和义务

1. 供应商的权利

（1）平等取得采购供应商资格的权利。就我国目前的情况来看，任何具有合法经营资格的商家，只要符合采购供应商资格要求，都可以成为采购的供应商。

（2）平等地获得采购信息。

（3）自主、平等地参加采购的竞争。

（4）自主、平等地签订政府采购合同。

（5）经采购人同意，供应商可以依法采取分包方式履行采购合同。

（6）供应商有权要求采购商保守自身的商业机密。在采购谈判中，采购人对不同的供应商进行谈判，供应商需要接受采购商的资格审查、需要对一些内容作特殊说明，可能有一些内容涉及供应商的秘密，如果是采购商必须了解的内容，供应商有义务按照规定提供，但作为采购方，应该尊重供应商的正当要求，保守供应商的商业机密，采购商对于供应商的谈判内容、谈判条件等，同样负有保密的义务和责任。

（7）如果采购商因故要变更或中止、终止采购合同，必须与供应商进行协商，供应商有权要求保护自身正当利益，要求采购商给予合理的赔偿。

2. 供应商的义务

采购供应商在参与采购活动中，必须承担法律规定的义务和责任。供应商的义务主要体现在以下各个方面：

（1）供应商必须遵循政府采购的各项法律法规。

（2）按规定接受采购供应商资格审查，在资格审查中客观真实地反映自身情况。

（3）在采购活动中，按照采购人的要求提供内容真实的信息。

（4）按规定的程序与采购商签订合同。

（5）向采购商交付货物并转移货物的所有权。这是供应商最基本的义务。在司法实践中，交付与所有权转移的关系，因具体情况而异，并不完全一致。供应商履行交付义务，必须在双方约定的地点、期限，按照采购合同约定的数量和品质标准交付。其中一项不符合要求，采购商就要承担违约责任。

（6）对货物的瑕疵担保义务。所谓供应商的瑕疵担保义务，包括货物的瑕疵担保和权利瑕疵担保两方面的内容。供应商对货物的瑕疵担保义务，就是说供应商应该保证他所交付的货物不存在可能使其价值或者使用价值降低的缺陷或其他不符合采购合同约定的品质问题。而对权利的瑕疵担保义务，是指供应商应该保证他所出卖的货物不侵犯任何第三方的合法权益。

3. 供应商的法律责任

（1）提供虚假资格材料。在供应商资格审查中，虚报自身的技术、经济实力，提供虚假财务报告，误导资格审查人员。

（2）为达到不正当目的相互恶意串通。包括供应商与采购商串通，供应商之间相互串通，以不正当的手段排挤其他供应商。

（3）向采购人员行贿，以获取不正当利益。这种行为，最容易导致采购的低质量与低效率等严重问题。采取不正当手段妨碍、排挤其他供应商投标、中标。有些供应商为了达到不正当目的，或者利用"领导权威"，或者利用"地缘优势"，干扰其他供应商投标。

（4）中标后无故放弃采购合同。有些供应商虽然参加投标，并且最后中标，但中标以后，可能会因一些特殊原因，例如，担心此种条件签订采购合同会亏损，或者担心履行采购合同有困难，以及中标后与中标前自身情况发生了变化，因而拒绝签订采购合同。

（5）擅自中止、终止合同。供应商在签订合同以后，由于主观或客观上的原因不认真履行合同，或者中途中止，或者彻底终止。

（6）擅自降低标的功能标准或改变功能结构。供应商在提供工程、货物、服务时，擅自降低原来规定的功能标准，改变功能结构，使采购原有的功能要求得不到保证。此种情况更多地发生在工程和较为复杂的货物采购方面。

（7）运用法定标准以下的材料。运用法定标准以下的材料，是采购领域最经常发生的问题之一。一种是运用合同规定标准以下的材料，而另一种更坏的情况是，运用假冒伪劣材料，导致采购质量严重下降，甚至可能导致国家和人民的财产出现重大损失。

（8）故意供给不足。故意供给不足，就是通常所说的"短斤少两"。供应商为了获得更多的利润，很容易在供给分量上做手脚，运用不同的方法减少供应。

（9）擅自进行合同转让、转包、分包。供应商将获得的合同项目进行转让、转包、分包，是普遍存在的现象，特别是有些供应商，其参与投标竞标的目的，并不是为了自己去完成，而是通过转让合同，或者分包、转包，以此作为获利的手段。但是，同时，在现实的经济活动中，合同转让、分包很容易导致中间环节过多、采购质量下降等严重问题。

（10）拒绝有关部门监督检查。对于采购活动中，供应商方面可能出现的违纪违规的问题，应该按照处罚要求和标准进行处罚，并重点加强管理与防范。目前我国对于供应商的违规现象的处罚措施主要包括取消投标资格、扣除保证金、罚款、没收非法所得、经济赔偿、纳入供应商"黑名单"、禁止参加政府采购活动、吊销营业执照；构成犯罪的，依法追究刑事责任等。

➤ 案例　细节决定成败

东北某林区木材厂是一个近几年生意红火的中型木器制造厂。几年来，依靠原材料有保证的优势，就地制造成本比较低的传统木器，获得了可观的经济效益。但是该厂的设备落后，产品工艺比较陈旧，限制了工厂的发展。因此，该厂决定投入巨资引进设备技术，进一步提高生产效率，开拓更广阔的市场，于是他们通过某国际经济技术合作公司代理与外国某木工机械集团签订了引进设备的合同，总价值110万美元。

外方按照合同规定，将设备到岸进厂，外方人员来厂进行调试安装。中方在验收中发现，该机部分零件磨损痕迹严重，开机率不足70%，根本不能投入生产。中方向外方指出，你方产品存在严重质量问题，没有达到合同机械性能保证的指标，并向外方征询解决办法。外方表示将派强有力的技术人员赴厂研究改进。2 个月后，外方派来的工作组到厂，更换了不符合标准的部分零件，对机器进行了再次的调试，但经过验收仍然不符合合同规定的技术标准。调试研究后外方应允回去研究，但一去 3 个月无下文。后来厂方经过代理公司协调，外方人员来厂进行一次调试，验收仍未能通过。中方由于安装、调试引进的设备已基本停产，半年没有效益。为了尽快投入生产，中方认为不能再这样周旋下去，准备通过谈判，做出一些让步，只要保证整体符合生产要求即可。这正中外方下怀，中方提出这个建议后，他们马上答应，签署了设备验收备忘录，外方公司进行三次调试。但调试后，只有一项达到标准，中方认为不能通过验收。但外方公司认为已经达到规定标准，双方遂起纠纷。

本来，外方产品质量存在严重问题，中方完全有理由表示强硬态度，据理力争，但双方纠纷发生后，外方却显得理直气壮，反而搞得中方苦不堪言。其症结到底何在呢？

原来，双方签署的备忘录中，经中方同意，去掉了部分保证指标，并对一些原规定指标进行了宽松的调整，实际上是中方做出了让步。但是让步必须是有目的和有价值的，重新拟定的条款更需做有利于中方的、明确清晰的规定，不然可能造成新的被动。但该备忘录中竟然拟定了这样的条款标准：某些零部件的磨损程度"以手摸光滑为准"；某某部件"不得出现明显损伤"等。这种空泛的、无可量化的、无可依据的条款让外方钻了空子。根据这样的模糊规定，他们坚持认为达到了以上标准，双方争执不下。你中国人摸着不光滑，我外国人摸着就是光滑。拿什么来做共同依据呢？中方面对自己同意的条款义正辞严，但对于白纸黑字却说不清道不明。显然，掉在人家设的圈套里面了！

外国公司所采取的是精心炮制好的策略，一段套着一段走。一开始，他们给你一套不合格的设备，能蒙就蒙，能骗就骗，如果骗不过去，就采取第二步，就是拖，逼着你主动让步。结果就拖出一个备忘录来。外方的调试显得很有耐心，但中方的效益却随之流失。这时候，中方的一位负责人说，签订合同时，有关索赔条款的很多内容他都不是很清楚，也未请律师，当时只把索赔看成了一种不可不有的合同模式，也根本未想到会出现纠纷。可见这位负责人的意识是多么的淡薄，而没有正确的纠纷意识，又怎会有强烈的竞争意识呢？

中方在外商一改"耐心诚恳"的态度，拒不承认产品质量不符合标准的情况下，终于被迫求助于法律，聘请了律师，要求外方按原合同赔偿损失。外方在千方百计地拖延 1 个月之后，才表示愿意按实际损失来赔偿。中方认为，赔偿后至少可以保本，但结果又是南柯一梦！在原合同中，精明的外方在索赔条款中写进了一个索赔公式，由于这个公式相当复杂，签约时中方人员根本没有认真研究就接受了。他们没有想到会有纠纷，也根本没有把这公式当回事。现在，外方拿来这个公式，面对面地给你算细账。结果一出来，外方看着屏幕微笑，中国人看着屏幕发呆。原来，按照这个公式计算，即使这套设备完全不符合要求，视同报废，外方也仅仅赔偿设备引进总价的0.8％！还不说你已承认其中一项指标符合标准！110万美元的损失只赔偿约1万美元，中方负责人被激怒了，外方却如终彬彬有礼地微笑。

此时，纠纷的解决已无可能，律师写上建议依法提出仲裁。但查看合同有关仲裁的条款时，令人大吃一惊。如按合同进行仲裁，吃亏的仍然是中方。因为合同中写道："如果在本合同中，发生一切纠纷，均需执行仲裁，仲裁在被诉一方所在国进行。"这就是说，如果中方向提出仲裁，只能在对方所在国进行，中方将要付出巨大的代价。但如果不提出仲裁，将受到巨大的损失。但外方不可能提出仲裁。如果中方想要外方提出仲裁，中方只能有一种手段，就是拒付货款。在国际贸易中，中国银行出具的不可撤销的保证函已与合同一起生效，银行方面保证信誉，遵守国际惯例，根本不可能拒付。也就是说，中方违约不存在客观可能性。在这种情况下，仲裁与否，中方真是进退两难。

对方对此胸有成竹，他们深深了解中方想仲裁而又不愿意到外国仲裁的矛盾。当中方每次提出干脆以仲裁的方式解决时，他们马上旁敲侧击提醒你他们国家仲裁历时要多么长，花销要多么大等。而中方一次次望而却步时，他们却又要新的花招，开始新的进攻。他们趁中方这种欲进不能、欲罢不止的情况下，一再提出所谓的新的解决妥协。最后，中方在万般无奈的情况下，接受了对方总额为12％的赔偿，同时提供另外3％零件的最终方案。那台机器两年来根本就不能运转，没有创造任何经济效益。现在，虽然能勉强运转，仍需要不断地调整修理。即便如此，也只有60％左右的生产效率。

分析：

在这个案例中，中方在签订采购合同时没有仔细地确定采购合同的细节，而只是想当然认为不会发生纠纷，并且对采购合同条款认识不清楚，最终上当受骗，而且不能挽回损失，给厂家造成了重大的损失。因此，在谈判中，在签订采购合同的时候，要注意确定谈判的细节和签约的细节，不能马虎大意，否则容易引起纠纷，于己于人都是不利的。

细节决定成败。交易过程中，往往是一个细节决定了全局的命运。所以，谈判人员在确定交易细节的过程中，要有重视细节的精神，不能忽视任何一个细节。

另外还值得注意的是，谈判是一种斗智的工作，可能的情况是，双方为了各自的利益而不顾其他，有时候为了自己利益而欺骗对方，尤其是对于不熟悉的客户，或者不是长期业务合作的客户。这时候，就要小心谨慎，不能自以为是。而要在采购合同签署之前，确认每一个细节条款，对于不合理的地方，要及时指出，共同商讨，如果不能达成一致的话，宁愿放弃这次谈判。

当然，还要注意，采购合同的细节一般来说应该由双方商讨制订，不能由一方单独确定。否则，即为无效的条款。

【讨论题】

1. 在签订采购合同时应注意哪些细节？
2. 在签订采购合同时应怎样维护双方的利益？

➤ 本章小结

采购合同是采购中不可缺少的一个重要内容，采购合同是指采购商和供应商达成的具有法律效力的协议。采购合同的特征包括：属于买卖合同，以转移财产所有权为目的；采购人取得合同约定的标的物，必须支付相应的价款；是双务、有偿合同；是诺成合同等。采购合同一般说来由首部、正文和尾部构成。实践中常见的采购合同形式有口头形式、书面形式、公证形式和鉴证形式。对采购合同的管理涉及从采购合同签订到采购合同终止期间，供应商或采购商的关于合同的所有活动。采购合同管理的目标是解决采购合同期间出现的任何问题，确保合同订立双方履行合同的义务。在采购合同中采购商的权利主要有：依法保护其采购的合法权益；自行选择供应商；审查供应商的资格；认可供应商采取分包方式履行采购合同；控告检举采购违法行为等。采购商的主要义务是：维护国家利益和社会公共利益及促进社会经济发展，自觉规范采购行为，提高采购资金的使用效益，维护国家利益和社会公共利益；依法遵循采购原则；维护采购市场秩序和确保供应商公平竞争；按照法定程序进行采购；支付价款；及时受领货物；对货物检查通知等。在采购合同中供应商的权利主要有：平等取得采购供应商资格的权利；平等地获得采购信息；自主、平等地参加采购的竞争；自主、平等签订政府采购合同；经采购人同意，供应商可以依法采取分包方式履行采购合同；有权要求采购商保守自身的商业机密；有权要求保护自身正当利益。供应商的主要义务是：必须遵循政府采购的各项法律法规；按规定接受采购供应商资格审查，在资格审查中客观真实地反映自身情况；按照采购商的要求提供内容真实的信息；按规定的程序与采购商签订合同；向采购商交付货物并转移货物的所有权；对货物的瑕疵担保等。

➤ 关键概念

采购合同　采购合同形式　采购合同管理　采购合同中的法律关系　供应商

的权利和义务

➢ 复习思考题

1. 采购合同具有哪些特征?
2. 订立采购合同要遵循哪些原则?
3. 采购合同变更的条件是什么?
4. 简述采购合同解除的法定条件。
5. 试述采购商的权利和义务。
6. 试述供应商的权利和义务。

第*10*章

库 存 控 制

➢ **本章导读**

• 了解企业库存的基本概念以及企业库存的作用和功能；

• 了解库存控制在采购管理中的重要性；

• 理解企业通过哪些方法来控制库存；

• 掌握企业传统库存控制措施及供应商管理下的库存控制法。

从企业生产、经营活动的全过程而言，库存是指企业用于生产和/或服务，以及用于销售的储备物资。库存的形态主要包括原材料、辅助材料，在制品，产成品和外购件等四大类。库存，既是生产、服务系统合理存在的基础，又为合理组织生产、服务过程所必需。尤其在采购管理中，何时采购原材料、采购多少，都是根据库存情况来安排的。以较低的库存成本，保证较高的供货率，不仅在理论上是成立的，在实践方面也是完全可以达到的。

10.1 库存概述

10.1.1 库存的概念

库存是指处于储存状态的物资。广义的库存还包括处于制造加工状态和运输状态的物资。库存对一个企业有双重的影响：一是影响企业的成本，也就是影响物流的效率；二是影响企业生产和销售的服务水平。库存是物流总成本的重要方面，库存越多成本越高；同时，库存水平越高，保障供应的水平也越高，生产和销售的连续性越强。随着供应链管理思想和库存管理技术的提高，这个问题将被更合理地解决，"零库存"管理思想成为更多企业所追求的物流管理目标。

10.1.2　库存的分类

不同的企业，库存的对象有所不同。例如，航空公司的库存是其飞机的座位；百货商店的库存是各种各样的商品；电视机厂的库存是各种零部件、产成品等。制造企业的库存可分为原材料、产成品、零部件和在制品等，而服务业的库存则指用于销售的实物和服务管理所必需的供应品。

1. 库存对象

一般而言，制造企业的库存对象主要有以下几个方面：

（1）主要原材料。原材料是构成产品主要实体的物资，是重点储备对象，如原棉、原木和原油等。把原料进一步加工后，作为劳动对象提供的产品，称为材料，如棉花、钢材等。

（2）辅助材料。它用于生产过程，有助于产品的形成，在生产过程中起辅助作用，不构成产品主要实体，而是使主要材料发生物理或化学反应的材料。如化学反应中的接触剂、催化剂、炼铁用的溶剂等。这类物资虽不构成产品的实体，但供应不上会影响生产。

（3）燃料。它是辅助材料的一种，不加入产品，仅仅是帮助产品的形成。燃料是工业能源，如煤炭、石油、汽油和柴油等，都是生产中不可缺少的重要物资。

（4）动力。动力包括水、电、气、蒸气和压缩空气等。

（5）工具。工具主要是指生产中消耗的刀具、量具和卡具等。

（6）外协件、外购件。

（7）产成品。生产过程结束，在投入市场销售之前企业的库存成品。这部分的大小取决于生产速度和市场需要速度相互间的增减关系。

2. 库存分类

通过对上面的库存对象的分析，可以将库存进行以下分类：

1）按库存的作用和性质分

按照库存的作用和性质划分为预期性库存、缓冲性库存、在途性库存和周转性库存。

预期性库存，指为预期生产或销售的增长而保持的库存；缓冲性库存，指对未来不肯定因素起缓冲作用而保持的库存；在途性库存，指运输过程中的库存；周转性库存，指在进货时间间隔中为保证生产连续性而保持的库存。

2）按库存对象、库存时间及库存目的分

按照库存对象、库存时间及库存目的可分为经常储备库存、保险储备库存和季节性储备库存。

经常储备库存，指某种物资在前后两批进厂的供应间隔期内，为保证生产正常进行所必需的、经济合理的物资储备；保险储备库存，是为预防物资到货误期或物资的品种、规格不合要求等意外情况，保证生产正常进行而储备的物资；季节性储备库存，指物资的生产或运输受到季节影响，为保证生产正常进行而储备的库存。

3）按对物资需求的重复次数分

按对物资需求的重复次数，可将物料分为单周期库存与多周期库存。

所谓单周期需求即发生在比较短一段时间内的或库存时间不可能太长的需求，也被称作一次性订货量问题。圣诞树问题和报童问题都属于单周期库存问题。多周期需求则指在足够长的时间里对某种物品的重复的、连续的需求，其库存需要不断地补充。与单周期需求比，多周期需求问题普遍得多。

单周期需求出现在下面两种情况：

（1）偶尔发生的某种物品的需求。

（2）经常发生的某种生命周期短的物品的不定量需求。第一种情况如由奥运会组织委员会发行的奥运会纪念章或新年贺卡；第二种情况如那些易腐物品（如鲜鱼）或其他生命周期短的易过时的商品（如日报和期刊）等。对单周期需求物品的库存控制问题称为单周期库存问题，对多周期需求物品的库存控制问题称为多周期库存问题。

10.1.3　库存的作用与局限性

1. 库存的作用

1）维持销售产品的稳定

仓储管理可以有效地预防如运输延误、零售商缺货、自然灾害等意外事件的发生。销售预测型企业对最终销售产品必须保持一定数量的库存，其目的是应付市场的销售变化。这种方式下，企业并不预先知道市场真正需要什么，只是按对市场需求的预测进行生产，因而产生一定数量的库存是必需的。但随着供应链管理的形成，这种库存也在减少或消失。

2）维持生产的稳定

企业工厂（车间）发出的用料需求和客户发出的订单需求通常都是各种物资的组合。如果这些原料或产品被存放在不同的地点，企业就必须从各个地点分别运货来履行供应和服务的功能，可能会出现运达时间不同、物资弄混等问题。因此，企业可以通过建立混合仓库，用小型交通工具进行集货和交付，并在最佳时间安排这些活动以避免交通阻塞，提高服务水平。企业按销售订单与销售预测安排生产计划，并制订采购计划，下达采购订单。采购的物品需要一定的提前期，这个提前期是根据统计数据或者是在供应商生产稳定的前提下制订的，但存在一定的风险，有可能会拖后而延迟交货，最终影响企业的正常生产，造成生产的不稳定。为了降低这种风险，企业就会增加材料的库存量。

3）平衡企业物流

在企业采购材料、生产用料、在制品及销售物品的物流环节中，库存起着重要的平衡作用。采购的材料会根据库存能力、资金占用等，协调来料收货入库。同时对生产部门的领料应考虑库存能力、生产线物流情况（场地、人力等），平衡物料发放，并协调在制品的库存管理。另外，对销售产品的物品库存也要视情况进行协调（各个分支仓库的调度与出货速度等）。

4）平衡流通资金的占用

库存的材料、在制品及成品是企业流通资金的主要占用部分，因而库存量的控制实际上也是进行流通资金的平衡。例如，加大订货批量会降低企业的订货费用，保持一定量的在制品库存与材料会节省生产交换次数，提高工作效率，但这两方面都要寻找最佳控制点。

5）减少运输的复杂性

由于企业供应商的所在地不同，企业拥有的生产厂或车间也可能在不同的地点，企业的客户更是遍布各地。因此，企业如果不设立中转仓库，就会出现非常复杂的运输系统，而通过中转仓库，再加上配送这一物流功能，企业可以大大简化运输的复杂性。

6）降低运输成本

企业有时会面临原材料和产成品的零担运输问题，长距离零担运输的费用比整车运输要高得多。通过将零担物资运到附近的仓库后再从仓库运出，仓储活动使企业将少量运输结合成大量运输，有效减少运输费用。

7）分摊订货费用

需要一件采购一件，可以不需要库存，但不一定经济。订货需要一笔费用，这笔费用若摊在一件物品上，将很高。如果一次采购一批，分摊在每件物品上的订货费就少了，但这样会造成一些物品一时用不上，形成库存。采取批量加工，可以分摊调整准备费用，但批量生产就会造成库存。

8）缩短订货提前期

当生产者维持一定量的成品库存时，顾客就可以很快采购到他们所需要的物资，这样缩短了顾客的订货提前期，加快了社会生产的速度，也使供应厂商及时争取到顾客。

2. 库存的弊端

库存的弊端主要表现在以下几个方面：

（1）占用企业大量资金。

（2）增加企业的产品成本与管理成本。库存材料的成本增加直接增加了产品成本，而相关库存设备、管理人员的增加也加大了企业的管理成本。

（3）掩盖企业众多管理问题。如计划不周、采购不力、生产不均衡、产品质量不稳定及市场销售不力。

10.2 库存控制的内容

库存控制，就是对制造业或服务业生产、经营全过程的各种物品、产成品以及其他资源进行管理和控制，使其储备保持在经济合理的水平上。

库存量过大会增加仓库面积和库存保管费用，从而提高产品成本；占用大量的流动资金，造成资金呆滞，既加重了货款利息等负担，又会影响资金的时间价值和机会收益；造成产成品和原材料的有形损耗和无形损耗；造成企业资源的大量闲置，影响其合理配置和优化；掩盖了企业生产、经营全过程的各种矛盾和问题，不利于企业提高管理水平。

库存量过小会造成服务水平的下降，影响销售利润和企业信誉；造成生产系统原材料或其他物料供应不足，影响生产过程的正常进行；使订货间隔期缩短，订货次数增加，订货（生产）成本提高；影响生产过程的均衡性和装配的成套性。

由此可见，合理的库存对企业安排采购、实施经营管理具有重要的作用。所以在保证生产、经营需求的前提下，企业应使库存量经常保持在合理的水平上；掌握库存量动态，适时、适量提出订货，避免超储或缺货；减少库存空间占用，降低库存总费用；控制库存资金占用，加速资金周转。

10.2.1 独立需求库存与相关需求库存问题

所谓独立需求是指需求变化独立于人们的主观控制能力之外，因而其数量与出现的概率是随机的、不确定的、模糊的。当对某项物料的需求与对其他物料的需求无关时，则称这种需求为独立需求。例如，对成品或维修件的需求就是独立需求。

而相关需求的需求数量和需求时间与其他的变量存在一定的相互关系，可以通过一定的数学关系推算得出。比如，某汽车制造厂年产汽车 30 万辆，这是通过预计市场对该厂产品的独立需求来确定的。一旦 30 万辆汽车的生产任务确定之后，对构成该种汽车的零部件和原材料的数量和需求时间是可以通过计算精确得到的。对零部件和原材料的需求就是相关需求。相关需求可以是垂直方向的，也可以是水平方向的。产品与其零部件之间垂直相关，与其附件和包装物之间则水平相关。

对于一个相对独立的企业而言，其产品是独立的需求变量，因为其需求数量与需求时间对于系统控制主体——企业管理者而言，一般是无法预先精确确定的，只能通过一定的预测方法得出。而生产过程中的在制品以及需要的原材料，则可以通过产品的结构关系和一定的生产比例关系准确确定。

独立需求库存问题和相关需求库存问题是两类不同的库存问题。独立需求库存理论假定需求是连续的、均衡的，但对于相关需求而言，由于生产往往是成批进行的，故需求是断续的、不均衡的。独立需求库存理论假定需求是独立的，但相关需求是取决于最终产品的，这种相关关系是由物料清单（bill of materials，BOM）所决定的，何时需要多少则是由最终产品的生产计划所决定的。独立需求库存理论依据历史数据或市场预测来决定库存和订货的时间与量，相关需求则是以确定的生产计划为依据。

10.2.2　库存控制系统

库存控制系统是以控制库存为共同目的的相关方法、手段、技术、管理及操作过程的集合，这个系统贯穿于从物资的选择、规划、订货、进货、入库、储存至最后出库的过程，这些过程的作用结果，最后实现了按人们目标控制库存的目的。

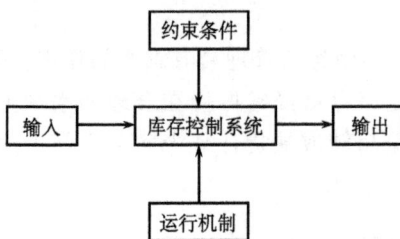

图 10-1　库存控制系统

库存控制系统的结构由输入、约束、运行、输出机制四部分组成，如图 10-1 所示。

与生产系统不同，在库存控制系统中没有资源形态的转化。输入是为了保证系统的输出（对用户的供给）。约束条件包括库存资金的约束、空间的约束等。运行机制包括控制哪些参数以及如何控制。一般情况下，在输出端，独立需求不可控；在输入端，库存系统向外发出订货的提前期也不可控，它们都是随机变量。可以控制的一般是何时发出订货（订货点）和一次订多少（订货量）两个参数。库存控制系统正是通过控制订货点和订货量来满足外界需求并使总库存费用最低。

1. **库存控制主要内容**

库存控制是对储存于仓库里的物品数量的管理和控制，如应在哪个仓库里存放哪些物品、存放多少、存放时间、何时补充等，主要涉及以下几个方面的内容：

（1）库存量合理化。这里的库存量指库存的数量。库存量合理化主要体现在库存活动能够与生产和销售活动协同。具体来说就是库存物品既不能断档（生产活动有充足的生产资料供应，销售活动有充足的货源），又不能积压。影响库存量合理化的因素主要有社会需求量、生产和再生产条件、交通运输状况、管理水平、设施能力等。在实践中，库存量的控制有较大的难度。作为管理人员，应当关注和防范某些不可控、不可测、不定性因素的影响，经常深入生产和销售第一线，与这些环节保持密切的联系。这样做，有利于避免管理过程中"吃惊"现象的发生。

（2）库存地点合理化。库存地点合理化有非常重要的意义。科学、合理地进行库存地点的设置可以显著地降低成本，提高物流效率和物流服务水平。一般地，在进行库存地点设置时，主要考虑两个因素，即是否有利于集货、保管、运输和搬运，以及是否有利于为客户提供优质物流服务。以何者为主则因仓库性质而异。例如，对于以流通为主型仓库，考虑到配送货物（输出）的方便，一般设置在市内交通发达且离客户群较近处。对于以存储为主型仓库，关键要考虑其集货的方便性和运输条件。

（3）库存结构合理化。库存结构是指库存物品的品种、规格、数量等方面的搭配比例关系。库存结构合理化的主要依据是市场（包括生产市场和消费市场）需求变化情况。目前，随着消费需求向个性化和多样化发展，产品的生命周期缩短，库存商品有向多品种、小批量、多批次、小数量方向发展的趋势。

（4）库存时间合理化。如果把仓库比做流动的河，那么库存时间就是物品在河中停留的时间，停留时间过长，会占用河面，阻止上游物品的注入，物品也不能及时流向下游，甚至会在河水的浸泡下腐烂、变质。而停留时间不足，则不能充分发挥保管的时间功效，导致下游物品供过于求。可见，库存时间合理化也是库存管理的重要内容。库存时间一般受物品销售时间，以及物品物理、化学、生物性能的影响。

也就是说，库存控制系统都必须解决三个问题：隔多长时间检查一次库存量，何时提出补充订货，以及每次订货数量。按照对以上三个问题的解决方式的不同，可以分成三种典型的库存控制系统。

2. 定量库存控制系统

所谓定量库存控制系统就是订货点和订货量都是固定量的库存控制系统，如图 10-2 所示。当库存控制系统的现有库存量降到订货点（ROP）及以下时，库存控制系统就向供应厂家发出订货，每次订货量均为一个固定的量 Q。经过一段时间，我们称之为提前期（LT），所发出的订货送达，库存量增加 Q。订货提前期是从发出订货至到货的时间间隔，其中包括订货准备、发出订单、供方接受订货、供方生产、产品发运、提货、验收和入库等过程所需的时间。显然，提前期一般为随机变量。

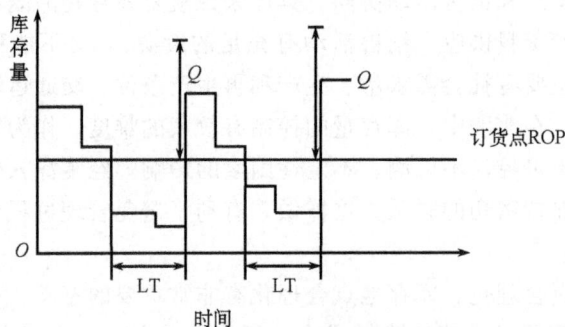

图 10-2   固定量系统

要判断现有库存量是否到达订货点 ROP 时检查库存量。固定量系统需要随时检查库存量，并随时发出订货。这样，增加了管理工作量，但它使得库存量得到严密的控制。因此，固定量系统适用于重要物资的库存控制。

为了减少管理工作量，可采用双仓系统。所谓双仓系统是将同一种物资分放两仓（或两个容器），其中一仓使用完之后，库存控制系统就发出订货。在发出订货后，就开始使用另一仓的物资，直到到货，再将物资按两仓存放。

3. 定期库存控制系统

定量系统需要随时监视库存变化，对于物资种类很多且订货费用较高的情况，是很不经济的。固定间隔期系统可以弥补定量系统的不足。

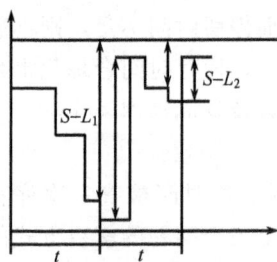

图 10-3   固定间隔期系统

定期库存控制系统就是每经过一个相同的时间间隔，发出一次订货，订货量为将现有库存补充到一个最高水平 S，如图 10-3 所示。经过固定间隔时间 t 之后，发出订货，这时库存量降到 L_1，订货量为 $S-L_1$；经过一段时间（LT）到货，库存量增加 $S-L_1$；再经过固定间隔期 t 之后，又发出订货，这时库存量降到 L_2，订货量为 $S-L_2$，经过一段时间（LT）到货，库存量增加 $S-L_2$。

固定间隔期系统不需要随时检查库存量，到了固定的间隔期，各种不同的物资可以同时订货。这样简化了管理，也节省了订货费。不同物资的最高水平 S 可以不同。固定间隔期系统的缺点是不论库存水平 L 降得多还是少，都要按期发出订货，当 L 很高时，订货量是很少的。为了克服这个缺点，出现了最大最小系统。

4. 最大最小库存控制系统

最大最小库存控制系统仍然是一种固定间隔期系统，只不过它需要确定一个订货点。当经过时间间隔 t 时，如果库存量降到 S 及以下，则发出订货；否则，再经过时间间隔 t 时再考虑是否发出订货。最大最小系统如图 10-4 所示。当经过间隔时间 t 之后，库存量降到 L_1，L_1 小于 S，发出订货，订货量为 $S-L_1$，经过一段时间（LT）到货，库存量增加 $S-L_1$。再经过时间 t 之后，库存量降到 L_2，L_2 大于 S，不发出订货。再经过时间 t，库存量降到 L_3，L_3 小于 S，发出订货，订

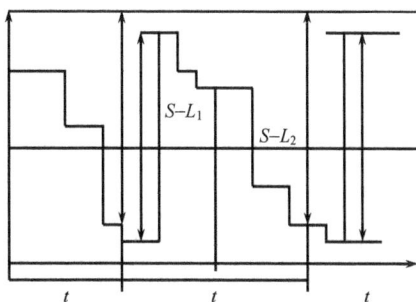

图 10-4　最大最小系统

货量为 $S-L_3$，经过一段时间 LT 到货，库存量增加 $S-L_3$，如此循环。

10.3　库存控制方法

10.3.1　传统库存控制方法

1. 经济批量法

（1）经济订货批量（economic order quantity，EOQ）是使订单处理和存货占用总成本达到最小的每次订货数量（按单位数计算）。订单处理成本包括使用

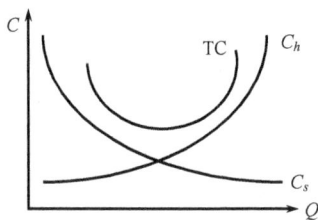

图 10-5　总成本曲线图

计算机时间、订货表格、人工及新到产品的处置等费用。占用成本包括仓储、存货投资、保险费、税收、货物变质及失窃等。超市无论大小都可采用 EOQ 计算法。订单处理成本随每次订货数量（按单位数平摊）的增加而下降，因为只需较少的订单就可买到相同的全年总数，而存货成本随每次订货数量的增加而增加，因为有更多的商品必须作为存货保管，且平均保管时间也更长，这两种成本加起来就得到总成本曲线，如图 10-5 所示。

经济订货批量是固定订货批量模型的一种，可以用来确定企业一次订货（外购或自制）的数量。当企业按照经济订货批量来订货时，可实现订货成本和储存成本之和的最小化。

假设 D 为全年需要量；Q 为每批订货量；S 为每批订货成本；H 为每件年储存成本。

则订货批数＝D/Q；平均库存量＝$Q/2$；全年相关订货成本＝$S\times D/Q$；全年相关储存总成本＝$H\times Q/2$；全年相关总成本＝$S\times D/Q+H\times Q/2$。

用数学公式表示，经济订货批量为

$$EOQ = \sqrt{2DS/H}$$

式中，EOQ 为每次订货数量（以单位计）；D 为年需求量（以数量计）；S 为每次订货成本（以金额计）；H 为单位产品存货成本。

因此，给定年总需求 D、每批订货成本 S 和每单位年持有成本 H，求出经济订货批量，进一步得到年最小总成本。

例如，某超市估计每年能销售 15 000 套电动工具。这些工具每件成本为 900元。损坏、保险费、呆账及失窃等费用等于这些工具成本的 10%（或每件 90元）。单位订货成本为 250 元。经济订货批量为

$$EOQ = \sqrt{\frac{2\times 15000\times 250}{0.1\times 900}} = 290$$

考虑到需求、价格上涨、数量折扣及可变的订货成本和占用成本等方面的变化，必须经常修订 EOQ 公式。

（2）对经济批量方法的评价。经济批量法对原料的要求较高，要求原料具有以下特点：①对各种物料的需求是相对独立的；②物料需求是连续发生的；③提前期是已知的和固定的；④库存消耗之后应立即补充；⑤无法很好地解决何时订货的问题；⑥在订货点法的基础上，发展出物料需求计划（MRP），较好地解决何时订货的问题。

2. ABC 分类控制法

ABC 分类法是由意大利经济学家维尔弗雷多·帕累托首创的。1879 年，帕累托在研究个人收入的分布状态时，发现少数人的收入占全部人收入的大部分，而多数人的收入却只占一小部分，他将这一关系用图表示出来，就是著名的帕累托图。该分析方法的核心思想是在决定一个事物的众多因素中分清主次，识别出少数的但对事物起决定作用的关键因素和多数的但对事物影响较少的次要因素。后来，帕累托法被不断应用于管理的各个方面。1951 年，管理学家戴克（H. F. Dickie）将其应用于库存管理，命名为 ABC 法。1951～1956 年，约瑟夫·朱兰将 ABC 法引入质量管理，用于质量问题的分析，被称为排列图。1963 年，彼得·德鲁克（P. F. Drucker）将这一方法推广到全部社会现象，使 ABC 法成为企业提高效益的普遍应用的管理方法。

ABC 管理法的基本原理对企业库存（物料、在制品、产成品）按其重要程度、价值高低、资金占用或消耗数量等进行分类、排序，以分清主次、抓住重点，并分别采用不同的控制方法。其要点是从中找出关键的少数（A 类）和次

要的多数（B 类和 C 类），并对关键的少数进行重点管理，以收到事半功倍的效果。

应用 ABC 管理法进行库存控制，采用的是"补充库存"的控制模式。通过对内部库存规模的适当控制，来保证外界的随机需求。所以，ABC 管理法所针对的是独立需求型库存项目。

1）ABC 分类法的具体步骤

（1）收集数据。按分析对象和分析内容收集有关数据。例如，打算分析产品成本，则应收集产品成本因素、产品成本构成等方面的数据；打算分析针对某一系统搞价值工程，则应收集系统中各局部功能、各局部成本等数据。

（2）处理数据。对收集来的数据资料进行整理，按要求计算和汇总。

（3）制 ABC 分析表。ABC 分析表栏目构成为：第一栏为物品名称；第二栏为品目数累计，即每一种物品皆为一个品目数，品目数累计实际就是序号；第三栏为品目数累计百分数，即累计品目数对总品目数的百分比；第四栏为物品单价；第五栏为平均库存；第六栏为第四栏单价乘以第五栏平均库存，为各种物品平均资金占用额；第七栏为平均资金占用额累计；第八栏为平均资金占用额累计百分数；第九栏为分类结果。

制表按下述步骤进行：将数据处理算出的平均资金占用额，以大排队方式，由高至低填入表中第六栏。以此栏为准，将相应物品名称填入第一栏、物品单价填入第四栏、平均库存填入第五栏、在第二栏中按 1，2，3，4，……编号，则为品目累计。此后，计算品目数累计百分数、填入第三栏；计算平均资金占用额累计，填入第七栏；计算平均资金占用额累计百分数，填入第八栏。

通常情况下，我们使用 ABC 分析表来进行上述步骤。从表 10-1 可以看出，A、B、C 为 A 类，D、E、F、G、H 为 B 类，I、J、K、L、M、N、O、P、Q、R 为 C 类。

表 10-1　库存 ABC 分析表

分类	材料名称	料号	年使用量	单价	使用金额	占总金额比率	累计比率
A 类	A					35%	35%
	B					25%	60%
	C					10%	70%
B 类	D					6%	76%
	E					4%	80%
	F					2%	82%
	G					1.8%	83.8%
	H					1.5%	85.3%

续表

分类	材料名称	料号	年使用量	单价	使用金额	占总金额比率	累计比率
C类	I					1.4%	86.7%
	J					1.3%	88%
	K					1.2%	89.2%
	L						
	M						
	N						
	O						
	P						
	Q						
	R						100%
	合计					100%	

（4）根据 ABC 分析表确定分类。按 ABC 分析表，观察第三栏累计品目百分数和第八栏平均资金占用额累计百分数，将累计品目百分数为 5%～15% 而平均资金占用额累计百分数为 60%～80% 左右的前几个物品，确定为 A 类；将累计品目百分数为 20%～30%，而平均资金占用额累计百分数也为 20%～30% 的物品，确定为 B 类；其余为 C 类，C 类情况正与 A 类相反，其累计品目百分数为 60%～80%，而平均资金占用额累计百分数仅为 5%～15%。

（5）绘 ABC 分析图。以累计品目百分数为横坐标，以累计资金占用额百分数为纵坐标，按 ABC 分析表第三栏和第八栏所提供的数据，在坐标图上取点，并连接各点，则绘成 ABC 曲线。

依 ABC 分析曲线对应的数据，按 ABC 分析表确定 A、B、C 三个类别的方法，在图上标明 A、B、C 三类，则制成 ABC 分析（图 10-6）。

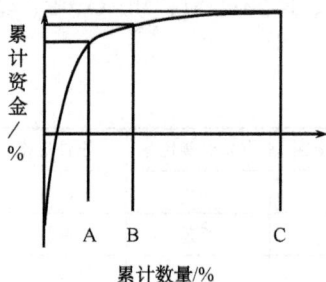

图 10-6　ABC 分析图

2）ABC 库存控制方式

（1）A 类物料的库存控制方式。A 类物料是库存控制的重点，品种较少、价格较高，并且多为生产（经营）关键、常用物料。对 A 类物料一般采用连续控制方式，随时检查库存情况，一旦库存量下降到一定水平（订货点），就要及时订货。A 类物料一般采用定期订货，每次订货量以补充目标库存水平为限。

（2）C 类物料的控制方式。C 类物料由于库存品种多、价值低或年需用量较少，可按其库存总金额控制库存水平。对于 C 类物料一般采用比较粗放的定量控制方式。可以采用较大的订货批量或经济订货批量进行订货。

（3）B 类物料的控制方式。B 类物料的库存控制方式介于 A 类和 C 类物料之间，可采用一般（或定期）控制方式，并按经济订货批量进行订货。

3. 物料需求计划

1）物料需求计划概述

物料需求计划（materials requirement planning，MRP）是指在产品生产中对构成产品的各种物料的需求量与需求时间所做的计划。在企业的生产计划管理体系中，它属于作业层的计划决策。物料需求计划系统是专门为装配型产品生产所设计的生产计划与控制系统，它的基本工作原理是满足相关性需求。物料需求计划中的物料指的是构成产品的所有物料，包括部件、零件、外购件、标准件以及制造零件所用的毛坯与材料等。这类物料的需求性质属于相关性需求，其特点是：需要量与需要时间确定且已知；需求成批并分时段，即呈现出离散性；百分之百的供应保证。

MRP（物料需求计划）是独立需求库存理论在解决相关需求问题时的局限性基础上产生的。MRP 要解决的，是与主生产计划（MPS）规定的最终产品相关联的物料的生产和采购计划。由于企业中相关需求物料的种类和数量相当繁多，而且不同的零部件之间还具有多层"母子"关系，因此这种相关需求物料的计划和管理比独立需求要复杂得多。多少年以来，企业对这种相关性需求物料的管理采用的是与独立需求相同的管理方法——再订货点法（reorder point system）。再订货点法实质是基于"库存补充"的原则，目的是在需求不确定的情况下，为了保证供应而将所有的库存都留有一定的储备。这种方法实际上是处理独立需求库存的一种方法，用于处理相关需求是有很大局限性的。这种局限性主要在于：第一，独立需求库存理论假定需求是连续的、均衡的，但对于相关需求而言，由于生产往往是成批进行的，故需求是断续的、不均衡的；第二，独立需求库存理论假定需求是独立的，但相关需求是取决于最终产品的。这种相关关系是由物料清单（bill of materials，BOM）所决定的，何时需要多少则是由最终产品的生产计划所决定的；第三，独立需求库存理论依据历史数据或市场预测来决定库存和订货的时间与量，相关需求则是以确定的生产计划为依据。

因此，用再订货点法来处理相关需求问题，是一种很不合理、很不经济、效率极低的方法。它很容易导致库存量过大，需要的物料未到，不需要的物料先到，各种所需物料不配套等问题。为了更好地理解这些结论，我们来看下面这个例子。

某办公家具公司，其两种主要产品（即企业要出厂的最终产品）是办公用椅A 和 B，其需求大致稳定：产品 A 每周需 30 个，产品 B 每周需 20 个。这两种产品都需要用到一种支架部件 C。因此，对 C 的平均需求量是每周 50 个。

A 和 B 的装配期是 1 周。假定公司对 A、B、C 都采用独立需求库存的管理方法，并具体采用"定量控制"方法。同时，公司根据产品的需求特点和生产特点，确定产品 A 的生产批量为 150，再订货点为 60；产品 B 的批量是 120，再订货点为 40；部件 C 的批量为 230，再订货点为 150。

假定椅子 A 和 B 的库存按正常的速度均匀下降。值得注意的是，对 C 的需求的发生是非均匀的，在第 1 周需要 120 个，第 2 周需要 150 个，第 7 周则一下子就需要 270 个。虽然如前面所述，对 C 的平均需求是每周 50 个，但是在好几周里（如第 3 周到第 6 周），实际上无任何需求。因此，C 的库存的下降是非均匀的，无法均衡地降到再订货点。在第 7 周，C 的库存一下从 240 个掉到了缺货 30 个。假定 C 的生产周期是 2 周，椅子 A 的装配就延迟到第 9 周才能开始。A 本身的装配还需要 1 周，将导致椅子 A 也发生缺货。

这其中的问题何在？首先，假定"对 C 的需求是连续的、均衡的"是不现实的。因为其"母"产品——A 和 B 的装配是成批进行的，因此对 C 的需求是成批的。因此，用统计方法来预测对 C 的需求为平均每周 50 个，将导致很大的预测错误。为了弥补这样的预测误差，原来常用的方法是增大安全库存，但这是非常浪费的，而且仍然无法保证缺货不发生。

其次，假定"对 C 的需求是独立的"也是错误的。实际上，对 C 的需求取决于其"母件"A 和 B。也就是说，用来制造最终产品的原材料、零部件的需求量取决于最终产品的生产计划。例如，在本例中，对 C 的需求取决于 A、B 的装配量和装配时间。而再订货点法没有面对这样一个事实。

最后，再订货点法不是着眼于未来的需求，而是根据过去的需求统计数据来确定再订货点和安全库存量。而实际上，如果对类似于 C 这样的部件的需求是确定的、可预知的，在制订 C 的生产计划时就没必要看过去的历史数据。如果 A 和 B 的生产计划已经确定，计划人员实际上在一开始（如第 1 周），就可推算出第 7 周的缺货。而且，既然知道 C 的生产周期是 2 周，计划人员实际上就可提前安排（如在第 5 周）生产足够的 C。

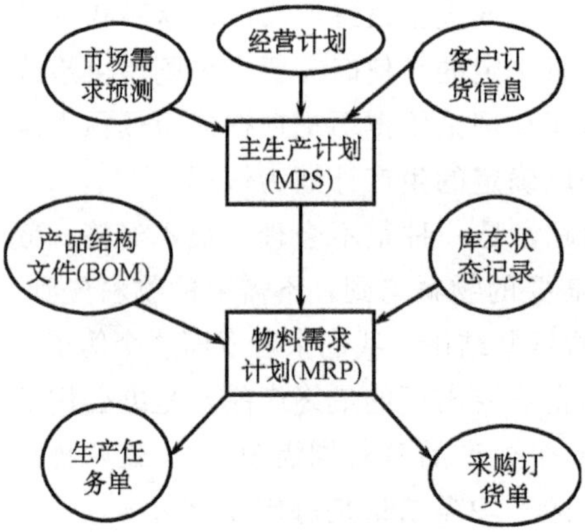

因此，从上面的分析中可以看出，对于相关需求物料来说，就很有必要采用已有的最终产品的生产计划作为主要的信息来源，而不是根据过去的统计平均值来制订生产和库存计划。而物料需求计划正是基于这样一种思路的相关需求物料的生产与库存计划。

2）MRP 的基本原理

MRP 的基本原理如图 10-7 所示。

（1）物料需求计划的基本原理主要

图 10-7 MRP 基本原理图

有：①从最终产品的生产计划（MPS）导出相关物料（原材料、零部件、组件等）的需求量和需求时间；②根据物料的需求时间和生产（订货）周期来确定其开始生产（订货）的时间。例如，对于一个外构件来说，如第 5 周最终产品的装配要用到它，其订货周期为 2 周，则最晚第 3 周应开始订货；对于一个自加工件来说，如第 5 周需用于装配，而其本身的生产周期为 1 周，则最晚应第 4 周开工。

（2）由此可见，物料需求计划的制订不是基于过去的统计数据，而是基于未来的需求。因此，制订 MRP 所需的关键信息要素有三个：①主生产计划。即是每一最终产品的生产计划。据此可以推算出所需的相关物料。②物料清单。它说明一个最终产品是由哪些零部件、原材料所构成的，这些零部件的时间数量上的相互关系是什么。③库存记录。它告诉计划人员，现在库存中有哪些物料，有多少，已经准备再进多少，从而在制订新的加工、采购计划时减掉相应的数量。

综上所述，物料需求计划可以回答四个方面的问题：①要生产什么？（根据主生产计划）；②要用到什么？（根据物料清单）；③已经有了什么？（根据库存记录）；④还缺什么？何时生产或订购？（MRP 运算后得出的结果）。

这四个问题是任何工业企业，不论其产品类型、生产规模、工艺过程如何，都必须回答的、带有普遍性的基本问题。因此，MRP（物料需求计划）产生以后，很快就受到了广大企业的欢迎并得到广泛应用。

4. 零库存生产制

零库存生产制，又叫准时生产方式（just in time，JIT），是日本丰田汽车公司在 20 世纪 60 年代实行的一种生产方式。1973 年以后，这种方式对丰田公司渡过第一次能源危机起到了关键的作用，之后引起其他国家生产企业的重视，并逐渐在欧洲和美国的日资企业及当地企业中推行开来，现在这一方式与源自日本的其他生产、流通方式一起被西方企业称为"日本化模式"。其中，日本生产、流通企业的物流模式对欧美的物流产生了重要影响，近年来，JIT 不仅作为一种生产方式，也作为一种通用管理模式在物流、电子商务等领域得到推广。

20 世纪后半期，整个汽车市场进入了一个市场需求多样化的新阶段，而且对质量的要求也越来越高，随之给制造业提出新的难题，即如何有效地组织多品种小批量生产？否则的话，生产过剩所引起的只是设备、人员、非必须费用等一系列的浪费，从而影响到企业的竞争甚至生存能力。在这种历史背景下，1953 年日本丰田公司的副总裁大野耐一综合了单件生产和批量生产的特点和优点，创造了一种在多品种小批量混合生产条件下高质量、低消耗的生产方式即准时生产。准时制指的是，将必要的零件以必要的数量在必要的时间送到生产线，并且只将所需要的零件、只以所需要的数量、只在正好需要的时间送到生产线。这是为适应 20 世纪 60 年代消费需要变得多样化、个性化而建立的一种生产体系及为此生产体系服务的物流体系。

在准时制生产方式被倡导以前，世界汽车生产企业包括丰田公司均采取福特式的"总动员生产方式"，即一半时间人员和设备、流水线等待零件，另一半时间等零件一运到，全体人员总动员，紧急生产产品。这种方式造成了生产过程中的物流不合理现象，尤以库存积压和短缺为特征，生产线或者不开机，或者开机后就大量生产，这种模式导致严重的资源浪费。丰田公司的准时制采取的是多品种、少批量、短周期的生产方式，实现了消除库存、优化生产物流、减少浪费的目的。

准时制生产方式的基本思想可概括为"在需要的时候，按需要的量生产所需的产品"，也就是通过生产的计划和控制及库存的管理。准时生产方式的核心是追求一种无库存，或使库存达到最小的生产系统。为此而开发了包括"看板"在内的一系列具体方法，并逐渐形成了一套独具特色的生产经营体系。

准时制生产方式以准时生产为出发点，并针对生产过量和其他方面的浪费对设备、人员等进行淘汰、调整，达到降低成本、简化计划和提高控制的目的。它将传统生产过程中的前道工序向后道工序送货，改为后道工序根据"看板"向前道工序取货，看板系统是准时制生产现场控制技术的核心，但准时制不仅仅是看板管理。

丰田的 JIT 生产方式通过看板管理，成功地制止了过量生产，实现了"在必要的时刻生产必要数量的必要产品（或零配件）"，从而彻底消除在制品的过量浪费，以及由之衍生出来的种种间接浪费。因此，每当人们说起丰田生产方式，往往容易想到看板管理和减少在制品库存。事实上，丰田公司以看板管理为手段，制止过量生产，减少在制品，从而使产生次品的原因和隐藏在生产过程中的种种问题及不合理成分充分暴露出来，然后通过旨在解决这些问题的改善活动，彻底消除引起成本增加的种种浪费，实现生产过程的合理性、高效性和灵活性。这才是丰田准时制生产方式的真谛。

JIT 是一种提高整个生产管理水平和消除浪费的严谨方法。其宗旨是使用最少量设备、装置、物料和人力资源，在规定的时间、地点，提供必要数量的零部件，达到以最低成本、最高效益、最好质量，零库存进行生产和完成交货的目的。它既在宏观上强调专业化分工以适应技术飞速发展的环境，又注意在一定技术范围内培养多面手以提高应变能力。日本工厂中的"零件生产厂就是我厂这种零件的仓库"的说法与思想，就是这种概念的体现。JIT 要求有责任感、技术全面和有全局观念的高素质的人员及良好的供应线。JIT 的目的不仅是为了减少库存，乃至消除库存，它的价值还在于发现瓶颈，及时消除瓶颈，提高企业的应变能力。有人将企业运转比喻为船舶在江河中前行，库存犹如水位，瓶颈犹如暗礁，降低库存犹如降低水位，可以尽早发现并及时解决企业中生产与管理方面的问题与薄弱环节，提高企业在突发事件出现时的应变能力。

10.3.2　供应链管理下库存控制方法

1. 革新传统库存控制方法的必要性

近年来，供应链管理（supply chain management，SCM）在国内外日益受到人们的关注和重视，许多物流企业也开始重视探讨这种新的管理理念在库存管理中的应用。所谓供应链管理，是以各种技术尤其是信息技术为依托，在供应链各节点间建立一种战略伙伴关系，实现从原材料供应商、制造商、分销商、零售商直到最终用户的商流、物流、信息流、资金流在整个供应链上的畅通无阻的流动，最终达到双赢甚至是多赢目的的过程。

在供应链管理环境下，供应链各个环节的活动都应该是同步进行的，而传统的库存和分销管理思想显然无法满足这一要求。因为在传统的供应链上，基于交易关系的各个环节的企业都是自己管理自己的库存，在追求本企业利益最大化的前提下，每个企业都独自制定了自己的库存目标和相应的库存控制策略，这种孤立的运作导致了企业之间缺乏信息沟通，进而不可避免地会产生需求信息的扭曲和时间的滞后，使得库存需求信息在从供应链的下游向上游的传递过程中被逐级放大，从而大大增加了供应链的整体库存，在很大程度上削弱了供应链的整体竞争实力。而供应链管理的目标就是通过其节点上的各个企业之间的密切合作，以最小的成本提供最大的客户价值，这就要求供应链上各环节企业的活动应该是同步进行，库存管理职能也应当进行必要的整合。这样，企业由以物流控制为目的的库存管理转向以过程控制为目的的库存管理，即供应链的库存管理是基于工作流的管理。供应商管理库存（VMI）、联合库存管理、协同供应链库存管理正是适应市场变化的要求，体现供应链的集成化思想的几种库存管理方式。

2. 供应商管理库存

1）VMI 模式的概念和特点

VMI（vendor managed inventory），译为"供应商管理库存"。它是一种用户和供应商之间的合作性策略，具体来说，这是一种以用户和供应商双方都获得最低成本为目的，在一个共同的协议下由供应商管理库存，并不断监督协议执行情况，修正协议内容，使库存管理得到持续改进的合作性策略。

同传统的库存控制方法相比，VMI 模式主要有以下几个特点：

（1）合作性。VMI 模式的成功实施，客观上需要供应链上各企业在相互信任的基础上密切合作。其中，信任是基础，合作是保证。

（2）互利性。VMI 模式主要考虑的是如何通过合作降低双方的库存成本，而不是考虑如何就双方的成本负担进行分配的问题。

（3）互动性。VMI 模式要求各节点企业在合作时采取积极响应的态度，以快速的反应努力降低因信息不通畅所引起的库存费用过高的问题。

（4）协议性。VMI模式的实施，要求企业在观念上达到目标一致，并明确各自的责任和义务。具体的合作事项都通过框架协议明确规定，以提高操作的可行性。

2）实施VMI模式的原因

那么，VMI模式为什么能够成为供应链管理环境下的库存控制模式的最佳选择呢？也就是说它都有哪些优点呢？

（1）VMI有利于实现供应链上下游企业的双赢。VMI对处于供应链下游企业的好处是显而易见的，它克服了下游企业自身技术和信息系统的局限。随着供应链各个环节的企业核心业务的迅猛发展，供应链上游对下游的后勤管理（包括库存管理）也提出了更高的要求：实施VMI之后，库存由供应链上游企业管理，下游企业可以放开手脚进行核心业务的开发。同时，VMI还可以满足下游企业降低成本和提高服务质量的需要。与下游企业自己管理库存相比，供应商在对自己的产品管理方面更有经验、更专业化，而且供应商可以提供包括软件、专业知识、后勤设备和人员培训等一系列服务，供应链中企业的服务水平会因VMI而提高，库存管理成本会降低，下游企业的存货投资也会大幅度减少。这样，VMI的实施将同时给处于供应链上游企业的供应商带来许多利益。VMI允许供应商获得下游企业的必要经营数据，直接接触真正的需求信息（通过电子数据交换EDI来传送）。这些信息可帮助供应商消除预期之外的短期产品需求所导致的额外成本。同时，企业对安全库存的需求也大大降低。另外，VMI可以大大缩短供需双方的交易时间，使上游企业更好地控制其生产经营活动，提高整个供应链的柔性。

（2）VMI模式具备为供应链"减负"的独特功能。从本质上看，VMI模式的管理理念源于产品的市场全过程管理思想，即只要一个产品没有被最终消费者购买并得到满意的消费，那么这个产品就不能算作已经销售，并构成供应商的一种潜在风险，供应商同样负有监控该产品的流通状况的责任，而不管该产品的产权归属是怎样的。正是基于这种思想，VMI以供应商掌握销售资料和库存量作为市场预测和库存补货的解决方法，可以由销售资料得到准确的消费需求信息。这样，供应商就可以更有效、更快速地对市场变化和消费者需求做出快速反应，而且供应商与供应链下游企业分享重要资讯，可以改善各自的需求预测、补货计划、促销管理和运输装载计划等，而对整个供应链来说，就可以降低库存总量并且改善库存周转，进而维持最佳库存量，使库存管理水平得到显著提高。

3）VMI模式的运作

假定在一个简单的供应链环境下，供应链为供应商→批发商→零售商→消费者，企业可以从以下几个方面来进行VMI模式运作。

(1) 基础建设。由上述 VMI 模式可以看出，要真正实现供应商管理用户库存，必须具备以下条件：一是用户库存状态的透明化，即供应商或零售商的库存状态能随时被跟踪调查和检查；二是业务处理的标准化，主要指订单业务处理的标准化。因此，供应商要想对其用户实施 VMI 必须进行一些有关 VMI 的技术支持建设。随着 Internet 的日益普及，供应商可借助因特网，通过高速数据专用线与 Internet 实现联网，通过路由器与自己的 Intranet 相连，再由 Intranet 内服务器为供应商的库存管理部门提供各种信息存取、处理等服务。另外，供应商还应通过采取条码技术和 ID 代码对自己的商品进行编码，通过获得商品的标志代码，如 EAN 或 UCC，来实现对用户商品的准确识别，以便随时跟踪和检查用户的库存状况，对用户需求作出快速反应。为了确保供应商与用户之间订单传递、处理等业务的安全可靠性，供应商可以采用统一标准的 EDI 报文，进行商品的即时数据交换。并且，为提高供应链的整体运作效率，供应商还可采用基于标准 EDIFACT 的库存报告清单来实施库存控制，以提高供应商对用户库存的监控效率。

(2) 建立专门的用户管理职能部门。供应商在实施 VMI 后，为了集成用户的库存控制功能，需要把用户管理职能从传统的财务管理部门中分离出来，专门用以处理供应商与用户之间的订货业务、供应商对用户的库存控制和其他的相关业务。

(3) 建立供应商与用户之间的目标框架协议。供应商应当和用户通过协商来确定库存检查周期、库存的维持水平、订货点等有关库存控制的核心问题，以及合作双方之间如何进行信息的交流和存取、订单的传递和处理等有关业务流程的问题。

(4) 构建完善的销售管理系统。供应商要有效地管理用户库存，必须能快速了解市场需求动态和商品的需求信息，以便有针对性地及时进行商品补给，从而既能加快供应商响应用户需求的速度，又能减少用户的库存量。因此，一方面，供应商可以通过建立顾客档案信息库来快速掌握顾客需求的变化，增强需求预测分析的准确性，在一定程度上解决因"需求放大效应"造成的库存量过大的问题；另一方面，供应商可采用 ERP 系统软件（企业资源计划系统），运用 Internet/Intranet 技术，以建立完善的销售网络管理系统，加快供应链上的信息传递和实时处理速度。

4）实施 VMI 模式应注意的事项

一方面，要注意 VMI 模式的适用范围。这里主要探讨在供应链管理模式下，企业实施 VMI 模式的可行性。一般来说，在某些特定的情况下比较适合 VMI 模式的实施，例如，供应商经济实力雄厚，有较强的库存存储和货物运输、配送能力，以及稳定、可靠的信息来源；批发商的库存设施有限，自己难以有效地管理库存；供应商与批发商的合作关系密切等。另一方面，在实施 VMI 模式的过程中，要注意和其他先进的库存控制方法配合使用，以最大限度地降低库存成本，提高企业的竞争力，例如，企业可采用联合库存管理（主要解决需求放大引起的高库存量的问题）、多级库存的优化和控制等方法。

5）VMI 模式的局限性

（1）已有库存管理方案及其存在的问题。已有的库存管理方案有很多，近年来比较先进的有供应商管理库存（vendor managed inventory，VMI）。VMI 是一种供应链集成化运作的决策代理模式，以双方都获得最低成本为目标，它在一个共同的框架协议下把用户的库存决策权代理给供应商，由供应商代理分销商或批发商行使库存决策的权力，并通过对该框架协议经常性的监督和修正使库存管理得到持续的改进。VMI 的管理模式如图 10-8 所示。

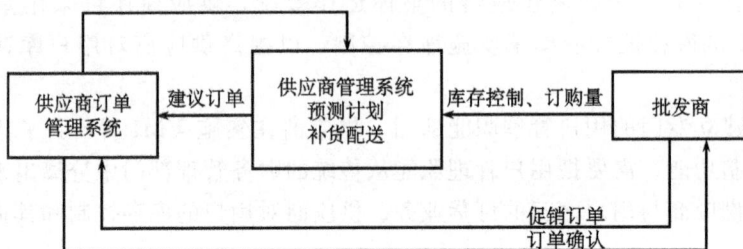

图 10-8　VMI 的管理模式

（2）VMI 模式的局限性。经过几年的实施，VMI 被证明是比较先进的库存管理办法。VMI 由上游企业拥有和管理库存，下游企业只需要帮助上游企业制订计划，从而实现下游企业零库存，上游企业库存大幅度减小。但 VMI 也有以下局限性：①VMI 中供应商和零售商协作水平有限；②VMI 对于企业间的信任要求较高；③VMI 中的框架协议虽然是双方协定，但供应商处于主导地位，决策过程中缺乏足够的协商，难免造成失误；④VMI 的实施减少了库存总费用，但在 VMI 系统中，库存费用、运输费用和意外损失（如物品毁坏）不是由用户承担，而是由供应商承担。由此可见，VMI 实际上是对传统库存控制策略进行"责任倒置"后的一种库存管理方法，这无疑加大了供应商的风险。

3. 联合库存管理模式（jointly managed inventory，JMI）

长期以来，供应链中的库存是各自为政的。供应链中的每个环节都有自己的库存控制策略，都是各自管理自己的库存。由于各自的库存控制策略不同，因此不可避免地产生需求的扭曲现象，即所谓的需求放大现象，形成了供应链中的"牛鞭效应"，加重了供应商的供应和库存风险。近年来出现了一种新的供应链库存管理方法——联合库存管理，这种库存管理策略打破了传统的各自为政的库存管理模式，有效地控制了供应链中的库存风险，体现了供应链的集成化管理思想，适应市场变化的要求，是一种新的、有代表性的库存管理思想。

1）联合库存管理基本思想

为了克服 VMI 系统的局限性并规避传统库存控制中的牛鞭效应，联合库存管理（jointly managed inventory，JMI）随之而出。简单地说，JMI 是一种在 VMI 的基础上发展起来的上游企业和下游企业权利责任平衡和风险共担的库存管理模式。JMI 体现了战略供应商联盟的新型企业合作关系，强调了供应链企业双方之间的互利合作关系。

联合库存管理是解决供应链系统中由于各节点企业的相互独立库存运作模式导致的需求放大现象，提高供应链的同步化程度的一种有效方法。联合库存管理强调供应链中各个节点同时参与，共同制订库存计划，使供应链过程中的每个库存管理者都从相互之间的协调性考虑，使供应链各个节点之间的库存管理者对需求的预期保持一致，从而消除需求变异放大现象。任何相邻节点需求的确定都是供需双方协调的结果，库存管理不再是各自为政的独立运作过程，而是供需联结的纽带和协调中心。

JMI 把供应链系统管理进一步集成为上游和下游两个协调管理中心，库存联结的供需双方以供应链整体的观念出发，同时参与、共同制订库存计划，实现供应链的同步化运作，从而部分消除了由于供应链环节之间的不确定性和需求信息扭曲现象导致的供应链的库存波动。JMI 在供应链中实施合理的风险、成本与效益平衡机制，建立合理的库存管理风险的预防和分担机制、合理的库存成本与运输成本分担机制以及与风险成本相对应的利益分配机制，在进行有效激励的同时，避免供需双方的短视行为及供应链局部最优现象的出现。通过协调管理中心，供需双方共享需求信息，因而起到了提高供应链的运作稳定性的作用。

2）联合库存管理的实施策略

（1）建立供应链协调管理机制。为了发挥联合库存管理的作用，供应链各方应从合作的精神出发，建立供应链协调管理的机制，建立合作沟通的渠道，明确各自的目标和责任，为联合库存管理提供有效的机制。没有一个协调的管理机制，就不可能实现库存的联合管理。

第一，建立供应链共同愿景。要进行有效的联合库存管理，建立供应链协调管理机制，要从以下几个方面着手。建立联合库存管理模式，供应链各方必须本着互惠互利的原则，建立共同的合作目标。为此，要理解供需双方在市场目标中的共同之处和冲突点，通过协商形成共同的共赢的愿景。

第二，建立联合库存的协调控制方法。联合库存管理中心担负着协调供应链各方利益的角色，起协调整个供应链的作用。联合库存管理中心需要对库存优化的方法进行明确规定，包括库存如何在多个需求商之间调节与分配、库存的最大量和最低库存水平、安全库存的确定、需求的预测等。

第三，建立利益的分配、激励机制。要有效运行基于协调中心的库存管理，必须建立一种公平的利益分配制度，并对参与协调库存管理中心的各个企业、各级供应部门进行有效的激励，防止机会主义行为，增加协作性和协调性。

（2）建立信息沟通渠道。为了提高整个供应链需求信息的一致性和稳定性，减少由于多重预测导致的需求信息扭曲，应增加供应链各方对需求信息获得的及时性和透明性。整个供应链为了构建库存管理网络系统，应使所有的供应链信息与供应处的管理信息同步，提高供应链各方的协作效率，降低成本、提高质量。为此，应建立一种信息沟通的渠道或系统，以保证需求信息在供应链中的畅通和准确性。要将条码技术、扫描技术、POS系统和EDI集成起来，并且要充分利用Internet的优势，在供应链中建立畅通的信息沟通桥梁和联系纽带。

（3）发挥第三方物流系统的作用。实现联合库存可借助第三方物流（third party logistics，TPL）具体实施。TPL也称物流服务提供商，它是由供方和需方以外的物流企业提供物流服务的业务模式，把库存管理部分功能代理给第三方物流公司，使企业更加集中于自己的核心业务，增加了供应链的敏捷性和协调性，提高了服务水平和运作效率。

把库存管理的部分功能代理给第三方物流系统管理，可以使企业更加集中精力于自己的核心业务，第三方物流系统起到了供应商和用户之间联系的桥梁作用，为企业提供诸多好处。

面向协调中心的第三方物流系统使供应链各方都取消了各自独立的库存，增加了供应链的敏捷性和协调性，并且大大改善供应链的用户服务水平和运作效率。

（4）选择合适的联合库存管理模式。供应链联合库存管理有两种模式：

第一，各个供应商的零部件都直接存入核心企业的原材料库中，就是变各个供应商的分散库存为核心企业的集中库存。集中库存要求供应商的运作方式是：按核心企业的订单或订货看板组织生产，产品完成时，立即实行小批量、多频次的配送方式直接送到核心企业的仓库中补充库存。在这种模式下，库存管理的重点在于核心企业根据生产的需要，保持合理的库存量，既能满足需要，又要使库存总成本最小。

第二，无库存模式。供应商和核心企业都不设立库存，核心企业实行无库存的生产方式。此时供应商直接向核心企业的生产线进行连续小批量、多频次地补充货物，并与之实行同步生产、同步供货，从而实现"在需要的时候把所需要品种和数量的原材料送到需要的地点"的操作模式。这种准时化供货模式，由于完全取消了库存，所以效率最高、成本最低。但是对供应商和核心企业的运作标准化、配合程度、协作精神要求也高，操作过程要求也严格，而且二者的空间距离不能太远。

联合库存管理是解决供应链系统中独立库存模式导致的需求放大现象,大大改善供应链的供应水平和运作效率,提高供应链同步化程度的一种有效方法。实行联合库存管理,建立适应新形势的物资供应运行机制,应是供应链库存管理今后几年的发展方向。当然,联合库存管理中企业间的系统集成目前还比较困难,亟须进一步改进完善。

4. 协同式供应链库存管理模式

协同式供应链库存管理模式是一种协同式的供应链库存管理技术,它建立在联合库存管理模式和供应商库存管理模式的最佳分级实践基础之上,抛弃了二者缺乏供应链集成等主要缺点,能同时降低分销商的存货量,增加供应商的销售量。它应用一系列处理过程和技术模型,覆盖整个供应链合作过程,通过共同管理业务过程和共享信息来改善分销商和供应商的伙伴关系,提高预测的准确度,最终达到提高供应链效率、降低库存和提高客户满意度的目的。协同式供应链库存管理模式的最大优势是能及时准确地预测由各项促销措施或异常变化带来的销售高峰和波动,从而使分销商和供应商都做好充分的准备,赢得主动。协同式供应链库存管理模式采取了多赢的原则,始终从全局的观点出发,制定统一的管理目标以及实施方案,以库存管理为核心,兼顾供应链上其他方面的管理。因此,协同式供应链库存管理模式有利于实现伙伴间更广泛深入的合作,帮助制定面向客户的合作框架,以及基于销售报告的生产计划,进而消除供应链过程约束等。

10.4　库存控制方法的比较分析

供应链下的企业库存管理完全不同于传统的库存管理,它不是简单的预测需求与补给需求,而是要通过库存管理使用户获得优质的服务,使企业的利润优化。企业通过供应链库存管理所要实现的目标主要包括:采用多种指标评价库存策略、不同变化所产生的准确效果;决定库存量对供应链上不同节点企业各方面的影响;在充分了解库存状态的前提下确定适当的服务水平;通过对客户、生产、运输等资源的平衡利用,企业对供应链中因不确定性产生的缺货、延迟等风险进行有效的识别、缓解与控制。

根据供应链中各节点企业合作程度的高低,可以看出供应链库存管理模式的演进过程,从最初单纯的交易处理到企业的协同计划决策,进而逐渐地转移到整体的供应链库存管理上来。整个供应链的库存不再隶属于供应链中的某一企业或核心企业,其管理控制权由供应链整体协同计划决定。这种控制权的转移表明供应链中库存所有权与控制权的分离,从而保证供应链中各库存主体从系统协作的思想出发，进而保证整体库存的成本削减、风险降低和供应链的稳定性。对供应链库存管理模式的进一步比较分析将会更清楚地发掘供应链整体库存的管理内涵以及更优的管理模式。

综合上述分析可以发现，随着人们对供应链认识的提高，对供应链库存管理的研究逐步由简单向复杂、由分散化供应链向集成化供应链发展。人们越来越重视供应链节点企业的协调与合作。

➤ 案例　北京绅士服装集团库存管理系统

北京绅士服装集团为北京市明星纺织服装企业。其品牌"绅士"系列服装连年被评为北京市著名品牌。在企业发展的进程中，其职工人数从开始的一两百人发展到现在的近千人，产销量连年翻番。到今天，它已经成为北方地区屈指可数的，既有品牌效应，又有进出口权的年产 150 万件套成衣的中型服装制造企业。

虽然企业整体规模上了一个新台阶，但是管理方面却让企业首脑有巨大压力。在企业一次管理人员内部会议上，总经理提出了三个如何：第一，如何随时了解产品的市场走向；第二，如何减低库存风险；第三，如何提高业务部门整体反应速度。这三个如何的确反映了现代服装企业的通病，即信息资源整合力度不够。

古人云："工欲善其事，必先利其器。"计算机和计算机软件系统就是现代企业管理最有效的利器。绅士集团信息化工作小组通过与橙色科技公司一个多月的努力合作，最终确定了信息化管理的总体战略和实施步骤：总体规划以营销为龙头带动企业内部生产、供应、仓储、财务各环节，建立企业信息闭环。分步实施：第一步，企业内部以库存为核心，提高业务部门的进销调存的准确率和反应速度，周期三个月。第二步，实现内部成品物流管理自动化，销售网络通路的管理和完善，达到信息流与物流的统一。第三步，建立内部 MRP/MRPII，实现资金的整体规划，发展网上电子商务。

目前，绅士公司已完成了第一步工作，其系统在网络的平台上运行稳定、良好，并整理统计出了一些有效实施库存管理的方法和措施，与广大服装企业管理从业者及爱好者一起分享：

（1）总体来说，企业实现较大规模的信息管理，应该与企业的长期规划和管理实践相结合，借助优秀、专业的服装行业软件企业的技术优势和系统实施经验，双方共同努力，才会达到预期目标。

（2）库存数量经常不准确。经分析，公司日常单据经常发生跑、冒、掉、漏、手工误填等情况。为了从根本上杜绝这种情况的发生，橙色科技为绅士集团搭建内部局域网，建立工作流管理模式，利用系统严密的权限设置，使各业务部门职责分明、协调统一，相应地使部门间的监督管理加强。从前的手工三本账转变为计算机统一记账，大大减少了人员重复记账、统计的工作量，基本杜绝误操作情况。

（3）服装企业通常只核算货品的大类、品名和货号，并不管理商品的颜色、款式、尺码规格。这样，产品开发、生产、物流配送就存在一定的盲目性。绅士公司在商品管理方面借鉴了橙色科技"单品管理思想"，就是在整个生产、营销物流环节中，将每件货品细分到品种、款、色、码，这种办法提高了业务人员统计数据的效率，降低了人员操作误差，更为销售总经理提供了更加科学的报表数据。据计算，绅士有近 6000 万元的产品库存，通过单品管理，其周转率整体提高 30％，货品调拨次数频繁，大大降低了滞销品库存，畅销品追单反应速度加快，实现管理效益百万元。

（4）仓库与业务部门间的信息畅通无比。基本上业务部门想要查到的货品，能实时地了解到具体单个货品在哪个仓库、什么货位、实际库存、账面库存、在单库存，今后甚至将了解生产线的库存周期。这样无疑使销售部门如虎添翼，串货、断档、短码现象大大减少，销售量同比有了一定的增长，客户满意度也有了很大的提高。

【讨论题】

北京绅士服装集团如何进行库存管理？

➢ 本章小结

库存是指处于储存状态的物资。广义的库存还包括处于制造加工状态和运输状态的物资。库存对一个企业有双重的影响：一是影响企业的成本，也就是影响物流的效率；二是影响企业的生产和销售的服务水平。库存是物流总成本的重要方面，库存越多成本越高；同时库存水平越高，保障供应的水平也越高，生产和销售的连续性越强。随着供应链管理思想和库存管理技术的提高，这个问题将被更合理地解决，"零库存"管理思想成为更多企业所追求的物流管理目标。

按照库存的作用和性质可将库存划分为预期性库存、缓冲性库存、在途性库存和周转性库存；按照库存对象、库存时间及库存目的可分为经常储备库存、保险储备库存和季节性储备库存；按对物资需求的重复次数，可将库存分为单周期库存与多周期库存。

库存的作用主要有：维持销售产品的稳定，维持生产的稳定，平衡企业物流，平衡流通资金的占用，减少运输的复杂性，降低运输成本，分摊订货费用，缩短订货提前期。

对库存控制，就是对制造业或服务业生产、经营全过程的各种物品、产成品以及其他资源进行管理和控制，使其储备保持在经济合理的水平上。

在保证生产、经营需求的前提下，企业应使库存量经常保持在合理的水平；掌握库存量动态，适时、适量提出订货，避免超储或缺货；减少库存空间占用，降低库存总费用；控制库存资金占用，加速资金周转。

库存控制系统是以控制库存为共同目的的相关方法、手段、技术、管理及操作过程的集合，这个系统贯穿于从物资的选择、规划、订货、进货、入库、储存及至最后出库的一个长过程，这些过程的作用结果，最后实现了按人们目标控制库存的目的。

库存控制方法主要有：订货点法、ABC分类法、物料需求计划、零库存管理法、联合库存管理、供应商管理库存、协同供应链库存管理。

➤ 关键概念

库存　库存控制　经济订货批量　重点管理法　物料需求计划　联合库存管理　零库存管理

➤ 复习思考题

1. 阐述库存的基本概念及分类和作用。
2. 阐述库存控制系统。
3. 企业库存控制方法体系有哪些？
4. 试比较不同的库存控制方法。

第*11*章

采购绩效评估

➤ **本章导读**

- 了解评估采购绩效的原因；
- 掌握采购绩效评估的程序；
- 了解衡量采购绩效的标准及采购评估体系的类型。

在一系列的作业程序完成之后，采购工作是否达到了预期目标，企业对采购的商品是否满意，是需要经过考核评估之后才能下结论的。商品采购绩效评估就是建立一套科学的评估指标体系，用来全面反映和检查采购部门工作绩效、工作效率和效益。

采购绩效评估是指对采购工作进行全面系统的评价、对比，从而判定采购的整体水平的过程。对采购工作进行绩效评估是为了及时总结经验与教训，以便及时改进以后的采购工作，从而进一步提高工作效率。

■11.1 评估采购绩效的原因

采购部门作为企业的一个重要部门，其工作绩效好坏对整个企业的生产、决策、规划等都有着极其重要的影响。因此，采购工作绩效的考核既服务于采购部门，也服务于整个企业。具体说来，对采购绩效进行评估的原因如下：

（1）确保采购目标的实现。各个企业往往因其性质和经营目标不同，采购目标各有侧重。有的侧重高质量，如地位高、声誉好的知名企业；有的侧重价格低廉，如产品质量稳定、市场竞争激烈的企业；有的侧重交货时间准确，如市场需求不稳定的企业，等等。因此，各个企业需要针对采购单位追求的重要目标加以评估，以确保采购目标的实现。

（2）提供改进绩效的依据。完善的绩效评估制度，可以为衡量采购目标是否已经实现提供一个客观标准，也可以考核采购工作过程中的绩效。科学、准确的绩效评估，有利于及时发现和总结采购工作过程中的问题，从而采取有针对性的改进措施，进一步提高工作效率。如果企业能以此为基础形成一套能够及时纠正错误、改进工作流程并能应付突发事件的机制，那么，整个采购部门的工作就会进入良性循环。

（3）作为部门和个人奖惩的参考。采购工作绩效评估能够清楚地反映采购部门和采购人员的工作表现。一方面可以将采购部门的绩效独立于其他部门体现出来；另一方面可以反映采购人员的个人表现，作为人事考核的参考资料。依据客观的绩效评估，实行公正、公平的奖惩，可以成为企业的一个激励因素，调动采购人员的工作热情，进而提高整个部门的工作绩效。

（4）协助甄选和培养优秀采购人员。可根据绩效评估的结果，针对现有采购人员工作能力的不足，拟定改进计划，有针对性地进行专业性的教育培训，有的放矢地招募人才，建立一支优秀的采购队伍。

（5）提高采购工作的透明度。企业定期将绩效考核结果公布，可以作为企业的一份宣传资料，使客户了解企业采购部门是如何严把采购关的。还可以请客户提供一些建设性意见，以帮助企业在今后的采购工作中不断改进，而且改进的过程又可以反映在评估的结果中，让客户监督、核实，使客户知道他们的意见是否被采纳，以提高采购工作的透明度。

（6）促进部门间的沟通与合作。采购工作的顺利完成要依赖于设计、生产、仓储、财务、销售、售后服务等部门的大力配合，这些部门的配合程度会影响采购部门的工作绩效。采购绩效衡量和评估信息的共享有利于采购部门与其他部门的沟通与合作。例如，采购部门的职责是否明确，表单、流程是否简单、合理，付款条件及交货方式是否符合公司的管理制度，各部门的目标是否一致等，都可以通过绩效评估来判定，并可以改善部门间的合作关系，提高企业的整体运作效率。

（7）提高采购人员的士气。公平、有效的绩效评估制度，可以使采购人员的努力得到认可和回报，对其士气的提升大有帮助。

总之，采购绩效的评估有利于采购部门及时发现问题、改进工作，从而节约采购费用，提高采购绩效，提升采购部门在企业中的地位。

11.2　采购绩效考核与评估的基本原则

采购绩效考核与评估的关键，一是要选择适用的衡量指标；二是要设定合理的绩效指标的目标值；三是要确定绩效指标符合有关原则。一套完整的采购绩效考核评估体系是做好该项工作的必要保证。

采购绩效考核与评估指标的设定主要考虑采购绩效指标的选样要同企业的总体采购水平相适应。对于采购体系不太健全的单位，刚开始可以选择批次、质量合格率、准时交货等来控制和考核供应商的供应表现，而平均降价幅度则可用于考核采购部门的采购成本业绩。随着供应商管理程序的逐步健全、采购管理制度的日益完善、采购人员的专业化水平以及供应商管理水平的不断提高，采购绩效指标也就可以相应地系统化、整体化，并且不断细化。总之，绩效指标的选择要明确、尽量量化，要能得到自己、顾客及相关的人员的认同，现实可行。

确定采购绩效指标目标值时要考虑以下前提：一是顾客的需求；二是所选择的目标以及指标要同本公司的大目标保持一致；三是具体设定目标时既要实事求是、客观可行，又要具有挑战性，要以过去的表现作为参考，更重要的是可与同行的佼佼者进行比较。

11.3　衡量采购绩效的标准

在衡量采购绩效的过程中，必须考虑以何种标准作为与目前实际绩效比较的基础。企业常用的标准有以下四种。

11.3.1　历史绩效

历史绩效是与以往采购绩效进行比较，这样可以看出现在的采购绩效是提高还是下降，还可以分门别类地进行比较，以找出改进的方向。但是，这种标准只有在企业采购部门组织、目标和人员等方面都没有重大变动的情况下使用，否则没有可比性。

11.3.2　标准绩效

如果企业过去没有做过类似的绩效评估，或者历史绩效资料难以获得，或者采购部门的组织、目标、人员发生了重大变动，可以使用标准绩效标准作为衡量的基础。标准绩效的设定应遵循以下三个原则。

1. 标准要固定

标准一旦建立，就不要轻易更改，要保持标准的连续性。

2. 标准要有挑战性

标准的实现要具有一定的难度，采购部门和人员必须经过努力才能完成，这样易于调动员工的工作积极性，使其最大限度地发挥工作潜力。

3. 标准要有可实现性

标准要有可实现性是指在现有条件下，企业经过努力确实可以达到的标准，通常依据当前的绩效加以衡量设定。

11.3.3　行业平均绩效

如果其他企业在采购组织、职责以及人员等方面均与本企业相似，则可与其绩效进行比较，以辨别本企业在采购工作成效上的优劣。如果个别企业的绩效资料不容易获得，或者企业之间差异较大、不具备可比性，则可以采用整个同行业绩效的平均水平来进行比较。

11.3.4　目标绩效

这里的目标绩效与标准绩效不同。标准绩效是指在现有条件下，"应该"可以达到的工作绩效；而目标绩效则是在现有条件下，必须得经过一番特别的努力才能达到的较高的目标。目标绩效代表企业管理层对采购人员追求最佳绩效的"期望值"，通常是以同行业最佳的绩效水平为标准。

■ 11.4　采购绩效评估体系的类型与建立

采购人员在完成其工作职责时，必须满足适时、适量、适质、适价和适地等基本要求。因此，对采购人员的绩效评估体系应以此"五适"为中心，并以量化的指标体系作为衡量标准。采购人员的工作绩效的评价方式，可分为定期方式及不定期方式。定期的评估是配合公司年度人事考核制度进行的，有时难免落入俗套。不定期的绩效评估以专案方式进行。

11.4.1　质量绩效评估体系

质量绩效评估体系主要是指供应商的质量水平以及供应商所提供的产品或服务的质量水平，包括供应商质量体系、来料质量水平等方面。

1. 来料质量

来料质量包括批次质量合格率、商品抽检缺陷率、来料免检率、物料在线报废率、物料返工率、退货率、对供应商的投诉率及处理时间等。

2. 质量体系

质量体系包括通过 ISO 9000 的供应商比例、实行来料免检的供应商比例、来料免检的物料价值比例、围绕本企业的产品或服务开展专项质量改进的供应商数目及比例、参与本企业质量改进小组的供应商人数及供应商比例等。

11.4.2　数量绩效评估体系

有时候，采购人员为达到降低采购价格的目的，不惜加大采购批量，但这样做的结果可能会导致企业存货过多、库存成本增加，甚至会出现呆料、废料。为减少或避免这种情况的发生，特设计如下一些采购数量绩效评估指标。

1. 储存费用

储存费用是指存货占用资金的利息及保管费用之和。企业应当经常将现有存货占用资金利息及保管费用与正常存货占用资金利息及保管费用进行比较考核。

2. 呆料、废料处理损失指标

呆料、废料处理损失指标的数值越大，表示采购人员的数量绩效越差。但是，这两个指标有时会受到企业的营业状况、物料管理绩效、生产技术变更或投机采购等的影响，所以发生问题不一定完全是采购人员的责任。

11.4.3　时间绩效评估体系

时间绩效评估指标是用来衡量和控制供应商交货时间的。对于企业来讲，交货时间的控制十分必要。因为如果交货时间延迟，可能导致企业因断料而停工，造成经济损失。衡量供应商交货时间的绩效指标有以下两个。

1. 紧急采购费用指标

紧急采购费用指标是指因供应商未能及时供料，企业为减少损失而紧急采购所增加的采购费用。

2. 停工断料损失指标

停工断料损失指标，即停工断料期间的所有损失，包括停工期间作业人员的工资损失等。除了上述两个指标所包括的直接费用和损失外，停工断料还会造成许多间接损失。比如，经常的停工断料所造成的顾客订单的流失、企业声誉的下降、作业人员的离职，以及恢复正常作业时必要的机器调试等。因为紧急采购的物料一般价格会比较高、品质欠佳，同时企业会因赶进度而额外支付加班费等。必要的话，也可以将这些间接的费用和损失量化为一定的指标，使绩效评估体系更加全面。

另外，上述的时间指标都只衡量供货商交货时间拖延带给企业的损失，并没有考虑交货时间提前给企业带来的额外支出。事实上，如交货时间提前，也可能导致企业负担不必要的存货成本和提前付款的利息支出，因此可以将其加到现有的评估体系里加以考虑。

11.4.4　价格绩效评估体系

价格绩效是企业最重视也是最常见的采购绩效评估指标。通过对价格指标的考核，可以衡量采购人员的议价能力以及供需双方力量的消长情况。

价格绩效评估指标体系包括参考指标和控制指标。参考性指标主要有：年采购额、各采购人员年采购额、年人均采购额、供应商平均采购额、各采购物品年度采购基价、几年平均采购基价等。这些指标一般是作为计算采购相关指标的基础，也是表示采购规模、了解采购人员及供应商负荷的参考依据，是进行采购过程控制的依据和出发点。控制性目标是反映采购改进过程及其成果的指标，包括平均付款周期、采购降价、本地化采购率等。

11.4.5　采购效率绩效评估体系

以上的品质、数量、时间和价格绩效都是用来衡量采购人员的工作效果的，而采购效率一般是衡量采购人员的工作能力或效率的。采购效率指标具体包括以下内容。

1. 年采购金额

年采购金额是企业一个年度商品或物资的采购总金额，包括生产性原材料与零部件采购总额、非生产采购总额、原材料采购总额占总成本的比例。

2. 采购金额占销售收入的百分比

年采购金额占销售额的百分比是指企业一个年度里商品或物资采购总额占销售收入的比例，它是反映企业采购资金的合理性。

3. 订单的件数

订单的件数是指企业在一定时期内采购商品的数量，主要是对企业关键物资数量进行反映。

4. 采购人员的数量

采购人员的数量是指企业专门从事采购业务的人员数量，它是反映企业劳动效率的重要因素。

5. 采购部门的费用

采购部门的费用是一定时期采购部门的经费支出，它是反映采购部门经济效益的指标。

6. 开发新供应商的数目

开发新供应商的数目是指在一定时期内采购部门与新供应商的合作数目。为了丰富供应来源，对唯一来源的物料，通常要求采购人员必须在一定期限内增加供应商的数目。

7. 采购完成率

采购完成率是衡量采购人员努力工作成果的指标。

8. 错误采购次数

错误采购次数是指采购人员没有按照有关的采购作业程序处理采购。例如，未经采购主管核准的采购、没有经过采购主管核准的请购单等。该指标反映采购部门管理工作质量的好坏，企业应该努力将该指标降为零。

9. 订单处理时间

订单处理时间是指企业采购人员处理采购订单的过程所需的平均时间，它是用来衡量采购人员的工作效率的指标。

以上五大类绩效衡量指标构成采购与供应的绩效评估体系。

采购绩效评估系统的建立主要有以下几个步骤：

首先，通过细致的分析，管理人员必须决定哪些活动最重要，并且要保证评价活动公开进行。

其次，必须决定数据报告的频率和格式，以及哪些人员将承担这些职责。

一旦前面的决定已经做出，就要形成一个系统化的程序来收集在评价过程中可能使用的大量的历史数据和统计数据。

接下来主要是数据分析。管理人员必须找出这些数据之间的相互关系，分析手段和目的之间的联系，同时区别采购效果和采购效率。

然后进入分析阶段，形成不同的方法，对每一种方法进行分析并作出相应的改进。

最后，在执行的过程中通过适当的随访，定期向使用者报告结果。

在形成和实施制订的标准和计划后，要对产生的结果重新进行审视，对已经形成的标准和方法不断地进行提炼和改进。这样，数据的收集、分析与方案的提炼改进就形成了一个精确而复杂的循环。

➤ 案例　提高采购绩效四大纲领

埃森哲在为客户提供供应链咨询服务的过程中和对《财富》杂志评出的 500 强企业的调查中发现，采购绩效优异的公司在以下四个方面有独到之处：

1. 建立统一的测评机制

在大多数企业中，CEO 和负责采购的副总或其他高层主管，对采购业绩各有自己的评价标准。在某种程度上，这属于正常现象，因为企业的高层管理人员总有一些与所担任的职位相联系的具体目标，而对不同的事情有不同的优先考虑顺序。很多公司都要应对这种采购评价标准的不连贯状况。在这方面走在前面的公司，CEO 和采购主管使用同一个平衡记分卡（balanced scorecard）来评价绩效，以便使每一个人都能够以大致同样的方式理解采购信息。纵贯全公司的平衡记分卡帮助各个不同的业务部门调整它们处理业务轻重缓急的顺序，制定目标和期望，鼓励有利于业务开展的行为，明确个人和团队的责任，决定报酬和奖励，以及推动不间断的改进。

2. 积极的领导作用

有眼光的采购领导的第一件任务，也是最重要的一件任务，是确立全局的采购策略。一般而言，这个策略应该围绕企业如何采购物资和服务，如何提高绩效水平来规范业务实践、政策，优先考虑的事情和做事情的方法。其中最重要的一点，是要把采购和整个供应链管理结合起来。

企业采购供应链管理（procurement supplier chain management）是以采购产品为基础，通过规范的定点、定价和订货流程，建立企业产品需求方和供应商之间的业务关系，并逐步优化，最终形成一个优秀的供应商群体的方法。

3. 创造性地思考组织架构

采购业务做得好的公司，最常用的组织架构形式是根据同类物品划分组织。这种架构使公司可以在全局范围内聚合采购量，并且有利于集中供应基地；也有利于采购人员发展深入的行业、产品和供应商知识，并且学会怎样用同一种声音与供应商对话。但是，这种方式也有不足之处。例如，因为要与公司内不同事业部的内部客户打交道，协调和合作可能比较困难。地处一隅的用户可能会觉得自己离供应商的选择和管理流程太遥远，因而可能会禁不住想独自与外界的供应商发展和保持关系。

为了应付这种挑战，有些公司尝试集中发展采购知识，如招标、合同、谈判、服务等，这些知识成为采购优化中心（centers of excellence）。在公司内部，这些知识能帮助增加地方用户的接受程度，降低发展关键技能所花的时间和资源，并且有助于在分散的采购环境中培养符合法律和道德规范的行为。

4. 全企业范围内的整合

为了让有效率的、从企业出发的采购理念取得优势地位，领先的公司常常依靠覆盖全企业范围的采购团队。这些团队的成员包括采购、工程和产品开发的代表。不定期的会有财务、销售、分销和IT的人员参与。这些团队一起决定策略采购优先考虑的事项，设计物料占有成本模式，发展品种策略，并设计供应商选择标准。

【讨论题】

埃森哲公司提高采购绩效的途径主要有哪些？

➤ 本章小结

　　采购作为企业生产运作的一个重要环节，它的绩效对企业整体目标的实现有着重要的影响。本章具体分析了采购绩效评估的一些基本问题。企业主管应依靠自己的经验和眼光，建立一套程序和系统来监控企业采购部门的采购效果和采购效率。

➤ 关键概念

　　采购绩效评估　　标准绩效　　目标绩效

➤ 复习思考题

　　1. 简述企业对采购绩效进行评估的原因。
　　2. 试述采购绩效评估的程序。
　　3. 衡量采购绩效的标准有哪些？
　　4. 结合某个企业采购具体情况，设计一个企业采购绩效评估体系。

参 考 文 献

彼得·贝利. 2003. 采购原理与管理. 王增东, 杨磊译. 北京：电子工业出版社

查先进. 2008. 物流与供应链管理. 武汉：武汉大学出版社

陈荣秋, 马士华. 2006. 生产与运作管理. 北京：高等教育出版社

龚国华, 吴蝴山, 王国才, 等. 2005. 采购与供应链. 上海：复旦大学出版社

国际贸易中心. 2005a. 如何明确需求与规划供应. 北京：中国物资出版社

国际贸易中心. 2005b. 如何制定供应战略. 北京：中国物资出版社

霍红, 华蕊. 2005. 采购与供应链管理. 北京：中国物资出版社

李严锋. 2008. 物流运作管理. 北京：机械工业出版社

李严锋, 张丽娟. 2009. 现代物流管理. 大连：东北财经大学出版社

李永清, 尚梅. 2007. 招标投标模拟实训教程. 西安：西北工业大学出版社

刘华. 2004. 现代物流管理与实务. 北京：清华大学出版社

罗伯特·M. 蒙兹卡恩. 2003. 采购与供应链管理. 刘秉镰等译. 北京：中信出版社

骆建文. 2009. 采购供应管理. 北京：机械工业出版社

马克·戴. 2004. 采购管理手册. 许春燕等译. 北京：电子工业出版社

米歇尔·R. 利恩德斯, 哈罗德·E. 费伦. 2003. 采购与供应管理. 第 12 版. 赵树峰译. 北京：机械工
    业出版社

牛鱼龙. 2003a. 中国物流经典案例. 深圳：海天出版社

牛鱼龙. 2003b. 日本物流经典案例. 深圳：海天出版社

潘玲. 2007. 基于供应链的企业库存管理模式比较分析. 现代商贸工业, (8)：71~72

汝宜红. 2006. 物流学. 北京：中国铁道出版社

沈默. 2006. 现代物流案例分析. 南京：东南大学出版社

孙强, 胡占友. 2005. 采购与供应链规范管理. 北京：机械工业出版社

王炬香. 2007. 采购管理实务. 北京：电子工业出版社

王忠宗. 2009. 采购与供应管理. 厦门：厦门大学出版社

威尔. 2002. 采购与供应链管理——分析、规划及其实践. 梅少祖, 阮笑雷, 巢来春译. 北京：清华大学
    出版社

伍蓓, 胡军. 2008. 采购与供应战略. 北京：中国物资出版社

谢群龙. 2005. 战略采购的组织缺失. 消费链, 8：15~16

徐杰, 鞠颂东. 2009. 采购管理. 北京：机械工业出版社

张瑞夫, 张天语, 邓勇, 等. 2008. 现代采购管理实务. 上海：上海交通大学出版社

赵继新, 杨军. 2006. 采购管理. 北京：高等教育出版社

郑成功, 刘敬严. 2009. 采购与供应管理. 北京：首都经济贸易大学出版社